听大师讲《庄子》

邢群麟　编著

中华工商联合出版社

图书在版编目（CIP）数据

听大师讲《庄子》/ 邢群麟编著 . -- 北京 : 中华工商联合出版社 , 2017.6（2021.6 重印）

ISBN 978-7-5158-2025-5

Ⅰ . ①听… Ⅱ . ①邢… Ⅲ . ①道家②《庄子》—通俗读物 Ⅳ . ① B223.5-49

中国版本图书馆 CIP 数据核字（2017）第 129199 号

听大师讲《庄子》

作　　者：邢群麟
责任编辑：李　瑛　袁一鸣
装帧设计：北京东方视点数据技术有限公司
责任审读：魏鸿鸣
责任印制：迈致红
出版发行：中华工商联合出版社有限责任公司
印　　刷：唐山富达印务有限公司
版　　次：2018 年 1 月第 1 版
印　　次：2021 年 6 月第 2 次印刷
开　　本：710mm × 1020mm　1/16
字　　数：230 千字
印　　张：20
书　　号：ISBN 978-7-5158-2025-5
定　　价：78.00 元

服务热线：010-58301130
销售热线：010-58302813
地址邮编：北京市西城区西环广场 A 座
19-20 层，100044
http: //www.chgslcbs.cn
E-mail: cicap1202@sina.com（营销中心）
E-mail: gslzbs@sina.com（总编室）

前　言

在华人世界，有两个人的思想影响深远，一是孔子，二是庄子。孔子为世人设计了一套适用于人际关系的伦理基础，很多方面人们至今还在遵守。庄子为世人设计了一套自处之道，在他所建构的价值世界中，人们没有任何的牵累，可以悠然自处，怡然自适。

鲁迅先生说:“我们挂孔夫子的招牌，却都是庄子的私塾弟子。”可谓一针见血。当代学人李泽厚先生也说:“中国文人的外表是儒家，但内心永远是庄子。”世事变迁，沧海桑田。两千多年来，文人墨客在现实中受了挫折，往往痛读《庄子》，幻想虚静无为，放浪形骸，做“逍遥游”，生云外之志。且中国的文人，大都在现实的纷争中以孔子思想自励，又在内心世界以庄子自省，所以，几千年来，庄子给人们提供了在现世安顿的心灵家园。闻一多说:“中国人的文化上永远留着庄子的烙印。”由此可见庄子的影响之大。

但由于众所周知的原因，几十年来,《庄子》和其他典籍一样，也被人们当做“故纸堆”、“老古董”扫地出门，不再过问。

当代中国社会正面临急剧的变迁，社会瞬息万变，人们的生活压力越来越大，工业文明为我们带来了优厚的物质享受，却也同时带来了精神的紧张。现代工业文明的发展，最终让我们的生活环境变成了一个高度机械化的世界，那种悠然自得、心平灵美的生活成为过去。

这个时候，人们开始自发地寻找精神的慰藉，而庄子也在社会大潮的涌动之中再次浮出水面。但人们的热情却在现实面前碰了壁，因为庄子难懂。这个时候，人们需要有人来为我们讲解《庄子》。

真正能读懂《庄子》，并将庄子的精神整合到现代文明中去的人只有国学大师们。他们学问精湛，知识渊博，巨笔如椽，对《庄子》的理解深入浅出。笔者怀着无比崇敬的心情，翻阅卷帙浩繁的书海，像海边的拾贝人一样，将大师们的思想精华采撷出来，并结合自己的所感所悟，编纂成文，以飨读者。听国学大师讲《庄子》，就像品尝一场思想的盛宴，将滋润、丰盈我们的内心。

编著者

目　录

第十二讲 冯友兰：相对幸福和绝对幸福

第十三讲 徐复观：生死何茫茫

第十四讲 徐复观：庄子的第二条人生道路

第十五讲　南怀瑾：真正的伟大与平凡

第十六讲　朱谦之：因由看破自逍遥

绪 论

枯枝繁花看庄子

1. 庄子其人

天下才子庄为首

明代奇人金圣叹曾批阅六才子书，第一本就是《庄子》，正所谓天下才子庄为首。庄子到底奇在哪里，使得金圣叹对他如此推崇？

《史记》上又说：庄子的学说“无所不窥”，“著书十余万言”，“以诋孔子之徒，以明老子之术”，“善属书离辞，指事类情，用剽剥儒、墨，虽当世宿学不能自解免也”。

庄子，发他人所不能发，鸣别家所未曾鸣的言说方式；表面上“不可与庄语”，其实是外冷内热的性情特点；尘埃富贵、傲视王侯的人格取向；“天地与我并生，而万物与我为一”的对精神自由的追求；既遗世独立泠然蘧然，又虚己游世不离不弃的处世风采，等等，都引发了他之后众多士人文人的无限向往和强烈共鸣。

《庄子》其书，以其想落天外的构思，意深旨远的寓言，曼妙朦胧的情致，与天地万物共舞的神采，渊深海涵的襟袍，受到了后世文人毫不吝啬的称誉：“其言汪洋自恣”，“吐峥嵘之高论，开浩荡之奇言”，“吾昔有见，口未能言。今见《庄子》，得吾心矣”，“文之神妙，莫过于能飞……今观其（庄子）文，无端而来，无端而去，殆得‘飞’之机者”，“意出尘外，怪生笔端”，“其文则汪洋辟阖，仪态万方，先秦诸子之作，莫之能先也”，“他的思想的本身就是一首绝妙的诗”……

庄子一生隐默无闻，却著述甚丰，作为道家思想的集大成者，他在中国哲学史、文学史以及各艺术领域都有极大的影响。

在哲学领域，庄子有着极其重要的地位。在思想上，他与道家学派创始人老子通常被并称为“老庄”。他发展并丰富了老子创立的道家学说，是先秦道家思想的集大成者。庄子在先秦道家中的地位，与孟子在先秦儒家中的地位大略相当。庄子的思想，庄子的生活态度，庄子的文学，以及庄子表达和实现他的思想、态度和文学的途径与过程，以及这种途径与过程所蕴藏的深刻而丰富的内涵，不但给后人提供了可供效法的生存活动和精神活动的双重模式，而且作为一个重要的精神源泉，为后世开启了无数法门。魏晋玄学就是在庄子学说影响下的直接产物。

在文学艺术领域，庄子的影响至为深远。三国时代的曹植，其诗文中已经开始频繁地引用《庄子》书中的言语典故；陶渊明诗篇中达观放任、恬淡自然的思想亦明显来自庄子；而李白诗的纵浪自肆、超旷不羁的风格，柳宗元的精致绝妙、想象奇幻的寓言，苏东坡散文“常行于所当行，常止于不可不止”的作意，辛弃疾词的意境的雄奇阔大及语言上的放纵和嬉笑怒骂等，都可以看到庄子散文的影响。在文学上，庄子很早就同屈原被相提并论，唐韩愈已经有此说法，明末清初的钱澄之有《庄屈合诂》一书，《四库全书总目提要》谓其“以《离骚》安其幽忧，而以《庄子》寓其解脱”。清人胡文英在《庄子独见》中说：“庄子最是深情，人第知三闾之哀怨，而不知漆园之哀怨有甚于三闾也。盖三闾之哀怨在一国，而漆园之哀怨在天下；三闾之哀怨在一时，而漆园之哀怨在万世。”庄子已和屈原一起，被称为我国古典浪漫主义文学的鼻祖。另外，庄子对后世出现的文人山水画家也有着极其深远的影响。

庄子很孤傲而不外显，庄子很热情而放冷言，庄子很明晰而故意汪洋恣肆，庄子很朴素而外表瑰丽荣华……谁能真正理解庄子，谁就能真正理解生命，理解人生的价值。

庄子的确是一位能量巨大的才子。对于这位第一才子，他的生平是怎样的呢？庄子的生平很简单，历代经传所涉及的都很少。最早的涉及庄子生平记载的史书《史记·老子韩非列传》中也只用了两百多个字对庄子生平进行概括。但是庄子又太吸引人，他的一生平凡至极却又灿烂至极；他的思想诡异奇崛而汪洋恣肆；他幽居孤独，却又名满天下，独步古今……让我们沿着他灿烂思想之光铺就的“道”，去考察一下他的生平吧。

工于技艺任平生

通过阅读《庄子》我们可以了解到，庄子是一个通达天地、逍遥自在的得道者。但是无论庄子的精神多么自由，他还不是神仙，他还要养活自己和家人。那么，逍遥自在的庄子以什么过活呢？《史记》中记载“周尝为蒙漆园吏”，庄子做过一任管理漆器作坊的小官吏，我们可以推测庄子一定会一些工艺活。《庄子》中记载曹商出使秦国获得赏赐后来看庄子，他正在打草鞋，说明庄子很可能在一段时间内以打草鞋为生。

在《庄子》一书中，庄子记载了许多“其艺通神”的手艺人的故事，并借以抒发自己的情怀和艰难思索后的哲学结论。比如有这样一则故事：

齐桓公在堂上读书，木匠在堂下做车轮子。木匠停住手中的活问桓公："您读的是什么？"桓公漫不经心地说："圣人之言。""圣人还活着么？"桓公说："已经死了。""那么说您读的只是古人留下的糟粕了！"桓公听了大怒，说道："我在这里读书，你有什么资格说三道四？今天如果说出个子丑寅卯倒还罢了，否则就处你死刑。"木匠不慌不忙地来到堂上，对齐桓公说："我这道理是从做车轮中体验出来的。榫眼松了可以省力但不坚固，紧了则半天敲打不进去；我可以让榫眼不松不紧，然后不慌不忙地敲进去，得之于手而应之于心，嘴里虽然说不出这松紧的尺寸，心里却是非常有数的。我心里这个'数'，无法传给我的儿子，儿子也无法从我这里继承下去。所以我都60岁了，还在这里为您做车轮子。圣人已经死了，他所悟出来的最深刻的道理也随着他的死亡而消失了，能够用语言表达出来的，只能是浅层次的道理，所以我说您读的书是古人留下的糟粕。"

庄子还曾写道：庖丁为文惠君宰牛，手摸、肩靠、脚踩、膝顶、刀尖刺、刀刃割、刀根砍、刀背砸，很有节奏，好像踩着《桑林》乐章在跳舞，似乎和着《经首》的旋律在伴奏。文惠君说："嗬！真棒。技艺竟然可以高到这种地步！"屠夫放下刀回答说："我所爱好的是'道'，已经超过技艺的层面了。我刚学宰牛时，牛是浑然一体的；3年后，一眼就能看到牛的骨骼、肌肉、经络所组成的内在结构。现在我不用眼睛看，好像不是运动手脚在杀牛，而是全身心贯注到了牛的自然纹理结构中割肉、剔骨，顺着牛的自然结构下刀，不会碰到任何大的障碍，连经络相连处我都可以轻松地分解开来……我这把刀已经用了19年了，杀了几千头的牛，刀刃却仍然锋利如初。因为骨与骨之间有缝隙，而刀刃的刃端无厚度，无厚度的刀刃进入有隙的骨节，当然就应该游刃有余，所以我这把刀用了19年还像新的一样。虽然说起来容易，但在杀牛时遇到筋骨盘结处，我仍然要全神贯注，凝神静气，看准关键后，刀轻轻一动，牛就哗啦一声解体了，好像泥土散落一样堆在地上。这时我提刀站立，顾盼左右，感到一种惬意和满足，于是乎擦净刀收起来。”文惠君说：“好啊！我听了这番话，连养生的道理都明白了。”庄子写庖丁解牛是如此的细致传神，没有深刻的体验一定做不到。

类似这样的精湛技艺，庄子还记载了很多，如“大马捶钩”、“梓庆削绑”、“津人操舟”，等等。

从这些故事中我们可以推测，庄子一定精通于很多种技艺。在具体的劳动过程中，庄子敏于观察，对人间的道理、自然奥秘这些人类面对的亘古困境进行了深刻的思考，并通过这种体验和思考进入了“直观体道”、“道不可言”的精神修养境界和哲学境界。

贫到极时贫亦通

庄子一生都生活在战国时代的下层百姓之中，在各诸侯国动辄发动战争的时代，庄子一直生活在贫穷的边缘。

《庄子·外物》中记载了这样一个故事：庄周家境贫寒，于是向监河侯借粮。监河侯说：“好的，我即将收取封邑之地的税金，到时候借给你三百金，好吗？”庄周听了脸色骤变，愤愤地说：“我昨天来的时候，有一个声音在半道上呼唤我。我回头看看路上车轮碾过的小坑洼处，有条鲫鱼在那里挣扎。我问它：‘鲫鱼，你干什么呢？’鲫鱼回答：‘我是东海水族中的一员，你能用斗升之水使我活下来吗？’我对它说：‘行啊，我将到南方去游说吴王和越王，引发西江之水来迎候你，可以吗？’鲫鱼变了脸色生气地说：‘我失去我经常生活的环境，没有安身之处。眼下我能得到斗升那样多的水就活下来了，而你竟说出这样的话，还不如早点到干鱼店里找我！’”

庄子并不是一名迂腐的文士，为了生存他去借钱也并不觉得羞耻。贫穷并不可怕，相反，正是在贫穷的生涯中思想才得以前进，并越走越远。

《庄子》一书中还记载了这样一则故事：

庄子身穿粗布衣并打上补丁，工整地用麻丝系好鞋子走过魏王身边。魏王见了说：“先生为什么如此困顿呢？”

庄子说：“是贫穷，不是困顿。士人身怀道德而不能够推行，这是困顿；衣服坏了鞋子破了，这是贫穷，而不是困顿。这种情况就是所谓的生不逢时。大王没有看见过那跳跃的猿猴吗？它们生活在楠、梓、樟等高大乔木的树林里，抓住藤蔓似的小树枝自由自在地跳跃而称王称霸，即使是神箭手羿和逢蒙也不敢小看它们。等到生活在柘、棘、枳、枸等刺蓬灌木丛中，它们便小心翼翼地行走而且不时地左顾右盼，内心震颤，恐惧发抖。这并不是筋骨紧缩有了变化而不再灵活，而是所处的生活环境很不方便，不能充分施展才能。如今处于昏君乱臣的时代，要想不困顿，怎么可能呢？对于这种情况，比干遭剖心刑戮就是最好的证明啊！”

庄子一辈子都是在清贫中度过的，魏王看见他时也穿的十分破烂，但庄子却可以理直气壮、中气十足地说“是贫穷，而不是困顿”。这则故事衬托出庄子内在的清高，彰显一种关于忍受贫穷的理论。他在清贫中过着一种恬淡寡欲的生活，却创造出了一个奇异瑰丽的思想世界。

绝顶聪明绝顶痴

庄子从来就是一个善于动脑、敏于思考的人。对于发生在他身边的任何一件事，他都会用充满怀疑的眼光去审视、去思考，这在其著作中有着明确的体现。在《庄子》一书中，庄子具体记载了几则这样的故事：

庄子行走于山中，看见一棵大树枝叶十分茂盛，伐木的人停留在树旁却不去动手砍伐。问他们是什么原因，说：“没有什么用处。”庄子说：“这棵树就是因为不成材而能够终享天年啊！”庄子走出山来，留宿在朋友家中。朋友高兴，叫童仆杀鹅款待他。童仆问主人：“一只能叫，一只不能叫，请问杀哪一只呢？”主人说：“杀那只不能叫的。”第二天，弟子问庄子：“昨日遇见山中的大树，因为不成材而能终享天年；如今主人的鹅，因为不成材而被杀掉。先生你将怎样对待呢？”

庄子笑道：“我将处于成材与不成材之间。处于成材与不成材之间，好像合于大道却并非真正与大道相合，所以这样不能免于拘束与劳累。假如能顺应自然而自由自在地游乐也就不是这样了。没有赞誉没有诋毁，时而像龙一样腾飞，时而像蛇一样蛰伏，跟随时间的推移而变化，而不愿偏滞于某一方面；时而进取时而退缩，一切以顺和作为度量，优游自得地生活在万物的初始状态，役使外物，却不被外物所役使，那么，怎么会受到外物的拘束和劳累呢？这就是神农、黄帝的处世原则。至于说到万物的真情，人类的传习，就不是这样的。有聚合也就有离析，有成功也就有毁败；棱角锐利就会受到挫折，尊显就会受到倾覆，有为就会受到亏损，贤能就会受到谋算，而无能也会受到欺侮，怎么可以一定要偏滞于某一方面呢！可悲啊！弟子们记住了，恐怕还只有归向于自然吧！”

行于山中的庄子并不停止思考。相反，途中发生的每件事都成为庄子思考人生的感性经验来源，一时一地的经验最后被升华为处世的普遍经验，这就是庄子的眼光和胸怀。

庄子在雕陵栗树林里游玩，看见一只奇异的怪鹊从南方飞来，翅膀宽达 7 尺，眼睛有 1 寸长，碰着庄子的额头而停歇在果树林里。庄子说："这是什么鸟呀，翅膀大却不能远飞，眼睛大视力却不敏锐？"于是提起衣裳快步上前，拿着弹弓静静地等待着时机。这时突然看见一只蝉，正在浓密的树阴里美美地休息而忘记了自身的安危；一只螳螂用树叶作隐蔽打算见机扑上去捕捉蝉，螳螂眼看即将得手而忘掉了自己形体的存在；那只怪鹊紧随其后，认为那是极好的时机，眼看即将捕到螳螂而又丧失了自身的真性。庄子惊恐而警惕地说："啊，世上的物类原本就是这样相互牵累、相互争夺的，两种物类之间也总是以利相招引！"庄子于是扔掉弹弓转身快步而去，看守栗园的人大惑不解地在后面追着责问。

庄子返回家中，整整三天心情很不好。弟子蔺且跟随一旁问道："先生为什么这几天来一直很不高兴呢？"庄子说："我留意外物的形体却忘记了自身的安危，观赏于混浊的流水却迷惑于清澈的水潭。而且我从老聃老师那里听说：'每到一个地方，就要遵从那里的习惯与禁忌。'如今我来到雕陵栗园便忘却了自身的安危，奇异的怪鹊碰上了我的额头；游玩于果林时又丧失了自身的真性，管园的人不理解我又进而侮辱我，因此我感到很不愉快。"

庄子也会有"守身忘形"的时候，但是他却又沿此而升华，使经验融入哲理，现实融入心灵，使人的敬佩之心油然而生。发生在庄子身边的每件事，庄子都会充分利用起来，深入思考，不得答案绝不罢休，并最终领悟"道"的真谛。就如下面这则故事所说的那样：

东郭子向庄子请教说："人们所说的道，究竟存在于什么地方呢？”庄子说：“大道无所不在。”东郭子说：“必定得指出具体存在的地方才行。”庄子说：“在蝼蚁之中。”东郭子说：“怎么处在这样低下卑微的地方？”庄子说：“在稻田的稗草里。”东郭子说：“怎么越发低下了呢？”庄子说：“在瓦块砖头中。”东郭子说：“怎么越来越低下呢？”庄子说：“在大小便里。”东郭子听后不再吭声。

庄子的“道”并不是天生的，而是他怀疑一切，不断思考身边的任何一件小事，最终才悟到的。老子所讲的“道”是那样冷漠高寒，庄子所讲的“道”看起来就要亲切得多，原因就在于庄子的“道”充满了人间现实的感性经验。

我快乐，我孤独

庄子悟性极高，他通过对大自然的观察，在工艺技巧的体验以及对各种学说的思考中发现了哲学意义上的普遍存在，即所谓“道”。人从何处来？往何处去？这些亘古不变的问题，在庄子这里的答案是：人从道中来，回归道中去。庄子的“道”为中国人提出了一种最为彻底、最为深刻的本体理论。庄子的理论与当时流行的儒家学说正相反，主张人应淡泊功名，养生全真，并由于其新奇、自圆其说的深刻性赢得了很多人的好奇和崇拜。所以，庄子也有一些弟子，甚至还有层次极高的朋友，那就是惠施。庄子与惠施的交往构成了庄子思想生涯中最动人心弦的一幕。

惠施是当时超一流的政治家、外交家，还是名家“合同异”派的代表人物。他在魏国先后当了12年宰相，实际掌权近20年，帮助魏惠王强兵富国。他主张“去尊”、“偃兵”，变法图强；开六国称王之局，是山东六国“合纵”政策的实际组织者。这样一个风云人物，却是隐士庄子一生唯一的谈友。

《庄子》一书中多次提到惠子，二人在一起讨论切磋的问题范围很广，且极有深度，其中最有趣的是所谓“壕梁鱼乐之辩”。他俩在濠水上游玩，庄子说：“鱼儿悠然自得地摇头摆尾，游来游去，是多么快乐哟！”惠子说：“你又不是鱼，怎么知道鱼很快乐呢？”庄子说：“你也不是我，怎么知道我不知道鱼的快乐？”惠子说：“我不是你，当然不知道你想些什么；你也不是鱼，理所当然地不可能知道鱼的快乐，这不就完了！”庄子说：“嗨！咱们回头想想，你问我怎么会知道鱼的快乐时，那已经假定了我是知道鱼的快乐的，你问我怎么知道的，现在我告诉你：我是在濠水的桥上知道的。”

庄子妻子死的时候，惠施作为退休宰相亲自参加吊唁活动，这又是二人关系非同一般的例证。此外，他们还就“大而无用”、“人固无情”等价值论、人性论、本体论问题进行过十分深刻的阐述，有的甚至是现代人也无法回答的重大哲学问题。有这么高档次的朋友，即使他如何与人无争、与世无求地退隐山林，他仍然会有很高的知名度。所以庄子仍不是一隐了之，而是秉持着退隐的生活态度，过着一种恬淡寡欲、清高自守、沉思默想、著述不辍的学术研究生活。

庄子很珍惜这位挚友，据《庄子》一书记载：庄子从惠施墓前经过时，曾对随从的弟子们说：“楚国郢都有两个人，一人把蝇翅大小的一点灰泥涂在鼻尖上，另一人抡斧去砍削，斧头运行如风般地砍将下来，两眼一闭，‘噌’的一声，灰泥被削得干干净净，鼻子却毫无损伤。二人从容不迫，面不改色心不跳。宋元君听说后，就把抡斧匠人召来让他表演一番，匠人说：‘我原来是有这么个绝招，不过，我的伙伴早就死了。’自从惠老先生死后，我也像匠人一样失去了辩论的对手，我怕再也找不到一个能理解我的人来和我说说话了。”

“子期不在对谁弹”，失去知音，庄子也陷入了孤独。

天下英雄本无主

“天下英雄本无主”，庄子对人间政治真相有着透彻的了解。

在《庄子》一书中，庄子对当时的社会进行了深刻的、无情的批判。而宁静的隐居生活却给庄子带来了无限的乐趣，他为自己能如此深刻地理解人生、社会和自然而无限欣喜，而对权力、金钱抱着孤芳自赏甚至不屑一顾的态度。

惠施在梁国做宰相时，有一次，庄子来到了梁国，有人以为他是来与惠施竞争宰相职位的。惠施知道后很恐慌，于是就让人到处寻找庄子。庄子也听到传言说惠施为了不让庄子与自己争夺相位正在搜捕他。二人见面后，庄子绕着圈说：“南方有一种鸟名鹓鸲，非练实不吃，非醴泉不饮。鹓鸲飞向北方时，看到地上有一只猫头鹰正在抓一只死老鼠吃。猫头鹰看到鹓鸲飞来，吓得‘唉哟’一声，赶快把死老鼠藏在身子下面，生怕被抢走了。你是不是也想拿你那个相位来吓唬我呀！”

宋国有个人名叫曹商，他以宋国使臣身份出使秦国，出使时带了几辆车。秦王喜欢他，又送了他一百辆车。曹商回来后揶揄庄子说：“要说在穷巷破屋里打草鞋，把自己弄得面黄肌瘦的，那我不如你；但是如果说一见君王的面，就可以让他十分赏识，赐车百乘，这是我的长处。”庄子说：“听说秦王有病请医生，治好一个疮赏一辆车，为秦王舐痔疮的赏五辆车，手段越下流，得的赏赐越多。你大概是为秦工舐痔疮了吧！否则怎么会得到那么多的车呢？走你的吧！”

这种有趣的揶揄和尖刻的挖苦，极为犀利地攻击了追逐名利权势、富贵荣华的世俗人生观，表现了超越的价值追求和清高孤傲、洒脱不羁的人格风范。这种人格风范作为一种潜在的精神力量，对后世封建士大夫产生了巨大的心理影响，乃至成了一种民族的心理积淀。

在庄子看来，在人类社会中，根本没有绝对的真理正义可言。那些高高在上的君王、诸侯们，用现在的话来讲，他们本身就缺乏“合法性”。庄子说：窃钩者诛，窃国者为诸侯。比如说齐国的田成子，他篡夺了姜氏的齐国政权，但是由于他有武力和财政做后盾，小国不敢说三道四，大国也不敢出兵讨伐。如果说臣子应该忠于君王，那么姬发（即西周武王）作为殷纣王的臣子不应该伐灭纣王，商汤也不应该伐灭夏桀。因此庄子认为儒家的仁义观念只是一套骗人把戏，根本没有经过理性的考察，也没有任何可证实的根据。政治、伦理作为一种社会规范，仅具有相对的意义。人都是大自然的产物，在人格上是平等的，每个人都应该是充分自由的，任何人，包括君王本人，都不具有限制别人自由的权力。在庄子的“建德之国”和“至德之世”理想中，“无为”是基本的生活原则，从上到下，大家都过着宁静而幸福的生活。而在当时的社会中，统治者为穷一己之私欲，用强制的方法治理民众，把社会搞得一团糟，逼得人饥寒交迫，铤而走险，那完全是统治者的罪过。但是，被逼得铤而走险的民众却要为自己的行为付出鲜血甚至生命的代价；而所谓“汤武革命”同样是用武力强劫到的政权，商汤不但不受任何谴责，而且可以南面称王，安享人间尊荣。这就是儒家历史理性的荒谬性。而儒家挖空心思为历史理性论证，说穿了不过是为虎作伥罢了。“圣人不死，大盗不止。”在庄子看来，合法的统治不需要进行合法性论证，一旦需要借“圣人”之言为自己的统治论证，这统治就一定是非法的。“圣人”以自己的才学为非法的政治论证，事实上便成为“窃国大盗”的帮凶。这是庄子所不齿的。

对于政治，庄子持一种决绝的鄙弃和不屑态度，而纵情于江湖，逍遥于自然，这种态度和生活方式为两千多年来的那些不得志的文人士大夫提供了独具特色的精神家园。

人生大梦谁先觉

“大梦谁先觉，平生我自知。”庄子对于人的生死有着极其独特的观点。浪漫达观地看待生死，是庄子哲学的一大特色。

死亡，这一人生的自然大限，构成了人类悲剧意识的根本性原因。德国哲学家卡西尔认为：对死亡的恐惧无疑是最普遍最根深蒂固的人类本能之一。一切迷信活动、神话乃至于宗教都与人类的死亡意识有关。庄子思想为人类超越死亡意识的恐惧感提供了一种独特的方法。

庄子到楚国去的路上，碰见一具骷髅，庄子用马鞭敲着骷髅问道：“你是因为违背自然规律而死的吗？是国破家亡，遭到刀斧之刑而死的吗？是自己干了罪恶的勾当，有愧于父母妻子而死的吗？你是因贫穷冻饿而死，还是寿终正寝自然死亡的呢？”问完了话，庄子就枕着骷髅睡觉。半夜，骷髅在梦中对庄子说：“听你说话像是能言善辩的人，不过，你说的都是活着的人的忧患，死了之后便不存在这些问题了，你想听听死人的道理吗？”庄子说：“可以。”“死了以后，上无君下无臣，也没有为生活奔忙的四时之事，轻轻松松地以天地为春秋，其快乐程度即使你们南面为王的君主怕也比不上的！”庄子不相信，就说：“我让掌管生死的鬼神恢复你的形貌，归还你的肌肉骨骼，送还你的父母妻子和朋友乡亲，你愿意干么？”髑髅一听很不高兴，紧锁眉头说：“我怎么会放弃比南面称王还快乐的事，却到人间受那些烦心劳体的罪呢？”

这里，庄子把死亡描绘成一种至高无上的安乐之事。既然死比生还要快乐，关于死亡的恐惧自然也就不存在了。这种说法固然不能证实，但也没人能够证伪。但是，庄子的基本思想并不是以死为乐，而是“齐一生死”。

庄子妻子死的时候，惠施前去参加吊唁活动。看到庄子盘腿坐在地上正敲着瓦盆唱歌。惠施实在看不下去了，就说：“你老伴和你生活了一辈子，为你生儿育女，都七十多岁了。现在她死了，你不哭也就罢了，却还要敲着盆唱歌，这也太过分了吧！”庄子见是惠施来了，就回答说：“她刚死的时候，我怎么能不动感情呢？但想想她本来就没有形体，不但没有形体，而且也看不到形体的物质元素‘气’。气原来是混杂在冥冥之中的，变化后成为气，然后才成形，然后才转化为生命。现在她又由生转化到死，这不是和春夏秋冬的四季更替一样吗？她的尸体现在还躺在天地之间，我却哇哇叫地在她身边痛哭流涕，自以为这是没有真正理解生命现象，所以就停下来不哭了。”

在庄子看来，世间的万事万物都是由“气”构成的。人也不例外，“人之生，气之聚也；聚则为生，散则为死”。正因为他执著于这样一种“通天下一气”的观念，自然就对死亡抱着一种十分浪漫达观的态度。

庄子快要死的时候，他的弟子们准备厚葬自己的老师。庄子知道后用幽默的口气说：“我死了以后，大地就是我的棺椁，日月就是我的连璧，星辰就是我的珠宝玉器，天地万物都是我的陪葬品，我的葬具难道还不丰厚么！你们还能再增加点什么呢？”学生们哭笑不得地说：“老师呀！要那样的话，我们还不是怕乌鸦老鹰把老师吃了么。”庄子说：“扔在野地里你们怕乌鸦老鹰吃了我，那埋在地下就不怕蚂蚁吃了我吗？你们把我从乌鸦老鹰嘴里抢走送给蚂蚁，为什么那么偏心眼呢？”一位思想深透而敏锐的哲人，一位仪态万方的散文大师，就这样以一种浪漫达观的态度和无所畏惧的心情，从容地走向了死亡，走向了在一般人看来令人万般惶恐的无限的虚无，这就是庄子。

姑妄言之姑听之

从自然之道的价值观念出发，导致了庄子对社会现实的基本否定倾向，这样，他就很难再参与任何政治活动甚至社会生活了。庄子的一生都过着宁静的、清心寡欲的隐居生活。

楚威王听说庄子很有才华，就派使者携重礼去拜访庄子。使臣对庄子说道：“如果您愿意出山理事，楚国准备让您担任宰相的重任。”庄子笑了笑说：“你带来了一千两金子，这是很厚重的礼物；允诺我当楚国的宰相，这也是很尊贵的地位。但是，您难道没见过国君郊祭时用作牺牲的牛吗？好草好料养它几年，祭祀时为它披上彩色的锦绣绫罗，然后把它牵入太庙的祭坛之上。到了这种时候，这头牛想跑到野地里孤零零地啃干草以免一刀之刑，它还能够做得到吗？请你早点回去吧，不要骚扰我宁静的生活。我宁愿像泥鳅一样在污泥中自由自在地玩耍，图个身心愉快，而绝不为侯王所用，让他们用宰相的枷锁把我限制起来。”抱着这样一种清静无为、潜心为“道”的态度和人生志向，庄了一生之中“无所不窥”，“著书十余万言”，成就了一番万世不没的文化事业。

在人生哲学上，庄子提供了一套缓解人们精神危机的修养方法，表现出对精神自由的强烈向往和追求。

在自然哲学上，他的洞察力使当代理论物理学家们都感到吃惊，庄子设想世界的“气”构成，是一片人类永远难以彻底认识的“混沌”。

在认识论上，庄子的观点和当今流行于西方世界已达一个世纪之久的现代主义思潮，特别是其中的存在主义思想遥遥相应。在中国思想史上，庄子思想对中国知识分子消化佛学理论起到过关键性的作用，曾经构成了魏晋玄学的主旋律，并直接影响了整个的传统文学艺术。

宋代思想家叶适评价庄子道:“自周之书出，世之悦而好之者有四焉:好文者资其辞，求道者意其妙，汩俗者遣其累，奸邪者济其欲。”鲁迅先生说庄子的文风汪洋恣肆、仪态万方，先秦诸子莫能先也。闻一多先生说自魏晋以来，中国文化中永远留下了庄子的影响。庄子那“独与天地精神往来”的精神境界还将吸引更多人追随他的脚步。

2.《庄子》其书

《庄子》，又称《南华经》，系庄周及其学生撰写。《庄子》约成书于先秦时期,《汉书·艺文志》著录52篇，今天流传的《庄子》，是由公元3世纪郭象重编的，共33篇。其中内篇7篇，外篇15篇，杂篇11篇。全书以内篇7篇为核心，其中《齐物论》、《逍遥游》和《大宗师》集中反映了庄子的哲学思想。

鲁迅说庄子其文“汪洋辟阖，仪态万方，晚周诸子之作，莫能先也”。在先秦诸子散文中,《庄子》最富于文学性，庄子汪洋恣肆、意出尘外的文风，诡谲神秘、奇妙瑰丽的论说，使其成为先秦诸子文章的典范之作。

曾经有的学者认为，《庄子》一书的主旨大抵为“批判儒墨，提倡求道，及至逍遥”。其实，《庄子》一书内容极其丰富，并不是用几句话可以概括的。大体来说，庄子直接继承了老子关于道的学说，在人生哲学、本体哲学、政治哲学等诸多方面，都对老子的学说进行了总结和进一步发展。这里，我们着重介绍庄子的人生哲学。

在《庄子》一书中，庄子把道的理论引申到人生方面，多方面地思考了一个人生活在世间所面临的生存困境。庄子认为，人的生命异常短促，在短促的生命过程中，又会受到各种社会事物的束缚和伤害。他思考如何在苦难的现实中安顿这短促的人生，寻觅着一条通向精神自由的解脱之路。为此，他提出了下列主张。

首先，庄子提倡率情任性的自然人生。所谓自然，是指天然而成，自在自为，不受外来事物干预的状态。庄子有时把自然又称做“天”，用来和代表人为的“人”相对立。庄子心目中的理想社会，人民淳朴自然，无知无识，人类与动物平等地生活在一起，互不妨害。在这样的社会里，没有国家制度，没有君臣等级，没有邪恶与争斗，当然也就不区分君子和小人。这和老子所说的“小国寡民”一脉相承。但庄子赞美这样的社会，并非真的要人类回到文明尚未出现的蒙昧时代，而是提倡一种顺应人的本性的自然无为的生活。在这一点上，庄子和大力提倡仁义道德的儒家截然不同。他认为，仁义礼乐是对人的自然本性的束缚和戕害，它如同骈拇枝指、附赘悬疣，完全是多余的。他主张，人应当超越于社会规范之外，率情任性地去生活。

其次，庄子奉行全性保真的贵生主义。珍惜个体生命，避免伤生害性是庄子人生哲学的一个基本出发点。通过阅读《庄子》，我们不难看出，庄子并不关心一个人对社会产生什么影响，他考虑的只是保全个体生命不受伤害。为此，他主张摒除嗜欲，做到恬淡虚静，以保养精神，同时还有采取“以无用为用”的生活态度，并提出“外化而内不化”的行为哲学，对后世影响深远。

再次，庄子提倡采取安命与齐物的人生态度。庄子把现实中无法解释而又无法解脱的痛苦称为“命”。面对人生的穷达祸福，庄子主张采取“安命”的态度。庄子实际上是把包括人在内的万物都看做变化无穷、生生不已的物质世界的一部分，他认为人的死亡只是具体的生命形式的结束，而构成这一生命形式的气又回到物质世界中，重新加入宇宙生命的无穷变化。在这个基础上，他提出“天地与我并生，万物与我为一”的观点。在这种观点中，包含着对生命现象和万物变化的理性认识，它带来了对生死寿夭的达观态度。

最后，庄子认为人应当追求超脱与自由的精神境界。庄子把这种绝对自由的精神境界称之为“逍遥游”。庄子的人生态度中有强烈的愤世嫉俗的成分，对当时的社会现实有深刻的批判意识，他崇尚自然、追求自由的思想也极大地影响了后代的文人。但庄子为了保全个人的生命和自由，主张完全放弃社会责任，放弃一切人为的努力，对一切都采取听之任之的态度，这又是非常消极的，不应为我们所采取。

3. 随庄子一起逍遥

《庄子》虽是一本很古老的书，但却常读常新。

在春秋战国那个混乱的社会里，庄子为世人设计了一套自处之道。在他所建构的价值世界中，没有任何的牵累，可以悠然自处，怡然自适。

在几千年历史长河的纷纭变迁中，我们可以看到，太平盛世时，儒学思想往往抬头，因为儒家确实提供了一套适于当时人际关系的伦理基础。于是，统治者们也乐于将整个社会结构纳入伦理关系中，以维系社会秩序，使其井然。然而，历代毕竟乱多于治，每当政情动荡、社会大乱时，儒学思想便失去效用，而道家思想则应时而兴。因为道家并不抱持着冠冕堂皇的道德原则，而能深入人性、切中时弊、彻察动乱的根由；它正视人类不幸的际遇，又能体味人心不安的感受，对于饱经创伤的心灵，尤能给予莫大的慰藉。因而，中国历代的变动纷扰，对于儒家而言是一种沉重的负担，结果每每由道家承担起来，收拾残局。而最能直接抚慰心灵的正是庄子。

世事变迁，沧海桑田。两千多年以来，文人墨客在现实中受了挫折，往往痛读《庄子》，幻想虚静无为，放浪形骸，做“逍遥游”，生云外之志。且中国的文人，大都在现实的纷争中以孔子思想自励，又在内心世界以庄子自遣，所以，几千年来，庄子给人们提供了在现世安顿的心灵家园。

当代著名学者金岳霖十分推崇庄子的思想，他写道：“也许应该把庄子看成大诗人甚于大哲学家。他的哲学用诗意盎然的散文写出，充满赏心悦目的寓言，颂扬一种崇高的人生理想，与任何西方哲学不相上下。其异想天开烘托出豪放，一语道破却不是武断，生机勃勃而又顺理成章，使人读起来既要用感情，又要用理智。”崔大华在《庄学研究——中国哲学一个观念渊源的历史考察》一书序言中评价庄子思想在民族文化中的历史作用：“庄子思想是中国传统思想发展演变中的最活跃的、不衰的观念因素，也是中国传统思想理解、消化异质思想文化的最有力的、积极的理论因素。”这些评价说明我们不可能在忽视庄子思想的情况下从传统走进现代。

今天，我们置身于史无前例的价值观念极为复杂的社会形态中，庄子思想对于我们，更有一种特殊的感受与意义！

我们就来看看我们今日所生活的世界吧：现代工业文明的发展，最终形成一个高度机械化的世界，那种悠然自得、心平灵美的生活成为过去。每一天，每个人都急躁而盲目地旋转于“高速”的漩涡中，像是被恶魔赶着，匆匆忙忙地随波逐流。都市文明的生活，使人已不再和泥土或自然有任何接触，田园生活那种优美而富有情调的方式亦已被毁坏。人们天然的性情已被高速发展的社会的教条压抑殆尽，灵动的精神也被僵化的形式扼杀……

这个时候的人们需要什么？《庄子》这古老而又常新的思想宝库能够为你提供人间田园的精神家园所在。

只要开始接触庄子，你便会不自主地神往于他所开辟的思想园地。在那里，没有“撄人之心”的陈规，没有疲惫的奔波，也没有恐怖的空虚，更没有压迫的痛苦。

凡是纠缠于现代人心中那些引起不安情绪的因素，全都可以在庄子的价值系统中烟消云散。他扬弃世人的拖累，强调生活的朴质，蔑视人身的偶像，夸示个性的张扬，否定潮流的权威……总之，接近他时便会感到释然，在他所开创的世界中，心情永远是那么无忧无虑，自由自在。

鲁迅说庄子其文“汪洋辟阖，仪态万方，晚周诸子之作，莫能先也”，它一会儿像个华丽的贵妇，雍容大方；一会儿像个水灵的村姑，清秀脱俗……幻化无常，使人看不出它的真面目。

这就是庄子那一份独特的魅力。面对众生在物欲横流中的世界的烦躁不安和无所适从，庄子睁开睡眼，恳切而真诚地告诉人们应该如何自救解脱，如何保持心灵的安宁清静，如何保持自身的清洁自尊，从而由安而顺，由顺而游，达至逍遥大通之境。这正是庄子那一份跃然的灵动。

庄子说：“我以天地为棺椁，以日月为连璧，以星辰为珠玑，万物是我的陪葬，我陪葬的物品还不够完备吗？”一个行将就木的人，头脑还那么清醒明智，在面对生命终止的时候依然保持情趣，足以证明他是一位哲人，一个真人，一个至人。正如胡文英所评：“庄子眼极冷……到底是冷眼看穿。”这正是庄子那一份超然的境界。

一个人，不必到受了挫折、人生无路可走时才找到庄子。融融春光，炎炎夏日，潇潇秋色，凛凛寒冬，和聪明睿智、才气横溢的庄子对话，神与物游，岂不美哉！庄子并不排斥众人，只要你有心，你就可以随庄子一起自在逍遥！

第一讲
王夫之："机心"是痛苦之源

明末清初大思想家王夫之在其《庄子通》一书中对于《人间世》一章做了自己的解释，他强调个人身处世间，不可"挟心而与天下游"，否则就会像"韩非知说之难，而以说诛。扬雄知白之不可守，而以玄死"。

大师简介：

王夫之（1619—1692），明末清初时期，著名的思想家、文学家，衡阳市人。字而农，号姜斋，中年称"一瓠道人"、"更名壶"，晚年仍用旧名。因隐居衡阳县曲兰乡（今船山乡）石船山，故自号"船山老人"、"船山病叟"，后人称"船山先生"。

王夫之勤恳著述凡40年，有著作100余种，400余卷，近800万字；他崇尚道学，排佛学、儒学。在政治思想方面，提出"循天下之公"、"不以一人疑天下，不以天下私一人"。主张选贤使能，"以天下之禄位，公天下之贤者"。在哲学思想上，辟朱（熹）程（程颐，程颢）"理在气先"、"道在器先"和陆王"心学良知"之说，提出"天下唯器"、"理不先而气不后"的理论，而归于躬行实践，强调知行统一。

康熙年间，先后作《庄子通》、《庄子解》，对庄子思想有其独到的见解。

1."机心"遍布天下

有机械者必有机事，有机事者必有机心。

——《庄子·天地》

众人重利，廉士重名，贤士尚志，圣人贵精。

——《庄子·刻意》

夫神者，好和而恶奸。夫奸，病也。

——《庄子·徐无鬼》

《庄子》内篇《人间世》第四一篇中，庄子用7个寓言来讲述自己对人世间各种世态状况及应对措施的见解。

明末清初大思想家王夫之在其《庄子通》一书中对于《人间世》一章作了自己的解释，他强调个人身处世间，不可"挟心而与天下游"，否则就会像"韩非知说之难，而以说诛。扬雄知白之不可守，而以玄死"。按照王夫之的理解，一个人在这个世界为什么会遭受韩非、杨雄那样的痛苦下场？就是因为他们在这个世界上做人处世总是夹杂着"机心"。

在我们的现实生活中，人人都隐藏着一颗势利的"机心"。正所谓"机关算尽太聪明"，他们交朋友，只是为了今后能有一个良好的人际关系；做工作，只是为了能够赚取更多钱财；谈恋爱，只是为了满足个人一时的私欲；孝敬父母，只是为了博取一个好名声……总之，不管做什么事，总是目的在先，名利当头。像这样“挟心而与天下游”，怎么会没有痛苦呢？

所谓“天下熙熙，皆为利来；天下攘攘，皆为利往”，走在大街上我们经常会看到，很多人都为挤一辆公交车而焦头烂额；为忙工作而嚼着一个鸡蛋灌饼，喝一杯劣质豆浆，匆匆赶路；酒店里，几个人觥筹交错，每个人脸上都洋溢着友好的笑容，但可能在背后大家就会互相骂一句……这些人的心里也许装着各种各样互不相同的事，但是他们的目的最终都可归结为一点，那就是“名利”这两个字。为了得到名利，他们在对待任何人任何事时，总是从“是否有用”这点上来考虑，“机心”怎么会不越来越重呢？

《庄子·人间世》中有这样一个故事：

有一个名叫石的木匠，去往七国，来到曲辕，看见一棵被奉为社神的栎树。这棵树大到可以隐蔽几千头牛，树干有数百尺粗。树梢有山头那么高，树干几丈以上才分生枝杈，很多枝杈都可以做成小船。很多人都围着看，但是这个木匠却不瞧一眼，继续赶路。他的徒弟仔细看够了这棵树，赶上师傅说：“自从我和师傅学艺以来，从未见过这么好的木材，您却不肯看一眼，为什么呢？”木匠说：“你就别说它了！那是没有用的散木。用它做船会沉，做棺材会很快腐烂，做器具就会毁坏，做门窗会流出汁液，做梁柱会生蛀虫。这样的木材没有一点用处呀！”

从这个故事，我们就可以看出，每个人在看一件事物之前，其潜意识里都会用一种势利的眼光去判断其有用无用。

杜甫诗云：“翻手为云覆为雨，纷纷轻薄何须数。君不见管鲍贫时交，此道今人弃如土。”你很会结交朋友，那你觉得和你相交的那些人都是没有目的，只有感情的吗？《庄子》中指出："以利合者，迫穷祸患害相弃也。"这是讲，因利害关系相结合的人，在遭遇困难逆境时，很容易背弃对方。与此相反，"以天属者，迫穷祸患害相收"。"以天属者"是指彼此结合的关系是建立在极为信赖的基础上，这种朋友关系即使在逆境中，也会禁得起考验，彼此相互帮助，同舟共济，患难与共。

长平之战前，赵王中了秦国的反间计，免除了赵国当时唯一能指挥军队抵抗秦军的廉颇的职务。这一免职的结果是，赵国痛失国之干城，廉颇喜得世态三昧。"失势之时，故客尽去。"诚如《金瓶梅》中所言，趋炎附势者，"得势叠肩来，失势掉臂去"。然而天道轮回，不久，赵国国君为救亡图存，再次起用廉颇。"客又复至。廉颇曰：'客退矣。'客曰：'吁！君何见之晚也？夫天下以市道交，君有势，我则从君，君无势则去。此固其理也，有何怨乎？"以小人之眼看这个小人社会，一看一个准。这位门客是小人，也是快人，一语点破了世态真相。

这些所谓的朋友，不过是因为你的"利"才依附你而已。

每个人都隐藏着一颗势利的"机心"，这就是目前社会的现实，他们"机关算尽"，巧舌如簧，千方百计，为达目的甚至不择手段……

为什么天下的人都这么势利呢？其实，人的势利是社会日复一日教育的结果。

一个人小的时候所受的教育是"万般皆下品，唯有读书高"，这句话并不势利。但是很多人读书其实并不是因为喜欢读书、喜欢学知识，而是为了长大后考个好大学，能够出人头地，光宗耀祖。这样，很多人都不依据兴趣选择所学，而是依照有用无用，最终导致很多人的天性被埋没了，造就了一大批高分低能的无用人才。

进入社会，参加工作以后，每个人仍然会接受教育，这种教育叫做职业培训。比如，A 与 B 两个客户，A 是小客户，B 是大客户，职业培训说，你的精力要花在 B 身上，这叫做职业化。你也许会这样想：“无论购买产品多少，A 与 B 都是我的客户，这样区别对待，不是明显的对 A 不公平吗？”职业培训人员说：“没有绝对公平，你对 A 的公平就是对 B 的不公平，还是对公司的不公平。你以对自己良心的公平来损失公司利益，所以是渎职。”这样的逻辑让所有人都得用眼睛来透视，谁是自己的大客户。于是，“利”字就当头，“机心”就常驻了。

在这个世界上，势利不仅是一种势力，甚至成为一种强大的文化、心理势力。尽管在公开场合中，很多人对势利者嗤之以鼻，宣称势利是一种丑行、一种恶德，但违心的抨击却遮掩不了他们对势利虔敬的信奉。这样的宣称也仅是他们掩饰自己的一种手段，暗地里他们就会遵照势利去行事，为达目的，不择手段。

如何将这种势利的“机心”简化到最少？如果简化不了，我们如何应对这个势利的世界？如何在这个势利的世界中保持内心的安宁与平静？这正是我们需要读懂《庄子》的必要所在。

2.“势利”满心的悲哀

其耆欲深者，其天机浅。

——《庄子·大宗师》

一个人为什么会产生"机心"？因为人的心里藏有势利的种子，因为势利才产生"机心"。从某种意义上说，势利就是一种欲望。欲望越多，痛苦也越多。人心不足蛇吞象，想想蛇吞象的样子，会是一种什么感受——咽不进，吐不出，要多别扭有多别扭。什么都想要，最后可能什么也得不到，反而一辈子将自身置于忙忙碌碌、钩心斗角之中。这样活着，未免太累！《论语》里说颜回"一箪食，一瓢饮，在陋巷，人不堪其忧，回也不改其乐"。如果少一些机心，是不是痛苦也会少一些呢？

从前，有两位很虔诚、很要好的教徒，决定一起到遥远的圣山朝圣。两人背上行囊、风尘仆仆地上路，誓言不达圣山朝拜，绝不返家。

两位教徒走了两个多星期之后，遇见一位白发年长的圣者，这圣者看到两位如此虔诚的教徒千里迢迢要前往圣山朝圣，就十分感动地告诉他们："这里距离圣山还有10天的路程，但是很遗憾，我在这十字路口就要和你们分手了；而在分手前，我要送给你们一个礼物！什么礼物呢，就是你们当中一个人先许愿，他的愿望一定会马上实现；而第二个人，就可以得到那愿望的两倍！"

此时，其中一教徒心里一想："这太棒了，我已经知道我想要许什么愿，但我不要先讲，因为如果我先许愿，我就吃亏了，他就可以有双倍的礼物！不行！"而另外一教徒也自忖："我怎么可以先讲，让我的朋友获得加倍的礼物呢？"于是，两位教徒就开始客气起来，"你先讲嘛！""你比较年长，你先许愿吧！""不，应该你先许愿！"两位教徒彼此推来推去，"客套地"推辞一番后，两人就开始不耐烦起来，气氛也变了，"你干嘛！你先讲啊！""为什么我先讲？我才不讲呢！"

两人推到最后，其中一人生气了，大声说道：“喂，你真是个不识相、不知好歹的人耶，你再不许愿的话，我就把你的狗腿打断，把你掐死！”

另外一人一听，没有想到他的朋友居然变脸，竟然来恐吓自己！于是想，你这么无情无义，我也不必对你太有情有义！我没办法得到的东西，你也休想得到！于是，这一教徒干脆把心一横，狠心地说道：“好，我先许愿！我希望——我的一只眼睛——瞎掉！”

很快地，这位教徒的一个眼睛瞎掉了，而与他同行的好朋友的两个眼睛立刻也都瞎掉！

这个故事中的那两位教徒的下场多么可悲，而导致他们悲惨结局的恰恰是他们自己，是他们心中的那种挥之不去的欲望，那种机心。

人生的许多沮丧都是因为你得不到想要的东西。其实，我们辛辛苦苦地奔波劳碌，最终的结局不都是只剩下埋葬我们身体的那点土地吗？伊索说得好：“许多人想得到更多的东西，却把现在所拥有的也失去了。”这可以说是对得不偿失最好的诠释了。

其实，人人都有欲望的机心，都想过美满幸福的生活，都希望丰衣足食，这是人之常情。但是，如果把这种欲望的机心变成不正当的欲求，变成无止境的贪婪，那我们就无形中成了机心的奴隶。在欲望的支配下，我们不得不为了权力、为了地位、为了金钱而削尖了脑袋向里钻。我们常常感到自己非常累，但是仍觉得不满足，因为在我们看来，很多人比自己生活得更富足，很多人的权力比自己大。所以我们别无出路，只能硬着头皮往前冲，在无奈中透支着体力、精力与生命。

每个人的世界都是他自己造成的。一个人心中充满机心，就会因机心而衍生出困难、恐惧、怀疑、绝望、忧虑等各种各样的情绪。一个人若是使自己的思想充满了困难、恐惧、怀疑、绝望和忧虑，那么他的整个生活就难以走出悲愁、痛苦的境地。但他若能抱着乐观的态度，那么就可使蒙蔽心灵的种种阴霾烟消云散。

庄子说，人生如"白驹过隙"，生命在拥有和失去之间很快就流逝了。你的心灵空间需要自己去经营，如果你在自己的心中装满势利、欲望，各种算计机关，你的心灵哪里还有空间去承载别的呢？

3."机心"是痛苦之源

且以巧斗力者，始乎阳，常卒乎阴，泰至则多奇巧。

——《庄子·人间世》

王夫之强调个人身处世间，不可"挟心而与天下游"，否则就会像"韩非知说之难，而以说诛。扬雄知白之不可守，而以玄死"。韩非和扬雄为什么惨遭迫害？正是因为他们都秉持一种势利的"机心"。从王老先生的话中，我们可以得出这样一个结论：人生在世，为什么有诸多痛苦，原因就在于他们总是秉持着这样那样的势利"机心"。王夫之的话是面对他那个时代而说的，那现在呢？其实情况也差别不大。生活中的你为什么烦躁不安、精神空虚，其原因也在于此。

现实生活中，很多人都在"机心"这条路上越走越远。他们以势利之心去学习，去交朋友，看到研究生容易找工作就去考研，看见做 IT 业赚钱就去学计算机，结果忘记了自己想学什么，想得到什么，最终落下个痛苦遗憾的下场，这些事情的起源都来自于他们的“机心”。

提起《红楼梦》中的王熙凤，人们一方面惊叹于她无与伦比的治家才能、应付各色人等的技巧，一方面又感慨于她的结局。她就是因“机心”太重而遭悲惨结局的典型。

王熙凤的判词是这样的：“机关算尽太聪明，反送了卿卿性命。生前心已碎，死后性空灵。家富人宁，终有个家亡人散各奔腾。枉费了，意悬悬半世心，好一似，荡悠悠三更梦。忽喇喇似大厦倾，昏惨惨似灯将尽。呀！一场欢喜忽悲辛。叹人世，终难定。”

王熙凤在贾府算是一个“巾帼英雄”了，她想尽各种办法，使用种种计谋，想使贾府振兴起来，或者至少维持着大家族的局面，同时也积攒些家私。然而她的努力，她的“鞠躬尽瘁”，却换来了贾府上下的一片不满，最终也没有使贾家有什么起色，死后甚至连女儿也保不住。凤姐“于世路上好机变，言谈去得”，“心性又极深细，竟是个男人万不及一的”，“少说着只怕有一万心眼子，再要赌口齿，十个会说的男人也说不过她呢”，“从小儿大妹妹玩笑时就有杀伐决断，如今出了阁，在那府里办事，越发历练老成了”，“真真泥腿光棍，专会打细算盘”，“天下人都叫你算计了去”，“嘴甜心苦，两面三刀”，“上头笑着，脚底下使绊子”，“明是一盆火，暗是一把刀”，她都占全了。这些熟悉凤姐为人的各色人等对凤姐的评价，活脱脱展现出了一个机关算尽太聪明的人物。然而，就是这样一个十分精明的人物，却落得孤家寡人，身心劳碌至死，最终又一无所得的下场，岂不正应了“聪明反被聪明误”那句话了吗?

凤姐比一般人更多地体验到了痛苦的折磨，且不说她劳心竭力，绞尽脑汁，在背后遭骂挨咒，就是死时的凄凉和死后的寂寞也会使她备尝苦楚。

王熙凤不可谓不聪明，但导致她悲剧结局的因素不也正是因为她“太聪明”吗?“聪明反被聪明误”，正是这句话，点中了很多人的痛苦根源。三国时期的杨修也是以耍小聪明最终遭祸的典型。

杨修是曹操门下掌库的主簿。此人生得单眉细眼，貌白神清，博学能言，智识过人，但他自恃其才，竟小觑天下之士。

一次，曹操令人建一座花园。快竣工了，监造花园的官员请曹操来验收察看。曹操参观花园之后，是好是坏是褒是贬一句话也没有说，只是拿起笔来，在花园大门上写了一个“活”字，便扬长而去。一见这情形，大家犹如丈二和尚，摸不着头脑，怎么也猜不透曹操的意思。杨修却笑着说道:“门内添‘活’字，是个‘阔’字，丞相是嫌园门太阔了。”官员见杨修说得有道理，立即返工重建园门，改造停当后，又请曹操来观看。曹操一见重建后的园门，不禁大喜，问道:“谁知道了我的意思?”左右答道:“是杨修主簿。”曹操表面上称赞杨修的聪明，其实内心已开始忌讳杨修了。又有一回，塞北送来一盒酥饼孝敬曹操，曹操没有吃，只是在礼盒上亲笔写了三个字“一合酥”，放在案头上，自己径直出去了。屋里其他人有的没有理会这件事，有的不明白曹丞相的意思，不敢妄动。这时正好杨修进来看见了，便堂而皇之地走向案头，打开礼盒，把酥饼一人一口地分吃了。曹操进来见大家正在吃他案头的酥饼，脸色一变，问:“为何吃掉了酥饼?”杨修上前答道:“我们是按丞相的吩咐吃的。”“此话怎讲？”曹操反问道。杨修从容地应道：“丞相在酥盒上写着‘一人一口酥’，分明是赏给大家吃的，难道我们敢违背丞相的命令吗？”曹操见又是这个杨修识破了他的心意，表面上乐哈哈地说：“讲得好，吃得对，吃得对！”其实内心已对杨修产生厌恶之情了。可杨修还以为曹操真的欣赏他，所以不但没有丝毫收敛，反而把心智用在捉摸曹操的言行上，并不分场合地卖弄自己的小聪明，从而也不断地给自己埋下祸根，最终因“鸡肋”事件被曹操诛杀。

《庄子·人间世》中，庄子借圣人孔子之口说：“且以巧斗力者，始乎阳，常卒乎阴，泰至则多奇巧。”由此可见“机心”显现的形态。一个人如果总是以“机心”去对待身边的人和事，迟早会遭到别人的打击报复，即使别人一时报复不了你，你也会殚精竭虑，谋划保护自己的各种措施，以致劳神伤心，就会多病。如果你想要得的东西始终得不到，又会陷入欲望不能满足的泥潭之中。用这样的机心去对待身边的各种人和事，你怎么能不心生痛苦呢？

苏东坡在其《洗儿》一诗中这样写：“人皆有子望聪明，我被聪明误一生。唯愿孩儿愚且鲁，无灾无难到公卿。”苏东坡对自己一生因聪明而受的苦真是刻骨铭心，以至于希望自己的儿子愚蠢一点，才能躲避各种灾难。所以说，“机心”是你的痛苦之源。

4. 永远追求“虚”的境界

听止于耳，心止于符，气也者，虚而待物者也。唯道集虚。虚者，心斋也。

——《庄子·人间世》

虚无恬淡，乃合天德。

——《庄子·刻意》

王夫之对《人间世》的解析，强调不可"挟心而与天下游"，其意思就是告诉我们，一个人行走世间、待人接物要保持内心的纯净与空灵，不能总是抱着机巧之心不放。庄子对此种心态用了一个极其生动的词来描绘，"去知集虚"，一个人只有驱除机巧的知见，保持心灵的虚静与恬淡，才能摆脱机心的干扰，拥有快乐美好的人生。

生活中，很多人都会体悟到机心对真情和生命的破坏性，但是在待人处事时，却很少有人拒绝机心。推心置腹去结交一个朋友，可当你发现他只是在利用你，想从你身上得到这样那样的好处时，你们的友谊会是怎样的结局？一个青春年少的女孩子，为了坐享其成，违心去嫁给一位自己不喜欢的富翁，在得到富贵地位的时候，她的心里会感觉幸福吗？很多人都明白这样的道理，但很多人却"明知山有虎，偏向虎山行"。

机心虽然可能为一个人带来暂时的利益，但更多时候，它只会给你带来痛苦。因此一个人绝对不能让势利的"机心"充斥自己的心灵，而应该时刻保持心灵的纯净，这样，你才能因为内心的"空"和"虚"而找到快乐的所在。

"气也者，虚而待物者也。唯道集虚。"一个人必须首先取出自己的机心，才能让心灵"虚而待物"。

在一本励志书中有这样一则故事：

一位名叫李铠的公司职员，是一位很有心计的员工，他每天都会为自己升职而处心积虑。可巧，公司最近将要有一个新职位，李铠哪会放过这次机会，他动用自己的各种关系，向公司领导发起了“进攻”。然而，很多人都想得到这个职位，为此，他经常为这件事苦思冥想，思索如何获胜。

然而没多久，在压力和疲劳的袭击之下，李铠患了结肠痉挛症。身体上的病痛使他忧心忡忡，他担心自己错过这次机会，以后就没有更好的机会了。

在身体和心理的双重煎熬下，李铠整个人瘦了一大圈。他想自己就要垮了，几乎已经不奢望会有痊愈的一天。李铠终于不支倒地，住进医院。

医生了解他的状况后，语重心长地对他说：“李铠，你身体上的疾病没什么大不了，真正的问题出在你的心里。我希望你把自己的生命想象成一个沙漏，在沙漏的上半部，有很多沙子。它们在流过中间那条细缝时，都是平均而且缓慢的，除了弄坏它，你跟我都没办法让很多沙粒同时通过那条窄缝。人也是一样，每一个人都像是一个沙漏，每天都有一大堆的烦心事等着我们去做，但是我们必须一次一件慢慢来，不能让那些沙子都堆积在我们心中。”

医生的忠告给了李铠很大的启发，从那天起，他就一直奉行着这种“沙漏哲学”。世上美好的事物有很多，但如果你想把它们都装在自己心里，你的心灵承受得了吗？他反复告诫自己：“一次只流过一粒沙子就行了。”

没过多久，李铠的身体便恢复正常了，从此，他也学会了如何从容不迫地面对自己的工作，面对自己的生活了。

这个故事说的是一种“沙漏法则”，其实，一个人在这个社会上生存又何尝不是如此？一个人在社会上面对物质的诱惑久了，心中免不了受到大众的浸染，充满机心，这时候我们该怎么办？不妨试试故事中所说的"沙漏法则"，让心中的势利机心漏出。

其实，你的心灵能否体验到安宁、自由和幸福，关键在于干净与否。不净则不静，不静就会为各种烦恼所困扰，生活在追名逐利的尘世之中，周围弥漫着自私自利的气息，甚至有污秽肮脏的恶臭，你若同流合污，可能一时痛快，却要经受长期的心灵煎熬，生活中，这样的例子不是很多吗？那么多贪官污吏的下场不充分说明了这一点吗？

把自己融进污秽的社会空气中，感到压抑，乃至消沉，多了许多懊悔、烦恼、厌倦、怨恨，原因就在于一颗原本纯洁的心灵被各种势利污染了，被私利的绳索捆绑了，既不干净又不自由，久而久之，思想退化，心理畸变，甚至诱发生理疾病。这都是心灵积淀的垃圾太多的缘故。

所以做人要追求心灵的自由，关键是努力净化自由的心灵，要果断地、毫不吝惜地清除心灵的垃圾，用真善美的圣水冲刷灵魂的灰尘。

要时刻警惕自己的心灵被势利丑恶的垃圾所污染，经常审视自己，叩问心灵，打扫思想之屋，保持清新洁净，让真理和美德扎根在心灵的土壤，让真理和美德的阳光照彻你的思想，你就会感受到心灵的自由和生活的快乐。

5. 以真示人，其心亦真

古之真人，以天待之。

——《庄子·徐无鬼》

既然一个人不可“挟心而与天下游”，那就说明人生在世，要学会“以真示人”。但很多人都自认为聪明，可以骗得了天下人，其实，人的智慧大都相差无几，一个人的那点小小的伎俩怎么可能瞒得了其他人呢？捷克作家米兰·昆德拉说：“人类一思考，上帝就发笑。”因此，一个人在这个社会上生存，不要总希冀自己能够“瞒天过海”，还是以真示人，但求无违我心的好。

东晋时，王家和谢家都是大家族，社会地位高，时人称他们为“王谢”。我们看羊士谔的诗“山阴道上桂花初，王谢风流满晋书”，就可想像出来，王、谢家的地位是多么崇高了。

正因为王谢是大家，当时的太尉郗鉴，就想在王家挑选女婿。郗鉴这个女儿，才貌双全，郗鉴爱之如掌上明珠，这么一个宝贝女儿，得找个门当户对的人家。郗鉴觉得王家与自己情谊深厚，又与王丞相同朝为官，听说他家子弟甚多，个个都才貌俱佳，一天早朝后，郗鉴就把自己择婿的想法告诉了王丞相。王丞相说：“那好啊，我家里子弟很多，就由您到家里任意挑选吧。凡您相中的，不管是谁，我都同意。”郗鉴就命心腹管家，带上重礼到了王丞相家。王府子弟听说郗太尉派人觅婿，都仔细打扮一番出来相见。寻来觅去，一数少了一人。王府管家便领着郗府管家来到东跨院的书房里，就见靠东墙的床上一个袒腹仰卧的青年人，对太尉觅婿一事，无动于衷。郗府管家回去向郗鉴报告："王家的少爷个个都好，只是他们听到了相公要挑选女婿的消息以后，个个都打扮得齐齐整整，装模作样，循规蹈矩；唯有东床上有位公子，袒腹躺着若无其事。"郗鉴说："那个人就是我所要的好女婿！"于是马上派人再去打听，原来那人就是王羲之。郗鉴来到王府，见到此人既豁达又文雅，才貌双全，当场下了聘礼，择为快婿。现在我们流传的"东床袒腹"、"东床快婿"的成语，就是指这个故事。

王羲之并不因有人来挑选女婿而刻意装扮自己，这就是显其真。一个以真示人的人一定会有一个好前途，所以王羲之被选中了。

在这个世界上，我们每一个人都是崭新的、独一无二的个体。每个人都有自己的独特个性和特色，我们不必去寻求这样那样的机心，应以自我的真心对待万事万物。事实上，只要我们在遵守团体规则的前提下能够保持自我本色，不人云亦云，不亦步亦趋，我们就能创造出属于自己的美好人生。

6. 祛除机心，返璞归真

不以人助天，是之谓真人。

——《庄子·大宗师》

《庄子·天地》篇中有一则尧和他老师对话的寓言。

尧的老师是许由，许由的老师是啮缺，啮缺的老师是王倪，王倪的老师是被衣。尧请教许由说："啮缺可以担任天子吗？我想通过王倪邀请他。”许由回答说：“这样恐怕会危害天下呀！啮缺这个人，为人聪明睿智、机警敏捷，天赋过人，又能以人力去成就天然。他懂得防堵过失，却不能知道过失从哪里产生。要他担任天子，他就会凭借人力而摒弃自然。他将会以人为本体而区分人我，将会看中智巧而急着使用，将会被小事而役使，被外物所牵绊，四处张望而应接不暇，事事苛求完美，随着外物的变幻而不能保持常态。他哪有资格担任天子呢……”

从这段对话中，我们就可以看出，庄子极其反对那些以智巧去应对事务的做法，他坚持认为，一个人如果只知道用智巧的机心去面对世界，别说去治理天下了，做一个人都难。因此，我们生在这个世界上，虽然由于各种各样的因素，不能完全祛除机心，那也要尽量减少机心。祛除了机心，一个人就能保持内心的宁静，就能显现出一个人天真烂漫的情怀来。

美国哈佛大学校长来北京大学访问时，讲了一段自己亲身经历的故事。

有一天，校长向学校请了3个月假，然后告诉自己的家人：不要问我去什么地方，去干什么，我每个星期都会给家里打来电话，报个平安。校长只身一人去了美国南部的农村，尝试着过另一种所谓的幸福生活。在农村，他到农场去打工，去饭店刷盘子。在田地做工时，连吸支烟或跟工友说句话都得偷偷地做。最让他难忘的是，最后他在一家餐厅找到一份刷盘子的工作，只干了4个小时，老板就把他叫来结账，并对他说：“可怜的老头，你尽管很努力，可是刷盘子太慢了，你被解雇了。”被解雇后，他又重新回到了哈佛。回到了自己熟悉的工作环境后，觉得以往单调乏味的东西一下子变得新鲜有趣起来，工作成了一种全新的享受。这3个月的经历，像一个淘气的孩子搞了一次恶作剧一样，但他却真切地体验到另一种生活的不易。更重要的是，这次经历一下子清除了原来在心中积攒了多年的"垃圾"。

一个人在城市中生活得太久，就会变得机心太重，渐渐忘记了自己的来路和自己曾经的梦想和追求，所以很多人都想去城郊体验一下农家乐的情趣。其实，去不去城郊农家与你能不能驱除机心并没有太大的关系，驱除机心也并不是要求你不再工作，不食人间烟火，关键还在于你自己的心，你审视自己的生命了没有。就像故事中的哈佛校长一样，如果能把自己那些机心像垃圾那样倒掉，你就能在现实中体验到自己工作和生活的快乐。

我们再来看看庄子给我们讲的另一则寓言，体验其中的道理。

孔子的徒弟子贡前往南方的楚国游历，返回晋国，经过汉水南岸时，看见一位老人在菜园中劳动。这位老人凿通一条地道到井边，抱着瓮装水过来灌溉，费了很大的劲，效果却很糟。

子贡说："现在有一种机械，每天可以浇灌一百块菜园，用力很少而效果很好，老人家不想要吗？"

种菜老人抬起头来看着子贡说："怎么做呢？"

子贡说："削凿木头做成机器，后面重前面轻，提水就像抽引一样，快得像沸水流溢。这种机械叫做槔。"

种菜老人面带怒容，讥笑子贡说："我听我的老师说：'使用机械的人，一定会进行机巧之事；进行机巧之事的人，一定会生出机巧之心。机巧之心存在于心中，就无法保持纯净状态；无法保持纯净状态，心神就会不安宁；心神不安宁，是无法体验大道的。'所以，我不是不懂得使用机械，而是因为觉得羞愧才不用的。"

子贡满脸羞愧，低着头不说话。

庄子的这个寓言并非像有些人所说的那样，是在反对科学，他其实是想通过这个故事告诉我们，一个人若在机巧之路上迷途不返，就只会在机巧之路上越走越远。就像一个追赶自己影子的人那样，自己跑得越快，影子也跑得越快，永远没有追到的一天。因此，一个人若想拥有一个幸福、快乐的人生，必须驱除机巧之心。

李白诗云：清水出芙蓉，天然去雕饰。如果一个人驱除了机心，他就能像李白诗中的那朵出水芙蓉一样，美丽、洁白而无瑕。

第二讲

朱谦之：名利河畔的得失判断

庄子的意思，以为“物欲”的生活，就是反于自然的生活，所以说“其耆欲深者，其天机浅”；那些向外逐欲的人们，不知不觉间，都把本性、自然性完全白白送掉了！

——朱谦之《庄子研究》

大师简介：

朱谦之，现代哲学家、哲学史学家，被誉为百科全书式的学者。字情牵，1899 年出生于福建福州。17 岁以全省第一名考取北京高等师范学校（北京师范大学前身），两年后转入北京大学哲学系攻读。后经友人资助赴日本留学两年从事哲学研究，回国后在上海暨南大学、广州中山大学任教。新中国成立后，先后在北京大学、中国科学院哲学社会科学部世界宗教研究所工作，任教授、研究员。1972 年逝世。早年曾出版《革命哲学》一书，推崇虚无主义，以后又著《周易哲学》等书。1931 年后，专攻历史和哲学史研究，著有《日本的朱子学》、《老子校释》、《中国景教》等，译有《中国禅学思想史》、《朝鲜禅教史》等。

1. 贪腐者不得不上的美学课

夫天下之所尊者，富贵寿善也；所乐者，身安厚味美服好色音声也；所下者，贫贱夭恶也；所苦者，身不得安逸，口不得厚味，形不得美服，目不得好色，耳不得音声。若不得者，则大忧以惧。其为形也亦愚哉。

夫富者，苦身疾作，多积财而不得尽用，其为形也亦外矣。夫贵者，夜以继日，思虑善否，其为形也亦疏矣。

——《庄子·至乐》

朱谦之先生认为，庄子不赞同人去追求一种“物欲”的生活，因为“那些向外逐欲的人们，不知不觉间，都把本性、自然性完全白白送掉了”。在《庄子·至乐》篇中，庄子论述了人生在世什么才是最大的快乐。开篇庄子就提出了这样的问题：

天下有最大的快乐还是没有呢？有可以存活身体的东西还是没有呢？现在，应该做些什么，又依据什么？回避什么，又安心什么？靠近什么，又舍弃什么？喜欢什么，又讨厌什么？

接着庄子对这个问题给予这样的回答：

世上的人们所尊崇看重的，是富有、高贵、长寿和善名；所爱好喜欢的，是身体的安适、丰盛的食品、漂亮的服饰、绚丽的色彩和动听的乐声；所认为低下的，是贫穷、卑微、短命和恶名；所痛苦烦恼的，是身体不能获得舒适安逸、嘴里不能获得美味佳肴、外形不能获得漂亮的服饰、眼睛不能看到绚丽的色彩、耳朵不能听到悦耳的乐声。假如得不到这些东西，就大为忧愁和担心，以上种种对待身体的做法实在是太愚蠢啊！

富有的人，劳累身体勤勉操作，积攒了许许多多财富却不能全部享用，那样对待身体也就是不看重身体。高贵的人，夜以继日地苦苦思索怎样才会保全权位和厚禄，那样对待身体也就是忽略了身体。

两千多年前，庄子就将这个问题的答案写在那里了，可惜两千多年后的今天，这样的故事还在不停地重演，正如那句俗话所说的那样"天下熙熙，皆为利来；天下攘攘，皆为利往"。其实，就像庄子所说的那样，贪腐者们追求的那些东西其实不外身体的安适、丰盛的食品、漂亮的服饰、绚丽的色彩和动听的乐声这些东西，到头来还不都是一场空吗？

历史上有这样一则小故事：

彭泽少时家贫，苦志励学，明孝宗弘治三年考中进士，历官至刑部郎中，后因得罪有势的宦官，被外放为徽州知府。

彭泽的女儿临当出嫁，彭泽便用自己的俸银做了几十个漆盒当做陪嫁，派属吏送回家中，彭泽的父亲见后大怒，立刻把漆盒都烧了，自己背着行李奔波几千里来到徽州。

彭泽听说父亲突然来到，不知家中出了什么大事，忙出衙相迎，却见父亲怒容满面，一句话也不说。

彭泽见状，也不敢造次发问，见父亲满面风尘，又背负行李，便使眼色让手下府吏去接过行李。

彭泽的父亲更是有气，把行李解下，掷到彭泽的脚下，怒声道："我背着它走了几千里地，你就不能背着走几步吗？"

彭泽被骂得哑口无言，抬不起头来，只得背着行李把父亲请进府衙。

彭泽父亲进屋后，既不喝茶，也不落座，反而命令彭泽跪在堂下，府中官吏们纷纷上前为知府大人求情，全不济事，彭泽只得跪在父亲面前，却还不知为了何事。

彭泽的父亲责骂彭泽："你本是清贫人家子孙，如今做了几天官，就把祖宗家风全忘了，皇上任命你当知府，你不想着怎样使百姓安居乐业，却学着贪官的样儿，把宫中财物往自己家搬，长此下去岂不成了祸害百姓的贪官？"

彭泽此时方知父亲盛怒是为了何事，却不敢辩解，府中衙吏替他辩白说东西乃是大人用自己俸银所买，并非官家钱物。

彭泽的父亲却说："开始时用自己的俸银，俸银不足便会动用官银，现在不过是几十个漆盒，以后就会是几十车金银。向来贪官和盗贼一样，都是从小开始，况且府中官吏也是朝廷中人，并不是你家奴仆，你却派人家几千里地为自己女儿送嫁妆，这也符合道理吗？"

彭泽叩头服罪，满府官吏也苦苦求情，彭泽父亲却依然怒气不解，用来时手拄的拐杖又痛打彭泽一顿，然后拾起地上还未解开的行李，径自出府，又步行几千里回老家去了。

彭泽受此痛责，不但廉洁自守，不收贿赂，而且不再挂心家里的事，一心扑在府中政务上，当年朝廷审核官员业绩，以徽州府的政绩最高。

彭泽受此庭训，可称得上是当头棒喝，他此后一生为官，历任川陕总督、左都御史、提督三边军务、兵部尚书等要职，这些职务都需要掌握巨额军费，不要说有心贪污，即便按照常例，也会积累一笔十代八代享用不尽的财富。彭泽却为将勇，为官廉，死后破屋几间，妻子儿女的生活都成问题。之所以能清廉如此，自当归功于他父亲的教育。

彭泽清廉一世，值得后人学习。如果每个人都能仔细体悟庄子的话语，明了其中的真意，也许社会会清明许多。《圣经》中有这样一句话：人降临世界的时候，手是合拢的，似乎在说："世界是我的。"他离开世界时手是张开的，仿佛在说："瞧哪，我什么都没有带走。"可见世间的道理大多都是相通的。

一个人是否追求名利，往往取决于一个人的荣辱观。荣辱观是一个人人生观、世界观的重要体现。有人以出身显赫作为自己的荣辱标准，公侯伯爵，讲究某某"世家"、某某"后裔"。有的人则以钱财多寡为标准，所谓"财大气粗"，"有钱能使鬼推磨"，"金钱是阳光，照到哪里哪里亮"，以及"死生无命，荣辱在钱"，"有啥别有病，没啥别没钱"，等等，这些俗话正揭示了以钱财划分荣辱的现状。

以家世、钱财来划分荣辱毁誉的人，尽管具体标准不同，但具着眼点、思想方法都是一致的。他们都是从纯客观、外在的条件出发，并把这些看成是永恒不变的财富，而忽视了主观的、内在的、可变的因素，导致了极端、片面的形而上学错误，结果吃亏的是自己。

持这种荣辱观的人，就会拼命追逐名利。这种欲望不可遏止，最终导致这些身居要职的人总是铤而走险，走向贪污、腐败的道路。攫取这种不义之财，必然会遭受一定的报应。

在《庄子·列御寇》篇中，庄子向我们讲述了这样一则故事：

黄河边上，有一个家庭贫穷靠编织苇席为生的人家，一天，这家的孩子潜入深渊，得到一枚价值千金的宝珠。回到家后，父亲对他说："快点拿过石块来锤坏这颗宝珠！价值千金的宝珠，必定出自深深的潭底黑龙的下巴下面，你能轻易地获得这样的宝珠，一定是正赶上黑龙睡着了。倘若黑龙醒过来，你还想活着回来吗？"

一个人如果处心积虑地贪污公家的钱财，能瞒过一时，但能瞒过一世吗？最终会有真相大白的那一天。

《庄子·秋水》篇中有言道："得而不喜，失而不忧；知分之无常也。"意思是说：得到了荣誉、宠禄不必狂喜狂欢，失去了也不必耿耿于怀，忧愁哀伤，得失界限不会永远不变。一切功名利禄都不过是过眼烟云，得而失之，失而复得这种情况都是经常发生的，要意识到一切都可能因时空转换而发生变化，就能够把功名利禄看淡、看轻、看开些，做到"荣辱毁誉不上心"。

最后我们再来看看发生在庄子身上的故事：

庄子的朋友惠子在梁国做宰相，庄子前往看望他。有人对惠子说："庄子来梁国，是想取代你做宰相。"于是惠子恐慌起来，在都城内搜寻庄子，整整三天三夜。

庄子前往看望惠子，说："南方有一种鸟，它的名字叫鹓鸰，你知道吗？鹓鸰从南海出发飞到北海，不是梧桐树它不会停息，不是竹子的果实它不会进食，不是甘美的泉水它不会饮用。正在这时一只鹞鹰寻觅到一只腐烂了的老鼠，刚巧从空中飞过，鹞鹰抬头看着鹓鸰，发出一声怒气：'吓！'如今你也想用你的梁国来怒叱我吗？"

那些名利在庄子的眼中就是一只腐烂了的老鼠，而有些官员却争相贪敛，唯恐落于人后，不是一种巨大的讽刺吗？

2. 听“至人”说名利

吾将为名乎？名者，实之宾也，吾将为宾乎？

——《庄子·逍遥游》

庄子对于名利的看法是怎样的呢？朱先生认为，庄子所要求的是一种“宇宙的人生”、“自然的人生”，在这种人生观的指引下，庄子对于名利的看法当然是不屑一顾的了。

对于名利，庄子用一则自身的故事向我们做了生动的示范。

有一天，庄子在濮水边垂钓，楚王派遣两位大臣先行前往致意，说：“楚王愿将国内政事委托给你而劳累你了。”就是楚王想要请庄子去做楚国国相。

庄子手把钓竿头也不回地说：“我听说楚国有一神龟，已经死了三千年了，楚王用竹箱装着它，用巾饰覆盖着它，珍藏在宗庙里。这只神龟，是宁愿死去为了留下骨骸而显示尊贵呢，还是宁愿拖着尾巴活在泥水里呢？”两位大臣说：“宁愿拖着尾巴活在泥水里。”庄子说：“你们走吧！我仍将拖着尾巴生活在泥水里。”

在《庄子·天运》篇中，庄子假托孔子的口吻说：“以富为是者，不能让禄；以显为是者，不能让名。亲权者，不能与人柄，操之则栗，舍之则悲，而一无私鉴，以窥其所不休者，是天之戮民也。”意思是说：把贪图财贿看做正确的人，不会让人利禄；把追求显赫看做正确的人，不会让人名声；迷恋权势的人，不会授人权柄。掌握了利禄、名声和权势，便唯恐丧失而整日战栗不安，而放弃上述东西又会悲苦不堪，而且心中没有一点鉴识，目光只盯住自己所无休止追逐的东西，这样的人只能算是被大自然所刑戮的人。

庄子曰："荣辱立然后睹所病。"其意是说，人们心中有了荣誉的念头之后，就可以看到种种忧心的事情。过分关心个人的荣辱得失，就只能忧虑烦恼，无以摆脱。他在《徐无鬼》一篇中说："钱财不积则贪者忧；权势不尤则夸者悲；势物之徒乐变。"大意是说，追求钱财的人因钱财物积累不多而忧愁，贪心者永不满足；追求地位的人常因职位还不高而暗自悲伤；迷恋权势的人，特别喜欢社会动荡，以便从中扩大自己的权势。同时庄子也从正面阐述其观点，他说："不为轩冕肆志，不为穷约趋俗，其乐彼与此同，故无忧而已矣。"大意是，不追求官爵的人，不因为高官厚禄而喜不自禁，不因为前途无望，穷困贫乏而随波逐流，趋势媚俗，荣辱面前一样达观，所以他也就无所谓忧愁。所以庄子主张"至誉无誉"。也就是说，在他看来最大的荣誉就是没有荣誉，把荣誉看得很淡很轻，名誉、地位、声望都算不得什么，即使行善做好事也不要留名。

当一个人能做到这一点时，他就能对客观的、外在的出身、家世、钱财、生死、容貌都看得很淡泊，就能够达到精神的超脱、洒脱的境界，正所谓"去留无意，任天空云卷云舒；宠辱不惊，看窗外花开花落"。

3. 庄子也在谋的“利”

为善无近名，为恶无近刑。缘督以为经，可以保身，可以全生，可以养亲，可以尽年。

——《庄子·养生主》

在很多人的印象中，庄子蔑视一切的利，认为获取利益就是一种可耻的行为。其实不然，庄子的精神是高不可及的，他的自由已经通达了天地，但是庄子还是一个人，一个活生生的人，既然是一个人，他就要吃饭睡觉，就有各种基本的物质要求。因此我们说庄子并不是完全摒弃“利”，庄子反对的只是那些处心积虑，为满足个人贪欲而不择手段得到的“利”；如果是顺应本性，自力更生，靠自己的力量得来的“利”，庄子也不拒绝。一个人生活在世间也一样，每个人都有基本的生活要求，只要是正当的、为了改善生活而必需的“利”，我们完全不用拒绝。

陶渊明是我国东晋和刘宋时期著名的诗人，同时也是历史上著名的隐士。陶渊明原来也做过官，但后来，因为不愿为五斗米而折腰，就辞官归隐了。依靠自己种田养活一家人。

陶渊明好饮酒，但由于家里穷苦，没钱买酒来喝，为此他经常很苦恼。

有一年重阳节，他因没有酒喝而深感苦恼，就到住屋旁的菊篱下采摘花儿，并久久地坐在菊篱边上。这时，他正好碰上江州刺史王弘派白衣（官府差役）送酒来，就高兴地走过去拿起酒，尽饮至醉，由别人扶回家中。

这就是有名的“白衣送酒”的典故。

陶渊明的人格不可谓不高洁，但是，别人送来的酒，他也欣然接受。这种不违逆本性，可以使自己过得更好的利益，为什么拒绝呢？

其实，庄子身上也有这样的故事。

庄子的人格和气节不可谓不高尚，但是，为了能吃饱饭，他也可以去借钱、去钓鱼，借钱和钓鱼这种行为和他的精神并不冲突。一个人自食其力，顺应本性去获取“利”，本就是无可厚非的。

因此，生活中的我们，如果不去贪赃枉法，处心积虑地牟取本不属于自己的财富，而是自力更生，通过努力奋斗得来财富，不但不是可耻的，而且还是光荣的。

4. 不求名来名自扬

百里奚爵禄不入于心，故饭牛而牛肥，使秦穆公忘其贱，与之政也。有虞氏死生不入于心，故足以动人。

——《庄子·田子方》

《庄子·徐无鬼》中有这样一段话：“故曰鸱目有所适，鹤胫有所节，解之也悲。故曰风之过，河也有损焉，日之过，河也有损焉。请只风与日相与守河，而河以为未始其撄也，恃源而往者也。故水之守土也审，影之守人也审，物之守物也审。

“故目之于明也殆，耳之于聪也殆，心之于殉也殆。凡能其于府也殆，殆之成也不给改。祸之长也兹萃，其反也缘功，其果也待久。”

意思是说：所以说猫头鹰的眼睛只有在夜晚才适宜看视，仙鹤具有修长的双腿，截断就会感到悲哀。所以说，风吹过河水就会有所减损，太阳照过，河水也会有所减损。假如风与太阳总是盘桓在河的上空，而河水却认为不曾受到过干扰，那就是靠河水源头小溪的不断汇聚而形成的。所以，水保持住了泥土也就安定下来，影子留住了是因为人体安定下来，事物固守着事物因而相互安定下来。

所以，眼睛一味地追求超出正常人的视力也就危险了，耳朵一味地追求超出正常人的听力也就危险了，心思一味地追求外物也就危险了。才能从内心深处显露出来就会危险，危险一旦形成已经来不及悔改。灾祸滋生并逐渐地增多与聚集，要重新返归本性就必须花费功夫，而要取得效果还得等待很久很久。

从庄子的话中，我们可以看出，处心积虑地追求一件事物，往往会得到适得其反的效果。而不去刻意追求，却往往会得到意想不到的结果。

一个人如果总是处心积虑地追求出名，最后的结果往往是得到骂名，而一个人不刻意去追求名声，专注于自身，修身养性，也会“不求名来名自扬”。

晋人车胤，家贫买不起灯油，夏夜就用白布袋装萤火虫，借萤光夜读。这就是在中国家喻户晓、老少皆知的“囊萤夜读”的成语故事，成为勉励寒门子弟勤奋好学的千古美谈。

可惜后来“囊萤夜读”变质了，成了某些人博取虚名的手段。某书生因“囊萤夜读”而闻名乡里，有一同乡大为钦佩，大清早前去拜访，不料家人说书生已出门去了。同乡不胜惊诧，大好的光阴为何不用来读书呢？家人说，没什么的，他只是捕萤去了，傍晚就回来。

书生为了追求虚名，大好的天光下出门捕萤，黄昏再回来装模作样地表演一番，完全是本末倒置，“名”是有了，但时间一长自然就会露出马脚。靠一时的投机哗众取宠，这样的“名”往往很短暂，如过眼云烟，很快会被世人遗忘，这位“名人”便也不再风光了。

人常说“虚名累人”。虚名能为人带来一时的心理满足感，但它本身毫无价值、毫无意义，任何一个真正的有识之士，都不会看重虚名。为了虚名而去争斗，是人世间各种矛盾、冲突的重要起因，也是人生之中诸多烦恼、愁苦的根源所在。历史上多少悲剧出于争名夺誉，人们只看到了虚名表面的好处，却不知道，在虚名的背后，埋藏了多少辛酸和苦难。为了承受这么一个毫无价值的虚名，人们常常暗中钩心斗角，明里打得头破血流，朋友反目成仇，兄弟自相残杀，虚名之累，有什么好处？

我们以赤子之身来此世界，当以赤子之心走过此世界，也就是真正“留取清白在人间”。既无声名，亦无功利，然而这也是莫大声名，莫大功利了。所以，我们的先哲曾经说：“至人无己，神人无功，圣人无名。”

事实上，人生的规则也正是如此奇妙，贪慕虚名、急功近利者往往得不到真正的名誉；沽名钓誉，无所不用之徒往往得不到真正的快乐。

我们追求的是名誉的不朽、精神的不朽，那么，请抛却背后的虚名，着眼未来，脚踏实地，我们终将到达人生的制高点。

有一首名为“不求名来名自扬”的歌是这样唱的：

来路短去路长
人生百年多思量
薪火相传
煮忧患
说轻说重说兴亡
风雨中热心肠
悬壶济世岁岁忙
千回路转
问出路
去邪扶正有主张
红尘滚滚
天意无常
不遂我心不勉强
悠悠一笑
传四方
不求名来名自扬

这首歌正说出了此中的真意吧。

5. 君子穷而不乏

庄子衣大布而补之，正緳系履而过魏王。魏王曰：“何先生之惫邪？”庄子曰：“贫也，非惫也。士有道德不能行，惫也；衣弊履穿，贫也，非惫也，此所谓非遭时也。王独不见夫腾猿乎？其得柟梓豫章也，揽蔓其枝，而王长其间，虽羿、逢蒙不能眄睨也。及其得柘棘枳枸之间也，危行侧视，振动悼栗，此筋骨非有加急而不柔也，处势不便，未足以逞其能也。今处昏上乱相之间而欲无惫，奚可得邪？此比干之见剖心，徵也夫！”

——《庄子·山木》

朱先生认为，庄子的人生修养方法，就是“去物欲”。试想，一个人如果没有了物质欲望，他即使再贫穷，也不会感到贫乏，他的生命却会在贫穷中显示出一种独立、自在和超然。《庄子·山木》中记载了这样一则故事：

庄子身穿粗布衣并打上补丁，工整地用麻丝系好鞋子去拜访魏王。魏王见了说：“先生为什么如此困顿呢？”

庄子说：“是贫穷，不是困顿。士人身怀道德而不能够推行，这是困顿；衣服坏了鞋子破了，这是贫穷，而不是困顿。这种情况就是所谓生不逢时。大王没有看见过那跳跃的猿猴吗？它们生活在楠、梓、樟等高大乔木的树林里，抓住藤蔓似的小树枝自由自在地跳跃而称王称霸，即使是神箭手羿和逢蒙也不敢小看它们。等到生活在柘、棘、枳、枸等刺蓬灌木丛中，小心翼翼地行走而且不时地左顾右盼，内心震颤恐惧发抖；这并不是筋骨紧缩有了变化而不再灵活，而是所处的生活环境很不方便，不能充分施展才能。如今处于昏君乱臣的时代，要想不困顿，怎么可能呢？对于这种情况，比干遭剖心刑戮就是最好的证明啊！”

庄子物质生活很贫穷，但是他的精神生活却并不贫穷。安贫乐道是庄子对自己的要求，也是对世人的忠告。但正如庄子所说，贫穷并非困顿，安贫乐道的人也并非没有精神内涵，不思进取。一个人物质上贫穷并不可怕，但一定不要使自己的心理贫穷，心理贫穷才是真正的可悲。庄子很贫穷，但是庄子的精神力量却散发出耀眼的光辉，他深谙快乐生活的道理，心与物游，天真烂漫，这种贫穷在某种意义上说是最富有的。

《庄子·让王》篇说：春秋时的原宪住在鲁国，一丈见方的房子，盖着茅草；用桑枝做门框，用蓬草做成门；用破瓮做窗户，用破布隔成两间；屋顶漏雨，地面潮湿，他却端坐在那里弹琴。子贡骑着大马，穿着白大衣，里面是紫色的里子，小巷子容不下高大的马车，他便走着去见原宪。原宪戴顶破帽子，穿着破鞋，倚着藜杖在门口应答，子贡说："呵！先生生了什么病？"原宪回答说："我听说，没有钱叫做贫，有学识而不能应用叫做病，现在我是贫，不是病。"子贡因而进退两难，脸上露出羞愧的表情。

子贡自以为了不起，听了智者对于贫穷的看法，他自己的脸上也露出了羞愧的表情。因为他自己实际上有病——心病，不能从高层次看待贫困的问题，也忍受不了贫困的生活，更不理解那些善于忍受贫困，而心怀大志的人。

不同的人对于贫穷的看法不同，标准不同，忍受贫穷的能力也不同。对于贫穷，有些人是不得不居于贫困，苦熬贫困，所以觉得贫困是可怕的，这是着眼于物质生活的贫困。还有一些人是甘居贫困，是借贫困的环境来磨炼自己的意志，这是自觉地忍受贫困。不仅注重自己的物质享受，还看重自己的精神修养，这才是积极地忍受贫困。

贫穷毕竟不是什么好事。每个人都希望改变贫穷的状况，但是急于求成或是用歪门邪道去脱贫，不是真正的脱贫，而不过是贪恋富贵罢了。

一个人，在贫穷的生活中，如果能保持快乐的心情，精神饱满，形态天真，就能获得圆满的人生。相反，如果一个人心灵空虚，贪欲满心，即使他家财万贯，也不会获得快乐。

6. 人生总有路可走

支离疏者，颐隐于脐，肩高于顶，会撮指天，五管在上，两髀为胁。挫针治繲，足以餬口；鼓英播精，足以食十人。上征武士，则支离攘臂而游于其间；上有大役，则支离以有常疾不受功；上与病者粟，则受三锺与十束薪。夫支离其形者，犹足以养其身，终其天年，又况支离其德者乎！

——《庄子·人间世》

在《庄子》一书中，庄子通过寓言向我们讲述了很多与常人形态迥异的人，比如残疾人、受过刑罚的人。从外表上看，他们甚至连生活都无法自理，过着贫穷的生活，但是这些人或者精力充沛，或者很有理想，总之都过得很快乐，堪称异事。比如《人间世》中，庄子就讲述了一位名叫支离疏的人的故事。

这个名叫支离疏的人，下巴隐藏在肚脐下，双肩高于头顶，后脑下的发髻指向天空，五官的出口也都向上，两条大腿和两边的胸肋并生在一起。他给人缝衣浆洗，足够度日；又替人筛糠簸米，足可养活十口人。国君征兵时，支离疏捋袖扬臂在征兵人面前走来走去；国君有大的差役，支离疏因身有残疾而免除劳役；国君向残疾人赈济米粟，支离疏还领得三种粮食、十捆柴草。

最后庄子得出结论说，像支离疏那样形体残缺不全的人，还足以养活自己，终享天年，更何况我们这些形体完整的人呢！

庄子告诉我们，天无绝人之路，一个人的境况无论多么困难，总是会有路走下去的。因此，人在贫困的处境当中只要能抱着坚定的信念，努力上进，就能跨越贫困，走向成功。其关键还需要身处贫困的你，不要被贫困压倒才行。

有些人生下来就身处贫困之家，有些人生在富贵豪门，这是先天的差距，贫困的孩子必须付出双倍的努力，才能获得成功。这是每一个被贫困困扰着的心灵所不得不面对的现实。

但我们必须坚信这样一句话："你可以贫困一时，但不能贫困一生。"人处在贫困的环境之中，更应该奋发上进，努力去追求成功，这样的成功才更弥足珍贵。

美国前总统亨利·威尔逊出生在一个贫苦的家庭，当他还在摇篮里牙牙学语的时候，贫穷就已经冲击着这个家庭。威尔逊 10 岁的时候就离开了家，在外面当了 11 年的学徒工。这期间，他每年只能有 1 个月时间到学校去接受教育。

在经过 11 年的艰辛工作之后，他终于得到了 1 头牛和 6 只绵羊作为报酬。他把它们换成了 84 美元。他知道钱来得很难，所以绝不浪费，他从来没有在玩乐上花过一分钱，每一美分都要精打细算才花出去。

在他 21 岁之前，他已经设法读了 1000 本书——这对一个农场里的学徒来说，是多么艰巨的任务呀！在离开农场之后，他徒步到 150 公里之外的马萨诸塞州的内蒂克去学习皮匠手艺。他风尘仆仆地经过了波士顿，在那里他看到了邦克希尔纪念碑和其他历史名胜。

整个旅程他只花了1美元6美分。

他在度过了21岁生日后的第一个月，就带着一队人马进入了人迹罕至的大森林，在那里采伐原木。威尔逊每天都是在东方刚刚翻起鱼肚白之前起床，然后就一直辛勤地工作到星星出来为止。在1个月夜以继日的辛劳努力之后，他获得了6美元的报酬。

在这样的穷途困境中，威尔逊下定决心，不让任何一个发展自我、提升自我的机会溜走。很少有人像他一样深刻地理解闲暇时光的价值，他像抓住黄金一样紧紧地抓住了零星的时间，不让一分一秒无所作为地从指缝间白白流走。

12年之后，这个从小在穷困中长大的孩子在政界脱颖而出，进入了国会，开始了他的政治生涯。

出身贫困并不可怕，只要像威尔逊这样面对困境不抱怨不低头，勤奋自强就能获得成功。很多在贫困中长大的人往往自甘堕落，他们认为自己此生命该如此，再奋斗也是徒劳，于是只能一生受穷，惶惶度日，更有一些人因心理极端不平衡而走上犯罪之路。

生命的贫富从某种意义上来说只能由你自己来决定，身处贫困若能不被贫困所累，奋发向上，积极奋斗，照样可以有一个富足的人生；相反，如果自甘堕落，即使生在富豪之家，也可能在中年以后堕入贫困之中。

在《德充符》里面，庄子向我们讲了这样一个故事。

鲁国有个被砍掉一只脚的人，名叫王骀，可是跟从他学习的人却跟孔子的门徒一样多。孔子的学生常季向孔子问道："王骀是个被砍去了一只脚的人，跟从他学习的人在鲁国却和先生的弟子相当。他站着不能给人教诲，坐着不能议论大事；弟子们却空怀而来，学满而归。难道确有不用言表的教导，即使身残体秽，内心世界也能达到成熟的境界吗？这又是什么样的人呢？”孔子回答说：“王骀先生是一位圣人，我的学识和品行都落后于他，只是还没有前去请教他罢了。我将把他当做老师，何况学识和品行都不如我孔丘的人呢！何止鲁国，我将引领天下的人跟从他学习。”

庄子通过这个故事告诉我们，一个人外在的境遇再困难，只要经过努力，他还是可以走出一条成功的路来的。

罗勃特·史蒂文森说过：“不论担子有多重，每个人都能支持到夜晚的来临；不论工作多么辛苦，每个人都能做完一天的工作，每个人都能很甜美、很有耐心、很可爱、很纯洁地活到太阳下山，这就是生命的真谛。”确实如此，唯有流着眼泪吞咽面包的人才能理解人生的真谛。因为苦难是孕育智慧的摇篮，它不仅能磨炼意志，而且能净化人的灵魂。如果没有那些坎坷和挫折，人绝不会有这么丰富的内心世界。苦难能毁掉弱者，同样也能造就强者。

有些人一遇挫折就灰心丧气、意志消沉，甚至用死来躲避厄运的打击，这是弱者的表现，可以说生比死更需要勇气。死只需要一时的勇气，生则需要一世的勇气。每个人的一生中都可能有消沉的时候，居里夫人曾两次想过自杀，奥斯特洛夫斯基也曾用手枪对准过自己的脑袋，但他们最终都以顽强的勇气走向新生活，获得了巨大的成功。可见，一时的消沉并不可怕，可怕的是在消沉中不能自拔。

做一个生命的强者，就要在任何时候都不放弃希望，这样我们最终会等到转机来临的那一天。

7. 享受生命的大自在

得至美而游乎至乐，谓之至人。

——《庄子·田子方》

庄子与惠子游于濠梁之上。庄子曰:“儵鱼出游从容，是鱼之乐也。”惠子曰:“子非鱼，安知鱼之乐？”庄子曰:“子非我，安知我不知鱼之乐？”惠子曰:“我非子，固不知子矣；子固非鱼也，子之不知鱼之乐，全矣！”庄子曰:“请循其本。子曰‘汝安知鱼之乐’云者，既已知吾知之而问我。我知之濠上也。”

——《庄子·秋水》

《庄子·刻意》篇中讲道:“就薮泽，处闲旷，钓鱼闲处；无为而已矣。此江海之士，避世之人，闲暇者之所好也。”这里，庄子列举了几种人士：隐居江海的人，与世无争、逃避世事的人，清闲悠暇的人。这些人也没有什么荣辱毁誉的强烈愿望或忌讳，所以，栖身山林江湖，流浪旷野荒原，每日垂钓，闲散度日。这正是道家的处世态度，顺其自然，在同一篇中，庄子讲了闲散居士的好处:“平易恬淡，则忧患不能入，邪气不能袭。”庄子认为，这些懂得隐居起来的人，是享受着生命的大自在的人。

然而生活在当今时代的我们，不可能像庄子说的那样，到山林中去归隐。就像庄子在《山木》篇中所讲的燕子一样，鸟中没有比燕子更聪明的，看见不适宜停歇的地方，绝不投出第二次目光，即使掉落了食物，也舍弃不顾而飞走。燕子很害怕人，却进入到人的生活圈子，不过只是将它们的巢窠暂寄于人的房舍罢了。

人也是这样，为了生存，必须生活在社会之中。一句话说得好，“大隐隐于市”，只要一个人拥有一个自由的、超凡脱俗的心灵，即使是在闹市之中，他也能体会到万籁俱寂的“静”。在复杂的社会中，自然有简单的道理，那就是只要你能够保持心灵的精美，学会享受生活，你就能享受生命的大自在。

一个人要过得更快乐，必须学会享受生活。

一位得知自己不久于人世的老先生，在日记簿上记下了这样一段文字：

“如果我可以从头活一次，我要尝试更多的错误，我不会再事事追求完美。

“我情愿多休息，随遇而安，处世糊涂一点，不对将要发生的事处心积虑地计算着。其实人世间有什么事情需要斤斤计较呢？

“可以的话，我会多去旅行，跋山涉水，再危险的地方也要去一去。以前不敢吃冰淇淋，是怕健康有问题，此刻我是多么的后悔。过去的日子，我实在活得太小心，每一分每一秒都不容有失，太过清醒明白，太过合情合理。

“如果一切可以重新开始，我会什么也不准备就上街，甚至连纸巾也不带一块，我会放纵地享受每一分、每一秒。如果可以重来，我会赤足走出户外，甚至彻夜不眠，用这个身体好好地感觉世界的美丽与和谐。还有，我会去游乐场多玩几圈木马，多看几次日出，和公园里的小朋友玩耍。

“只要人生可以从头开始，但我知道，不可能了。”

美国诗人惠特曼说：“人生的目的除了去享受人生外，还有什么呢？”

林语堂也持同样的看法，他说：“我总以为生活的目的即是生活的真享受……是一种人生的自然态度。”

生活本是丰富多彩的，除了工作、学习、赚钱、求名，还有许许多多美好的东西值得我们去享受：可口的饭菜、温馨的家庭生活、蓝天白云、花红草绿、飞溅的瀑布、浩瀚的大海、雪山与草原等等大自然的形形色色。

此外还有诗歌、音乐、沉思、友情、谈天、读书、体育运动、喜庆的节日……甚至工作和学习本身也可以成为享受，如果我们不是太急功近利，不是单单为着一己利益，我们的辛苦劳作也会变成一种乐趣。让我们把眼光从“图功名”、“治生产”上稍稍挪开，去关注一下上帝给予我们生命、生活中的这些美好的事物吧。努力地工作和学习，创造财富，这当然是正经的事。享受生活，必须有一定的物质基础。只有衣食无忧，才能谈得上文化和艺术。饿着肚子，是无法去细细欣赏山灵水秀的，更莫说是寻觅诗意。所以，人类要努力劳作，但劳作本身不是人生的目的，人生的目的是“生活得写意”。一方面勤奋工作，一方面使生活充满乐趣，这才是和谐的人生。

享受生活，不是说要去花天酒地，也不是要去过懒汉的生活，吃了睡，睡了吃。如果这样“享受生活”，那才叫糟蹋生活。享受生活，是要努力去丰富生活的内容，努力去提升生活的质量。愉快地工作，也愉快地休闲。散步、登山、滑雪、垂钓，或是坐在草地或海滩上晒太阳。在做这一切时，使杂务中断，使烦忧消散，使灵性回归，使亲伦重现。用英国作家乔治·吉辛的话说，是过一种“灵魂修养的生活”。

我们会工作、会学习，但如果不会享受生活，这对于我们来说，是人生的一大遗憾。学会享受生活吧，真正去领会生活的诗意、生活的无穷乐趣。学会享受生活，在享受中体验生命的大自在，这正是庄子交给我们的哲理中最本质的解释。

第三讲
钱穆：心灯如莲次第开

而庄子之初意，则在教人能用心专一，不分驰于外物，而保全其神知，故亦不凭人身五官之知为聪明尔。故庄子意，苟其人能用心专一，即以是专一于道也。

——钱穆《庄老通辨》

大师简介：

钱穆（1895—1990），江苏无锡人，字宾四，著名历史学家。1912 年辍学后自学，早年任教于中小学。1930 年因发表《刘向歆父子年谱》被聘为燕京大学国文讲师，后历任燕京大学、北京大学、清华大学、北平师范大学教授。抗日战争时期，先后在西南联合大学、华西大学、四川大学、齐鲁大学任教。抗战胜利后，先后任昆明五华书院文史研究所所长、无锡江南大学文学院院长兼历史系主任。1949 年去香港，创办新亚书院，任院长。1967 年新亚书院被香港政府收归，组建香港中文大学，后移居台北，任中国文化学院历史所教授、台北故宫博物院特聘研究员。

钱穆一生淡泊名利，虚心向学，具有人格与学术的双重魅力，被誉为“中国最后一位国学大师”、“中国20世纪伟大的国学大师”。

1. 心灯如莲次第开

且夫乘物以游心，托不得已以养中，至矣。

——《庄子·人间世》

《庄子》一书中，不止一次谈到“心”，可见庄子对心的珍视。一个人有多大的灵性，关键在于他的心灵具有多大的灵性。钱穆先生在《庄老通辨》中强调，“心不系物，尽忘万物”，才能“达乎于道”。由此可见，心在庄子人生观中的重要性。因此，一个人生活在这个世界上，必须懂得珍视、呵护自己的心灵，才能像庄子所说的那样，“达乎于道”。才能保持个人的真善，过一个幸福快乐的人生。

禅宗典籍《五灯会元》上曾记载这样一则故事：德山禅师在尚未得道之时曾跟着龙潭大师学习，日复一日地诵经苦读让德山有些忍耐不住，一天，他跑来问师父：“我就是师父翼下正在孵化的一只小鸡，真希望师父能从外面尽快地啄破蛋壳，让我早日破壳而出啊！”

龙潭笑着说：“被别人剥开蛋壳而出的小鸡，没有一个能活下来的。母鸡的羽翼只能提供让小鸡成熟和有破壳力的环境，你突破不了自我，最后只能胎死腹中。不要指望师父能给你什么帮助。”

德山听后，满脸迷惑，还想开口说些什么，龙潭说：“天不早了，你也该回去休息了。”德山撩开门帘走出去时，看到外面非常黑，就说："师父，天太黑了。"龙潭便给了他一支点燃的蜡烛，他刚接过来，龙潭就把蜡烛熄灭，并对德山说："如果你心头一片黑暗，那么，什么样的蜡烛也无法将其照亮啊！即使我不把蜡烛吹灭，说不定哪阵风也要将其吹灭啊！只有点亮心灯一盏，天地自然成了一片光明。"

德山听后，如醍醐灌顶，后来果然青出于蓝，成了一代大师。

雨果说："比海洋宽阔的是天空，比天空更宽阔的是人的心灵。"生活中的每一次沧海桑田，每一次悲欢离合，都需要我们用心慢慢地去体会，去感悟。如果我们的心是暖的，那么在自己眼前出现的一切都是灿烂的阳光、晶莹的露珠、五彩缤纷的落英和随风飘散的白云，一切都变得那么惬意和甜美，无论生活有多么的清苦和艰辛，都会感受到天堂般的快乐。心若冷了，再炽热的烈火也无法给这个世界带来一丝的温暖，我们的眼中也充斥着无边的黑暗、冰封的雪谷、残花败絮般的凄凉。

在一座偏僻遥远的山谷里的断崖上，不知何时，长出了一株小小的百合。它刚诞生的时候，长得和杂草一模一样，但是，它心里知道自己并不是一株野草。它的内心深处，有一个纯洁的念头："我是一株百合，不是一株野草。唯一能证明我是百合的方法，就是开出美丽的花朵。"它努力地吸收水分和阳光，深深地扎根，直直地挺着胸膛，对附近的杂草置之不理。

在野草和蜂蝶的鄙夷下，百合努力地释放内心的能量。百合说："我要开花，是因为知道自己有美丽的花；我要开花，是为了完成作为一株花的庄严使命；我要开花，是由于自己喜欢以花来证明自己的存在。不管你们怎样看我，我都要开花！"

终于，它开花了。它那灵性的白和秀挺的风姿，成为断崖上最美丽的风景。年年春天，百合努力地开花、结籽，最后，这里被称为“百合谷地”，因为这里到处是洁白的百合。

不要被别人的言语所诱惑，围绕着你的心去生活，就能绽放你自己的生命色彩，就能实现你生命的圆满和美丽。

“我有明珠一颗，久被尘劳关锁。一朝尘尽光生，照破山河万朵。”这是宋代禅僧茶陵郁的一首悟道诗，他说的那颗明珠是什么呢？其实就是他自己的心灵，一个人只有找到自己的心灵，才能真正修为有成。

2. 达生需要养心

目无所见，耳无所闻，心无所知，汝神将守形，形乃长生。

——《庄子·在宥》

意，心养。汝徒处无为，而物自化。堕尔形体，黜尔聪明，伦与物忘，大同乎涬溟，解心释神，莫然无魂。万物云云，各复其根，各复其根而不知。浑浑沌沌，终身不离。若彼知之，乃是离之。无问其名，无窥其情，物固自生。

——《庄子·在宥》

《庄子》中记述了这样一段对话：

有一天，南伯子葵问女偊：“女偊呀，你岁数已经很大了，可是我看你的容颜又青春又活泼，简直像个孩童，这到底是为什么呢？”女偊想了想，说：“这是因为我得道了。”南伯子葵一听，问：“道？

我可以学习吗？”女偶又想了想，说：“不行，你怎么可能学习呢！依我看来，你可不是能学习道的人。你知道卜梁倚吗？他有圣人般明敏的才气，却没有圣人般虚淡的心境。而我呢，我有圣人般虚淡的心境，却没有圣人那种明敏的才气。我本想如果用虚淡的心境去教导他，没准他果真能成为圣人。然而，结果却不是这样。虽然把圣人虚淡的心境传告给具有圣人才气的人看起来更容易些，但我还是选择持守着告诉他，结果，他3天之后便能遗忘天下；看到他已经可以遗忘天下，我又凝寂持守，结果，他7天之后就能遗忘万物；看到他已经遗忘外物，我又凝寂持守，结果他9天之后便能遗忘自己的存在。等到他遗忘了自己的存在，他的心境便能如朝阳一般清新明澈；当心境如朝阳般清新明澈，他就能够感受那绝无所待的道了；当他感受到了道，就能超越古今的时限；当他超越古今的时限可以在历史中穿梭，那么便进入无所谓生，无所谓死的境界。一个人生活在世界上，当你摒除了生也就没有了死，因为没有了死的对比，那时候的生也就不存在了。”

庄子认为，一个可以学道的人，必须有“圣人般虚淡的心境”，否则，这个人只能在世间随波逐流，跟随着众人行走于声色名利之中，永远没有醒悟的那一天。

一个人，只有学会了修养自己的心灵，才能保持内心的宁静与和谐，才有可能像庄子一样，达生而逍遥。

有这样一则故事：

有位虔诚的佛教信徒，每天都从自家的花园中采撷鲜花到寺院供佛。一天，当她送花到佛殿时，碰巧遇上无德禅师从法堂出来，无德禅师非常欣喜地道：“你每天都这么虔诚地以鲜花供佛，根据佛典记载，常以鲜花供佛者，来世当得庄严相貌的福报。”

信徒非常高兴地回答："这是应该的，我每次来您这里礼佛时，觉得心灵就像洗涤过似的清凉，但回到家中，心就烦乱起来。作为一名家庭主妇，如何在烦嚣的尘世中保持一颗清凉纯洁的心呢？"

无德禅师反问道："你以花礼佛，对花草总有一些常识，我现在问你，你如何保持花朵的新鲜呢？"

信徒答道："保持花朵新鲜的方法，莫过于每天换水，并且在换水时把花梗剪去一截，因为这一截花梗已经腐烂，腐烂之后水分不易吸收，花就容易凋谢！"

无德禅师说："保持一颗清凉纯洁的心也是这样啊，我们生活的环境就像瓶中的水，我们就是花，唯有不停净化我们的心灵，改变我们的气质，并且不停地忏悔、检讨，改掉陋习、缺点，才能不断吸收到大自然的养分啊。"

信徒听后，幡然醒悟。

无德禅师的话就像一泓清新的山泉一样，浇灌着我们的心田。

一个人，要想过上更加幸福的生活，必须学会养心。养心，并不是非要有什么特殊的条件才能办到。在生活中，只要我们能够日日更新、时时自省，就能够摆脱世俗的困扰，清除心灵的尘埃。

休养你的心灵吧，只有这样，你才能每时每刻都拥有一颗健康纯净的心灵，也才能在尘世获得属于你自己的幸福。

3. 心若止水则灵美

人莫鉴于流水，而鉴于止水。唯止能止众止。

——《庄子·德充符》

庄子说:“人莫鉴于流水，而鉴于止水。唯止能止众止。”为什么不能鉴于流水，因为流水不是平的，只有止水才能鉴人。所以，水平不流，如止水澄波，能够做到昼夜都在止水澄波中，便是心灵修养的境界所在。

庄子在这里很明显地告诉我们修心的方法，即效法水平。此心如水，止水澄波，杂念妄想喜怒哀乐一切皆空。

很多时候，我们的内心都为外物所遮蔽、掩饰，浮躁的心情占领了我们的整颗心，因此在人生中留下许多遗憾，在学业上，由于我们还不会倾听内心的声音，所以盲目地选择了别人为我们选定的、他们认为最有潜力与前景的专业；在事业上，我们故意不去关注内心的声音，在一哄而起的热潮中，我们也去选择那些最为众人看好的热门职业；在爱情上，我们常因外界的作用扭曲了内心的声音，因经济、地位等非爱情因素而错误地选择了爱情对象……我们都是现代人，现代人惯于为自己作各种周密而细致的盘算，权衡着可能有的各种收益与损失。但是，我们唯一忽视的，便是去听一听自己内心的声音。

快节奏的生活，工作的压力容易使人心境失衡，如果患得患失，不能以宁静的心灵面对无穷无尽的诱惑，就会感到心力交瘁或迷惘躁动。

一位长者问他的学生:“你心目中的人生美事为何？”学生列出“清单”一张：健康、才能、美丽、爱情、名誉、财富……谁料老师不以为然地说:“你忽略了最重要的一项——心灵的宁静，没有它，上述种种都会给你带来可怕的痛苦！”

唯有心灵宁静，才不会眼热权势显赫，不奢望金银成堆，不乞求声名鹊起，不羡慕美宅华第，因为所有的眼热、奢望、乞求和羡慕，都是一厢情愿，只能加重生命的负荷，加速心灵的浮躁，而与豁达康乐无缘。

宁静可以沉淀出生活中许多纷杂的浮躁，过滤出浅薄粗率等人性的杂质，可以避免许多鲁莽、无聊、荒谬的事情发生。宁静是一种气质、一种修养、一种境界、一种充满内涵的悠远。安之若素，沉默从容，往往要比气急败坏、声嘶力竭更显涵养和理智。

我们很忙，行色匆匆地奔走于人潮汹涌的街头，浮躁之心油然而生，这也是我们不去倾听内心声音的一个缘由。我们找不到一个可以冷静驻足的理由和机会。现代社会在追求效率和速度的同时，使我们作为一个人的优雅在逐渐丧失。那种恬静如诗般的岁月对于现代人来说，已成为最大的奢侈和批判对象。内心的声音，便在这些繁忙与喧嚣中被淹没。物质的欲望在慢慢吞噬人的性灵和光彩，我们留给自己的内心空间被压榨到最小，我们狭隘到已没有“风物长宜放眼量”的胸怀和眼光。我们开始患上种种千奇百怪的心理疾病时，心理医生和咨询师在我们的城市也渐渐走俏，我们去寻医求诊，然后期待心灵上的平衡。

安禅何必须山水，灭却心头火自凉。生活就是心灵的修炼场，凡事顺其自然，遇事处之泰然，得意之时淡然，失意之时坦然，艰辛曲折必然，历尽沧桑了然，方是修身养性之道。

4. 和庄子一起做“心斋”

颜回曰：“吾无以进矣，敢问其方。”仲尼曰：“斋，吾将语若！有心而为之，其易邪？易之者，皞天不宜。”颜回曰：

“回之家贫，唯不饮酒，不茹荤者数月矣。如此，则可以为斋乎？”曰：“是祭祀之斋，非心斋也。”

回曰：“敢问心斋。”仲尼曰：“若一志，无听之以耳而听之以心，无听之以心而听之以气！听止于耳，心止于符。气也者，虚而待物者也。唯道集虚。虚者，心斋也。”

——《庄子·人间世》

钱穆先生说，庄子论人生修养，主于不以物为事，而又必期乎物之莫能伤。意思是说，庄子的养生道理，在于他主张远离外务，不被物伤，修养心灵，达到逍遥境地。在《庄子》一书中，庄子交给世人一套切实可行的修养方法，那就是“心斋”。“心斋”的方法是假托孔子之口说出的，故事这样说，颜回说：“我没有更好的办法了，冒昧地向老师求教方策。”孔子说：“斋戒清心，我将告诉你！如果怀着积极用世之心去做，难道是容易的吗？如果这样做也很容易的话，苍天也会认为是不适宜的。”颜回说：“我颜回家境贫穷，不饮酒浆、不吃荤食已经好几个月了，像这样，可以说是斋戒了吧？”孔子说：“这是祭祀前的所谓斋戒，并不是‘心斋’。”颜回说：“请问什么是‘心斋’。”孔子说：“你必须摒除杂念，专一心思，不用耳去听而用心去领悟，不用心去领悟而用凝寂虚无的意境去感应！耳的功用仅只在于聆听，心的功用只在于跟外界事物交合。凝寂虚无的心境才是虚弱柔顺而能应待宇宙万物的，只有大道才能汇集于凝寂虚无的心境。虚无空明的心境就叫做‘心斋’。”

生活中，如果一个人真的能够按照庄子的方法去做，就能很好的修养自己的心灵，不为俗务所羁绊，不为外物所伤害，就能以更清明的智慧面对人生的长途。

如果你珍爱生命，请你修养自己的心灵。人总有一天会走到生命的终点，金钱散尽，一切都如过眼云烟，只有精神长存世间，所以人生的追求应该是一种境界。

在纷纷扰扰的世界上，心灵当似高山不动，不能如流水不安。居住在闹市，在嘈杂的环境之中，不必关闭门窗，只任它潮起潮落，风来浪涌，我自悠然如局外之人，没有什么能破坏心中的凝重。身在红尘中，而心早已出世，在白云之上，又何必“入山唯恐不深”呢？关键是你的心。

心灵是智慧之根，要用知识去浇灌。胸中贮书万卷，不必人前卖弄。“人不知而不愠，不亦君子乎？”让知识真正成为心灵的一部分，成为内在的涵养，成为包藏宇宙、吞吐天地的大气魄。只有这样，才能运筹帷幄之中，决胜千里之外，才能指挥若定，挥洒自如。

修养心灵，不是一件容易的事，要用一生去琢磨。心灵的宁静，是一种超然的境界！高朋满座，不会昏眩；曲终人散，不会孤独；成功，不会欣喜若狂；失败，不会心灰意冷。坦然迎接生活的鲜花美酒，洒脱面对生活的刀风剑雨，还心灵以本色。

宁静是生活的必需，倾听内心宁静的声音，原创力才不会枯竭，观察力才会敏捷，才能看见别人看不到的盲点，想到别人想不到的点子。宁静如同鸭子划水，看似过水无痕，却在内心产生强烈的波澜，潜力惊人。

5. 近自然，见灵性

知天之所为，知人之所为者，至矣。知天之所为者，天而生也。

——《庄子·大宗师》

天地与我并生，而万物与我为一。

——《庄子·齐物论》

就薮渊，处闲旷，钓鱼闲处，无为而已矣。此江海之士，避世之人，闲暇者之所好也。

——《庄子·刻意》

在《刻意》中，庄子说：“走向山林湖泽，处身闲暇旷达，垂钩钓鱼来消遣时光，算是无为自在罢了；这是闲游江湖的人，逃避世事的人，闲暇无事的人所一心追求的。”其实，现实生活中的庄子正是这么做的。庄子的告诫也给予我们这样的启示：人本是自然之子，但在社会化过程中人一方面得以升华，以文化区别于动物，但同时也在被社会所异化，从而表现了许多非自然的属性，尤其是在商业社会中，这种异化尤为明显。

庄子认为，养心首先要养自然之心，要保持人原有的那种质朴、纯真的自然属性。整日工于心计，追逐名利，如何养生，如何养心?

回到自然去！在心态上回到自然去！这就是庄子给予我们的启示。

说到这一点，晋代大诗人陶渊明特别值得称道，值得现代人学习。

陶渊明原是晋朝大司马陶侃的曾孙。他一生仕途不达。曾做过5次官，最后一次在家乡附近得了一个小县令，他在任大概一百多天时，有名督邮前来视察，旁人提醒他“应束带见之”，还要送些厚礼给他。陶渊明一听心里不高兴，督邮算个什么人物？乃乡里小儿。我怎能为五斗米折腰呢？这样他就找了理由辞去了这个县令，归乡隐居，回归自然。

返乡后，陶渊明过着耕读的生活，生活虽然并不富裕，但精神上自由，“采菊东篱下，悠然见南山”，“舟摇摇以轻飏，风飘飘而吹衣”，他过着悠然自得的生活。以后他写下了《桃花源记》等著名散文和诗篇，表达了他的理想。

陶渊明在家乡过着“躬耕自资”的生活。夫人翟氏，与他志同道合，安贫乐贱，“夫耕于前，妻锄于后”，共同劳动，维持生活，与劳动人民日益接近，息息相关。归田之初，生活尚可。“方宅十余亩，草屋八九间，榆柳阴后檐，桃李满堂前。”渊明爱菊，宅边遍植菊花。“采菊东篱下，悠然见南山”（《从杂诗》）至今脍炙人口。他性嗜酒，饮必醉。朋友来访，无论贵贱，只要家中有酒，必与同饮。他先醉。便对客人说：“我醉欲眠卿可去。”义熙四年，住地上京（今星子县城西城玉京山麓）失火，迁至栗里（今星子温泉栗里陶村），生活较为困难。如逢丰收，还可以“欢会酌春酒，摘我园中蔬”。如遇灾年，则“夏日抱长饥，寒夜列被眠”。义熙末年，有一个老农清晨叩门，带酒与他同饮，劝他出仕：“褴褛屋檐下，未足为高栖。一世皆尚同（是非不分），愿君汩其泥（指同流合污）。”他回答：“深感老父言，禀气寡所谐。纤辔（回车）诚可学，违已讵非迷？且共欢此饮，吾驾不可回。”（《饮酒》）用“和而不同”的语气，谢绝了老农的劝告。他的晚年，生活愈来愈贫困，有的朋友主动送钱周济他。有时，他也不免上门请求借贷。他的老朋友颜延之，于刘宋少帝景平元年（423 年）任始安郡太守，经过浔阳，每天都到他家饮酒。临走时，留下两万钱，他全部送到酒家，继续饮酒。不过，他之求贷或接受周济，是有原则的。宋文帝元嘉元年（424年），江州刺史檀道济亲自到他家访问。这时，他又病又饿好些天，起不了床。檀道济劝他："贤者在世，天下无道则隐，有道则至。今子生文明之世，奈何自苦如此？"他说："潜也何敢望贤，志不及也。"檀道济馈以粱肉，被他挥而去之。他辞官回乡22年，一直过着贫困的田园生活，而固穷守节的志趣，老而益坚。元嘉四年（427年）九月中旬神志还清醒的时候，他给自己写了《挽歌诗》三首，第三首诗中末两句说："死去何所道，托体同山阿"，表明他对死亡看得那样平淡自然。

自然可以开启人的心灵，陶冶人的情操，人久居闹市，心久系官场，实际活得很累，一些荣华富贵，一些名声誉赞都是很表面的。月明风清时，人立于月下，就会突然觉得自己生活得很可笑、荒唐。整日绞尽心思与人斗，为官职而不耻说那些不愿说的话，为何要这样难为自己？

自然是功名的清新剂。此时，放下包袱，走出去，到自然的怀抱中沐浴春风，攀登高山，放歌旷野，你会舒服许多。因而，谈一谈陶渊明，读一读孟浩然的田园诗，你都会受到触动。

北山白云里，隐者自怡悦。
相望试登高，心随雁飞灭。
愁因薄暮起，兴是清秋发。
时见归村人，沙行渡头歇。
天边树若荠，江畔舟如月。
何当载酒来，共醉重阳节。

当你读到孟浩然的这首清新、恬淡的诗时，你一定会受到感染，大自然的多姿多态，诗中揭示的那种清幽淡雅的环境，都会冲击你的心灵。

心灵就像一盘秋月挂于高天，清辉弥漫，皎洁晶莹，如果你总是牵绊于世俗的声色名利，你的心空就会充满浓厚的乌云，那盏心灵的明月就会越来越暗淡，直至无光。因此，一个现代人，如果能多接近自然，就会清除掉心灵的乌云，那轮心月就会焕发出本属于它的明丽，你的生命也会在心月的清辉中常驻常新。

第四讲
章太炎:“圣人”就在平凡的“人间世”

《齐物论》,由章太炎氏依佛家唯识宗之立场阐释之,乃是讨论万物之澈底一往平等性。

——方东美《中国哲学之精神及其发展》

大师简介:

章太炎(1869—1936),即章炳麟。初名学乘,更名绛学,字枚叔,又做梅叔,号太炎,曾署章炎武、绛学、绛叔等名,浙江余杭人。他一生从事革命运动,但政治思想、革命经历比较复杂。维新革命失败后赴日本,入同盟会。辛亥革命后,入总统府枢密顾问、护法军政府秘书长等职。他工书法,善篆书,古朴飞逸,行书朴秀苍劲,晚年创办章氏国学讲习所,为一代国学大师。

章太炎博通群经,著述繁富。主要著作有:《尴书》、《古文尚书拾遗》、《春秋左传读叙录》、《春秋左氏义问题》、《刘子政左氏说》、《广论语骈枝》、《新出三体石经考》、《说文部首韵语》、《文始》、《国故论衡》、《太炎文录》等,后人编有《章氏丛书》、《章氏丛书续编》、《章氏丛书三编》,自1982年起上海人民出版社陆续出版《章太炎全集》。

章太炎曾作《齐物论释》，认为庄子思想中有“万物彻底平等”的观点，影响一时。

1. 庄子“道”眼观物

河伯曰:“若物之外，若物之内，恶至而倪贵贱？恶至而倪小大？”北海若曰:“以道观之，物无贵贱；以物观之，自贵而相贱；以俗观之，贵贱不在己。以差观之，因其所大而大之，则万物莫不大；因其所小而小之，则万物莫不小。”

——《庄子·秋水》

章太炎先生在其巨著《齐物论释》一书中，鲜明地阐述了这样一个观点，那就是万物都是平等的，没有高低贵贱之分。

《庄子·知北游》中记载了这样一则故事：

东郭子向庄子请教说:“人们所说的道，究竟存在于什么地方呢？”庄子说:“大道无所不在。”东郭子说:“必定得指出具体存在的地方才行。”庄子说:“在蝼蚁之中。”东郭子说:“怎么处在这样低下卑微的地方？”庄子说:“在稻田的稗草里。”东郭子说:“怎么越发低下了呢？”庄子说:“在瓦块砖头中。”东郭子说:“怎么越来越低下呢？”庄子说:“在大小便里。”东郭子听后不再吭声。

这则故事主要是讲道无所不在、无所不包的道理，庄子认为道无处不在，万事万物并不因为低贱就不能承载道了。我们也可以进一步推论：万物一律平等，所谓的高低贵贱只是人为划分的。既然蝼蚁、稗草、瓦块砖头甚至大小便中都可以有道，人和人之间又会有什么高低贵贱之分呢？所以北海若才说："以道观之，物无贵贱；以物观之，自贵而相贱；以俗观之，贵贱不在己。以差观之，因其所大而大之，则万物莫不大；因其所小而小之，则万物莫不小。"因此生活中的你，如果现在处于弱势的地位，生活贫穷，家境贫寒，外貌丑陋，一定不要自暴自弃。其实，你的智慧和能力并不比世界上的任何人差。

在现今的社会中，存在许多不同阶层的人。有的人每天大鱼大肉，吃喝玩乐；有的人只是三餐温饱，生活一般而已；而有的人甚至连基本生活也不能解决。

其实在这个世界上，人人平等，天生我材必有用，没有人出生就注定不成材，注定是废物。因此，任何一个人都要从心底生发出这样的信念："我并不比别人差。"

"以道观之，物无贵贱。"这就是庄子给我们的最好的心灵启示之一。

2. 自性灵秀圆满

物固有所然，物固有所可。无物不然，无物不可。

——《庄子·寓言》

章太炎先生在《齐物论释》一书中，阐述了万物都是平等的，没有高低贵贱之分这样一个观点。我们可以从中引申出这样一个结论，既然万物都是平等的，没有高低贵贱，那么每个个体就都是一个自在自足的个体，就像佛家所说的那样，自性自然圆满。

《占察善恶业报经》中云："如来法身自性不空，有真实体，具足无量清净功业，从无始世来自然圆满，非修非作，乃至一切众生身中亦皆具足，不变不异，无增无减。"

就像佛说的那样，一个人只要能体察到自身的不增不减的天赋，就能在这个世界上拥有一个精彩而圆满的人生。如果一个人非要为了别人的标准而改变自己，最后只会失去自己，忧虑一生。

从前，某个岛国有一对双胞胎王子。有一天，国王想为大儿子娶媳妇了，便问他喜欢什么样的女性。

大王子回答："我喜欢瘦的女孩子。"

知道了这消息的岛上年轻女性想："如果顺利的话，或许能攀上枝头做凤凰。"于是，大家争先恐后地开始减肥。

不知不觉，岛上几乎没有胖的女性了。不仅如此，因为女孩子一碰面就竞相比较谁更苗条，所以甚至出现了因为营养不良而得重病的情况。

但后来却出现了意外的情况，大王子因病过世了，于是，国王决定由其弟弟来继承王位。

于是，国王又想为小王子娶媳妇，便问他同样的问题。"现在女孩都太瘦弱了，而我比较喜欢丰满的女性。"小王子说。

知道消息的岛上年轻女性，开始竞相大吃特吃。于是，岛上几乎没有瘦的女性了，岛上的食物也被吃得匮乏，甚至连预防饥荒的粮食也几乎被吃光了。

最后，王子所选的新娘，却是一位不胖不瘦的女性。

王子的理由是："不胖也不瘦的女性，更显青春和健康。"

可见，没有自我的生活是苦不堪言的，没有自我的人生是索然无味的，丧失自我是悲哀的。

要想拥有美好的生活，人必须自强自立，拥有良好的生存能力。没有生存能力又缺乏自信的人，肯定没有自我。一个人若失去自我，就没有做人的尊严，就不能获得别人的尊重。

一个人活着应该是为充实自己，而不是为了迎合别人。没有自我的人，总是考虑别人的看法，这是在为别人而活着，所以活得很累。有些人觉得，老实巴交吧，会吃亏，被人轻视；表现出格吧，又引来责怪，遭受压制；甘愿瞎混吧，实在活得没劲；有所追求吧，每走一步都要加倍小心。家庭之间、同事之间、上下级之间、新老之间、男女之间……天晓得怎么会生出那么多是是非非。你和新来的女同事有所接近，有人就会怀疑你居心不良；你到某领导办公室去了一趟，就会引起这样或那样的议论；你说话直言不讳，人家必然感觉你骄傲自满，目中无人；如果你工作第一，不管其他，人家就会说你不是死心眼太傻，就是有权欲野心……凡此种种飞短流长的议论和窃窃私语，可以说是无处不生，无孔不入。如果你的听觉视觉尚未失灵，再有意无意地卷入某种漩涡，那你的大脑很快就会塞满乱七八糟的东西，弄得你头昏眼花，心乱如麻，岂能不累呢？

“木末芙蓉花，山中发红萼。涧户寂无人，纷纷开且落。”这是王维的一首诗，名叫《辛夷坞》。这首诗写的是在辛夷坞这个幽深的山谷里，辛夷花自开自落，平淡得很。你看，辛夷花在树梢怒放，开得何等烂漫！辛夷花又纷纷凋零，又是何等的洒脱！既没有生的喜悦，也没有死的悲哀。

无情有性，这仅仅是一棵普通的辛夷花吗？辛夷花得之于自然，又回归自然。在这个绝无人迹的地方，辛夷花没有人对它们赞美，也不需要人们对它们的凋谢一洒同情之泪，没有追求，没有哀乐，听不到心灵的一丝震颤，几乎连时空的界线都已经泯灭了。它把生命的美丽发挥到了极致，没有必要在乎是否有人欣赏自己。

我们无法改变别人的看法，但我们可以保持一个真实的自己。想要讨好每个人是愚蠢的，也是没有必要的。与其把精力花在一味地献媚别人，无时无刻地顺从别人，还不如把主要精力放在踏踏实实做人，兢兢业业做事，刻苦学习上。改变别人的看法总是艰难的，做好自己却很容易。如果一个人能保持自我生命的圆满，把自己生命的精彩发挥到极致，就能无怨无悔地活在人间。

3. 圣人、凡人各具"神通"

> 民湿寝则腰疾而偏死，鳅然乎哉？木处则惴栗恂惧，猨猴然乎哉？三者孰知正处？民食刍豢，麋鹿食荐，蝍蛆甘带，鸱鸦耆鼠，四者孰知正味？猨猵狙以为雌，麋与鹿交，鳅与鱼游，毛嫱丽姬，人之所美也，鱼见之深入，鸟见之高飞，麋鹿见之决骤。四者孰知天下之正色哉？
>
> ——《庄子·齐物论》

虽然以道观之，物无贵贱，但世间的事物却千差万别。有人说，世间没有两片完全相同的树叶，同样，世间也没有完全相同的两个人。因此，不管是圣人，还是凡人，都有自己的独到之处，圣人也不是天生就是圣人，只不过他能够充分发挥自己的特长而已，而凡人就是那些不能发挥自我特长的人。

小时候，我们都读过《骆驼和羊》的故事，那个故事是这样讲的：

骆驼长得高，羊长得矮。骆驼说:“长得高好。”羊说:“不对，长得矮才好呢。”骆驼说:“我可以做一件事情，证明高比矮好。”羊说:“我也可以做一件事情，证明矮比高好。”

他们俩走到一个园子旁边。园子四面有围墙，里面种了很多树，茂盛的枝叶伸出墙外来。骆驼一抬头就吃到了树叶。羊抬起前腿，趴在墙上，脖子伸得老长，还是吃不着。骆驼说:“你看，这可以证明了吧，高比矮好。”羊摇了摇头，不肯认输。

他们俩又走了几步，看见围墙上有个又窄又矮的门。羊大模大样地走进门去吃园子里的草。骆驼跪下前腿，低下头，往门里钻，却怎么也钻不进去。羊说:“你看，这可以证明了吧，矮比高好。”骆驼摇了摇头，也不肯认输……

屈原《卜居》中说:“夫尺有所短，寸有所长。物有所不足，智有所不明，数有所不逮，神有所不通。”其实就是在阐明这样一个道理：人人都有其优点，人人都有其短处。

有一个学僧道信，一心向佛，但他苦心修行了15年，始终悟不出什么禅理来。眼看着师弟们一个个悟道出师了，而自己却没有多大的进步，他不由得心急如焚。

道信心想，自己头脑太笨了，所以入不了门。他不想再这样苦苦修炼下去，认为不会有什么结果，还是做个苦行僧算了。

于是，道信打点好行装，决定出去云游。临走前，他来到法堂，向广寂禅师辞行。

道信跪在广寂禅师面前，说道:“师父，学僧辜负您的教导，自从皈依在您座下，习禅已有15年之久，但却始终悟不出一点东西来。我想，我实在不是一块学禅的料，因此，想四处云游，特来向您老人家辞行。”

广寂禅师非常惊讶，问道："为什么没有觉悟就要走呢？难道在这里觉悟不出来，到别处就可以觉悟了吗？"

道信诚恳地道："我每天除了吃饭、睡觉之外，将自己的全部时间与精力都花在参禅悟道上了，这么用功还是不能开悟，我想我和禅可能是无缘吧。看着师弟们一个个都出师了，我心里难受。师傅，还是让我去做个苦行僧吧，这样，我心里就会好受一点。"

广寂禅师说道："别人有别人的境界，你修你的禅道，这本来是互不相干的两回事，为什么非要混为一谈呢？"

道信非常沮丧，辩解道："师傅，您不知道，我跟师弟们一比，就好像小麻雀见到了大鹏鸟，心里惭愧极了。"

广寂禅师又问道："那么你说说看，大鹏鸟怎样的大？小麻雀又怎样的小？"

道信答道："大鹏鸟轻轻一展翅，就能飞越几百里，而我无论怎样努力，也只能飞出几丈而已。"

广寂禅师听了他的话，微微一笑说道："大鹏鸟一展翅就能飞出几百里，它能不能飞越生死界呢？"

道信禅僧恍然大悟，收起自己的行李，再不提云游的事了。

俗话说得好，人比人，气死人。在这个世界上，每个人都是一个独特的个体，每个人修道都有自己独到风格，为什么非要模仿别人呢？

世间万物各有自己的独到之处，即使我们在某些方面差一些，但也许在另一方面，我们却比别人更优秀。因此，每个人都不要因自己的优点而过分骄傲，更不要因自己的缺陷而悲观绝望。

4. 唯我独尊，并不为过

夔怜蚿，蚿怜蛇，蛇怜风，风怜目，目怜心。夔谓蚿曰："吾以一足趻踔而行，予无如矣。今子之使万足，独奈何？"蚿曰："不然。子不见夫唾者乎？喷则大者如珠，小者如雾，杂而下者不可胜数也。今予动吾天机，而不知其所以然。"蚿谓蛇曰："吾以众足行，而不及子之无足，何也？"蛇曰："夫天机之所动，何可易邪？吾安用足哉！"蛇谓风曰："予动吾脊胁而行，则有似也。今子蓬蓬然起于北海，蓬蓬然入于南海，而似无有，何也？"风曰："然，予蓬蓬然起于北海而入于南海也，然而指我则胜我，鰌我亦胜我。虽然夫折大木，蜚大屋者，唯我能也。"故以众小不胜为大胜也。为大胜者，唯圣人能之。

——《庄子·秋水》

方东美在其著作《中国哲学之精神及其发展》中这样写道："《齐物论》，由章太炎氏依佛家唯识宗之立场阐释之，乃是讨论万物之澈底一往平等性。"既然万事万物都是平等的，那么每个人都要有足够的自信，相信自我的力量以获取成功。

《庄子·秋水》中有这样一段描述：

独脚的夔羡慕多脚的蚿，多脚的蚿羡慕无脚的蛇，无脚的蛇羡慕无形的风，无形的风羡慕明察外物的眼睛，明察外物的眼睛羡慕内在的心灵。

夔对蚿说："我依靠一只脚跳跃而行，没有谁再比我简便的了。现在你使用上万只脚行走，竟是怎么样的呢？"蚿说："不对哩。你没有看见那吐唾沫的情形吗？喷出唾沫大的像珠子，小的像雾滴，混杂着吐落而下，不可以数计。如今我启动我天生的机能而行走，我也并不知道自己为什么能够这样。"

蚿对蛇说："我用众多的脚行走反倒不如你没有脚，这是为什么呢？"蛇说："仰赖天生的机能而行动，怎么可以改变呢？我哪里用得着脚呢！"

蛇对风说："我运动我的脊柱和腰而行走，还是像有足而行的样子。如今你呼呼地从北海掀起，又呼呼地驾临南海，却没有留下有足而行的形迹，这是为什么呢？"风说："是的，我呼呼地从北海来到南海。可是人们用手来阻挡我而我并不能吹断手指，人们用腿脚来踢踏我而我也不能吹断腿脚。即使这样，折断大树、掀翻高大的房屋，却又只有我能够做到。"这就是细小的方面不求胜利而求获得大的胜利。获取大的胜利，只有圣人才能做到。

凡事都去羡慕别人，从来没有想到自己的能力才是最独特的。如果让你去寻找这个世界上最优秀的人，你会到哪里寻找？在这个世界上，你时刻都要坚信这一点，最优秀的人就是你自己。相信自己，才能做自己命运的主宰。

有个人为法明禅师做了40年侍者，法明禅师看他一直任劳任怨，忠心耿耿，所以想要对他有所报答，帮助他早日开悟。

有一天，法明禅师像往常一样喊道："侍者！"

侍者听到禅师叫他，以为法明禅师有什么事要他帮助，于是立刻回答道："禅师！要我做什么事？"

禅师听到他这样的回答感到很失望，说道："没什么事要你做的！”

过了一会儿，禅师又喊道：“侍者！”

侍者又是和第一次一样的回答。

这样反复了几次以后，法明禅师喊道：“佛祖！佛祖！”

侍者听到法明禅师这样喊，感到非常不解，于是问道：“禅师，你在叫谁呀？”

禅师看他愚笨，万般无奈地启示他道：“我叫的就是你呀！”

侍者仍然不明白地说道：“禅师，我不是佛祖，而是你的侍者呀！你糊涂了吗？”

法明禅师看他如此不可教化，便说道：“不是我不想点化你，实在是你太辜负我了呀！”

侍者回答道：“禅师！不管到什么时候，我永远都不会辜负你，我永远是你最忠实的侍者，任何时候都不会改变！”

法明禅师道：“事实上你已经辜负我了，我的良苦用心你完全不明白。你为什么只承认自己是侍者，而不承认自己是佛祖呢？其实，佛祖与众生并没有区别，众生之所以为众生，就是因为众生不承认自己是佛祖。实在是太遗憾了！”

法明禅师可谓用心良苦，然而侍者愚钝却枉费了他一番苦心。侍者的悲哀在于他始终不能相信自己也可以是佛祖，所以只好一生碌碌。

“相信自己，我就是主宰”，这是成功人士的座右铭。我们现在可能不是想象中的某种“人才”，但也要相信自己有潜力成为那样的人。自卑于现状裹足不前，就永远不可能成就自己。只有自信者才会努力塑造自己，向着成功迈进。

5. 潜能藏在心深处

西施病心而颦其里，其里之丑人见之而美之，归亦捧心而颦其里。其里之富人见之，坚闭门而不出；贫人见之，挈妻子而去走。彼知颦美而不知颦之所以美。惜乎，而夫子其穷哉！

——《庄子·天运》

《庄子》外篇《天运》中也有这样一则寓言：

从前西施心口疼痛而皱着眉头在邻里间行走，邻里的一个丑女人看见了认为皱着眉头很美，回去后也在邻里间捂着胸口皱着眉头。邻里的有钱人看见了，紧闭家门而不出；贫穷的人看见了，带着妻儿远远地跑开了。那个丑女人只知道皱着眉头好看，却不知道皱着眉头好看的原因。可惜呀！

这就是我们常说的东施效颦的成语来源了。是的，一个人不要总是羡慕别人的好，总是想着向别人学习，殊不知你自己有你自己的好处。如果只想一味学习别人，结果可能弄巧成拙，别人的东西没学成，自己的特色又丢失了，得不偿失。

美国作曲家柏林与格希文第一次会面时，已声誉卓越，而格希文却只是个默默无名的年轻作曲家。柏林很欣赏格希文的才华，并且以格希文所能赚的3倍薪水请他做音乐秘书。友人好心劝告格希文："不要接受这份工作，如果你接受了，最多只能成为欧文·柏林第二。要是你能坚持下去，有一天，你会成为第一流的格希文。"

美国乡村乐歌手吉瑞·奥特利未成名前一直想改掉自己的德克萨斯州口音，打扮得也像个城市人，他还对外宣称自己是纽约人，结果只招致别人背后的讪笑。后来他开始重拾三弦琴，演唱乡村歌曲，才奠定了他在影片及广播中最受欢迎的牛仔地位。

既然所有的艺术都是一种自我的体现，那么，我们只能唱自己、画自己、做自己，不管好坏；我们只要好好经营自己的小花园，也不论好坏；我们也只要在生命的管弦乐中演奏好属于自己的一份乐器。

爱默生在他的短文《自我信赖》中说过：

“一个人总有一天会明白，嫉妒是无用的，而模仿他人无异于自杀。因为不论好坏，人只有自己才能帮助自己，只有耕种自己的田地，才能收获自家的玉米。上天赋予你的能力是独一无二的，只有当你自己努力尝试和运用时，才知道这份能力到底是什么。”

我们最大的局限在于我们的短视，而我们的短视在于无法发现自己的优点。美国哲学家威廉·詹姆斯这样认为：“跟我们应该做到的相比较，我们等于只做了一半。我们对于身心两方面的能力，只用了很小一部分，一般人大约只发展了10%的潜在能力。一个人等于只活在他体内有限空间中的一部分。他具有各种能力，却不知道怎样利用。”

那么，一般人是怎样做的呢？他习惯用与别人的对比来发现自己的优缺点，这固然是一种好方法，但往往受主观意识影响太大。他会很快发现，自己在某方面与别人差距甚大，因此他会非常羡慕那个人。羡慕会导致无知的模仿，导致无谓的妒忌，或者受到激励般地向更高境界攀升，但最后一种情况毕竟所占比例甚小，而前面两种情况都容易导致自信心的丧失以及由此引发的忧郁。

如果我们一味地模仿他人，只会失掉我们身上原本独具的特色。就像东施和邯郸学步的郑人一样，最后只能以失败为结局。

其实，我们自身就有无穷的宝藏，何不快乐地保持自己的本色呢？所有的美丽均来自于我们身上的特有气质，而非效仿的味道。试想，如果天下的男女都是一样的气质，毫无特点，那么整个世界就会变得黯淡无光。

每个人的能力都是有限的，就像人类有其体能的极限一样。如果想把别人的优点都集于一身，那是最荒谬、最愚蠢的想法。我们没有必要去模仿别人，只要能够做好我们自己，便是对自己尽到了最大的责任。

因此，生活中的你我千万不要总把目光投向外界，外界的风光虽好，但切勿生羡慕之心。不断省察自己的心灵，你就能发掘到具有自我特色的潜能。

6. 把主见出卖给别人不可取

魍魉问景曰："曩子行，今子止，曩子坐，今子起。何其无特操与？"景曰："吾有待而然者邪？吾所待又有待而然者邪？吾待蛇蚹蜩翼邪？恶识所以然？恶识所以不然？"

——《庄子·齐物论》

《庄子·齐物论》中讲了这样一则故事：

魍魉问影子："先前你行走，现在又停下；以往你坐着，如今又站了起来。你怎么没有自己独立的操守呢？"影子回答说："我是有所依凭才这样的吗？我所依凭的东西又有所依凭才这样的吗？我所依凭的东西难道像蛇的鳞和鸣蝉的翅膀吗？我怎么知道因为什么缘故会是这样？我又怎么知道因为什么缘故而不会是这样？”

魍魉和影子都不能自己决定自己，所以只能跟着别人转。一个人，如果像魍魉和影子一样，不能把握自己的命运，而是承受别人的支配，这个人就只是一个傀儡，恰如行尸走肉，不会获得人生的成功。

不要总是盲从于他人的意见，盲目听从他人的意见终将导致一事无成。

一个故事这样说：

鹤拿起针线要在自己的白裙子上绣一朵花。刚绣了几针，孔雀过来问：“鹤妹你绣的什么花呀？”

“我绣的是桃花，这样能显出我的娇媚。”鹤羞涩地说。

“咳，干什么要绣桃花哩？桃花是易落的花，不吉祥，还是绣月月红吧，又大方、又吉利！”鹤听了孔雀的话觉得很有道理，便把绣好的桃花拆了改绣月月红。正绣得入神时，只听锦鸡在耳边说道：“鹤姐，月月红花瓣太少了，显得有些单调，我看还是绣朵牡丹吧。牡丹是富贵花呀，显得多么华贵！”

鹤又觉得锦鸡说得对，便又把绣好的月月红拆了，重新开始绣牡丹。

绣了一半，画眉飞过来，在头上惊叫道：“鹤嫂，你爱在水塘里栖歇，应该绣荷花才是，为什么要去绣牡丹呢？这跟你的习性太不协调了，荷花是多么清淡素雅，出淤泥而不染，亭亭玉立啊，多美呀！”鹤听了，觉得也是，便把牡丹拆了改绣荷花……

每当鹤快绣好一朵花时，总有人提不同的建议。她绣了拆，拆了绣，最终还是没有绣成任何的花朵。

很多人都有一种随波逐流的从众心理，他们做事的动机往往不是那么明确，看到别人怎么做自己也怎么做，而不是按照自己的主观意愿去行动。尤其是在通往"成功"、"幸福"、"快乐"之类的道路上，一切似乎已经有了约定俗成的标准。可是，长此以往，人就会逐渐失去自我。

个人品性的锻炼应该从认识自我开始。人能够突破环境，就是基于自我意识和自知之明的双重思虑中产生的出色动力而实现的。

我们怎样看待自己，不但影响自己的态度和行为，也影响我们看待他人的方式。我们处处以他人为镜子，将使自己的个性不够完善，而导致自我的迷失。俗话说："众口铄金，积毁销骨。"能在无数人的否定中肯定自我的人是具有大智慧的人，也是能走向成功的人。能够在无数人的打击中昂然挺立，坚持自己的判断，这样的人又怎能不有所成就？

不要让众人的意见淹没了你的才能和个性。一味地听从别人的意见，你就会迷失自我。你只需听从自己内心的声音，做好自己就足够了。

一位小有名气的年轻画家画完一幅作品后，拿到展厅去展出。为了能听取更多的意见，他特意在他的画作旁放上一支笔。这样一来，每一位观赏者，如果认为此画有败笔之处，都可以直接用笔在上面圈点。当天晚上，年轻画家兴冲冲地去取画，却发现整个画面都被涂满了记号，没有一处是不被指责的。他十分懊丧，对这次的尝试深感失望。

他把他的遭遇告诉了另外一位朋友，朋友告诉他不妨换一种方式。于是，他临摹了同样一张画拿去展出。但是这一次，他要求每位观赏者将其最为欣赏的妙笔之处标上记号。等到他再取回画时，结果发现画面也被涂遍了记号。一切曾被指责的地方，如今却都换上了赞美的标记。

“哦！”他不无感慨地说，“现在我终于发现了一个奥秘：无论做什么事情，不可能让所有的人都满意。因为，在一些人看来是丑恶的东西，在另一些人眼里或许是美好的。”

不同的人在面对同一件事物时，往往会发出不同的感慨，持有相异的观点。有时同一个人关于同一事件的观点，也会因时间的推移而变化，如果我们用追随他人的喜好的方法来讨好他们，那是一件多么辛苦的事情啊。因为我们不可能让所有人都喜欢，人生来就有差异，喜好、兴趣、性格等也有不同，唯有“以不变应万变”才是最佳的生存方法。

一个不能决定自己的人是可悲的。为什么要把命运交给别人掌控呢？自己去掌舵，生命才会更多彩。

7.“圣人”就在平凡的“人间世”

庄周家贫，故往贷粟于监河侯。监河侯曰：“诺。我将得邑金，将贷子三百金，可乎？”庄周忿然作色曰：“周昨来，有中道而呼者，周顾视车辙，中有鲋鱼焉。周问之曰：‘鲋鱼来，子何为者耶？’对曰：‘我，东海之波臣也。君岂有斗升之水而活我哉！’周曰：‘诺，我且南游吴越之王，激西江之水而迎子，可乎？’鲋鱼忿然作色曰：‘吾失我常与，我无所处。吾得斗升之水然活耳。君乃言此，曾不如早索我于枯鱼之肆。'"

——《庄子·外物》

庄子在《逍遥游》中这样说：至人无己，神人无功，圣人无名。作为得道的高人，圣人受到庄子的高度评价。那这些圣人是天生的吗？他们来自何方？其实，我们不要被庄子的这些"谬悠之说、荒唐之言、无端崖之辞"所蒙骗，作为阅读和学习庄子思想的后来人，我们也可以这样认为，庄子就是一位得道的"圣人"。那庄子生活在哪里？从书中我们就可以找到答案。

《庄子·外物》中记载了这样一个故事：

庄周家境贫寒，于是向监河侯借粮。监河侯说："行，我即将收取封邑之地的税金，打算借给你三百金，好吗？"庄周听了脸色骤变，愤愤地说："我昨天来的时候，有谁在半道上呼唤我。我回头看见路上车轮碾过的小坑洼处，有条鲫鱼在那里挣扎。我问它：'鲫鱼，你十什么呢？'鲫鱼回答：'我是东海水族中的一员。你也许能用斗升之水使我活下来吧。'我对它说：'行啊，我将到南方去游说吴王越王，引发西江之水来迎候你，可以吗？'鲫鱼变了脸色生气地说：'我失去我经常生活的环境，没有安身之处。眼下我能得到斗升那样多的水就活下来了，而你竟说出这样的话，还不如早点到干鱼店里找我！'"

这个故事生动地表明，生活中庄子其实和我们一样，有血有肉，遭遇贫穷，连饭都吃不上了，只有去借钱，还惨遭拒绝。看，这就是得道的"圣人"。这下我们就明白了，原来圣人并不像我们想象的那样，不食人间烟火。他们也会遭遇贫穷，也会吃不上饭，借钱受到别人的拒绝，但他们有着超然物外的思想，有着伟大的卓尔不群的人格。“圣人”就在平凡的“人间世”。

其实，在我们的生活中，每一个平凡的人都会因为什么而变成一个伟大的人，无论是你自己认为的或他人称赞的。每一个伟大的人必定曾经是一个平凡的人或以后会变回平凡的人。换句话说，生活就是在平凡与伟大的交错中延伸开来的，而唯一不变的是：伟大，总是在平凡之后。

1954 年至 1956 年克里米亚战争爆发，哀鸿遍野，伤残无数。

一位年轻的护士白天协助护理伤员，替士兵寄信，给他们慰藉，夜晚提着一盏小小的油灯，在 6.5 千米之遥的营区一间一间地探视伤员。于是她获得士兵们崇高的敬意，并被亲切地称为“提灯女神”。她就是洛芬伦斯·南丁格尔。

她平凡吗？她只是一个普通的护士，在尸体横飞的战场上顶多是一个移动的白点。

她伟大吗？她又被称为“提灯女神”。她的勇气、她的精神的确无比伟大，所以她化做一盏灯照亮了苦难的人间。

平凡与伟大真的有界限吗？

清洁工是平凡的，但又是伟大的。

医生、护士、农民……是的，他们都是既平凡又伟大的人。

平凡和伟大真的只有一线之隔，但无论如何，平凡可变为伟大，而伟大必定来自平凡。所以伟人即是平凡之人，要知道：伟大，总是在平凡之后。

什么是伟大？是“直挂云帆济沧海”的气魄，是“扶摇直上九万里”的豪迈吗？其实那只是理想，请不要忘了“千里之行，始于足下”。什么是平凡？是兢兢业业地工作，是默默无闻地奉献，那才是伟大的平凡，请不要忘了“聚沙成塔，集腋成裘”。

有些人在心中嘀咕，我整天为了工作奔忙，为了能买套房子，为了能养活家人无比辛劳，我这能算伟大吗？能算"圣人"吗？其实，我们所做的这些工作其实和庄子当日为了生活而奔忙的工作又有何不同？只要我们能够在这平凡的生活中修养自己的心灵，不让自己沉迷于物欲，保持一份超然的心情，我们也就能在芸芸众生中活得更精彩。圣人就在平凡的人间世。

第五讲

林语堂：算命不如修养

吾守形而忘身。观于浊水而迷于清渊。且吾闻诸夫子曰："入其俗，从其令。"今吾游于雕陵而忘吾身。异鹊感吾颡，游于栗林而忘真。栗林虞人以吾为戮。吾所以不庭也。

——《庄子·山木》

大师简介：

林语堂（1895—1976），福建龙溪人，现代著名作家。原名和乐，改名玉堂、语堂，笔名毛驴、宰予、岂青等，文学家。1912 年入上海圣约翰大学。1919 年后留学美国、德国。1923 年回国，在北京大学、北京女子师范大学任教，支持爱国学生运动。1926 年去厦门大学任教，写杂文，并研究语言。1932 年后陆续创办《论语》、《人间世》、《宇宙风》，推动小品文的创作，成为论语派主要人物。1936 年旅居美国。1947 年任联合国教科文组织美术与文学主任。1954 年任新加坡南洋大学校长。1966 年定居台北。其代表作有《剪拂集》、《生活的艺术》、《开明英文读本》、《开明英文文法》、《大荒集》、《我的话》、《吾国与吾民》、《无所不读》、《京华烟云》、《风声鹤唳》和《语堂文存》等。

林语堂在《生活的艺术》、《老子的智慧》等书中对庄子思想都有自己独特的阐释。

1. 螳螂“守形忘身”酿悲剧

庄周游于雕陵之樊，睹一异鹊自南方来者。翼广七尺，目大运寸，感周之颡，而集于栗林。庄周曰：“此何鸟哉！翼殷不逝，目大不睹。”蹇裳躩步，执弹而留之，睹一蝉方得美荫而忘其身。螳螂执翳而搏之，见得而忘其形。异鹊从而利之，见利而忘其真。庄周怵然曰：“噫！物固相累，二类相召也。”捐弹而反走，虞人逐而谇之。

——《庄子·山木》

《庄子·山木》中记载了一个故事：

庄子在雕陵栗树林里游玩，看见一只奇异的怪鹊从南方飞来，翅膀宽达7尺，眼睛大有1寸，碰着庄子的额头而停歇在果树林里。庄子说：“这是什么鸟呀，翅膀大却不能远飞，眼睛大视力却不敏锐？”于是提起衣裳快步上前，拿着弹弓静静地等待着时机。这时突然看见一只蝉，正在浓密的树阴里美美地休息而忘记了自身的安危；一只螳螂用树叶作隐蔽打算见机扑上去捕捉蝉，螳螂眼看即将得手而忘掉了自己形体的存在；那只怪鹊紧随其后认为那是极好的时机，眼看即将捕到螳螂而又丧失了自身的真性。庄子惊恐而警惕地说：“啊，世上的物类原本就是这样相互牵累、相互争夺的，两种物类之间也总是以利相招引！”庄子于是扔掉弹弓转身快步而去，看守栗园的人大惑不解地在后面追着责问。

庄子返回家中，整整3天心情很不好。弟子蔺且跟随一旁问道：“先生为什么这几天来一直很不高兴呢？”庄子说：“我留意外物的形体却忘记了自身的安危，观赏于混浊的流水却迷惑于清澈的水潭。而且我从老聃老师那里听说：‘每到一个地方，就要遵从那里的习惯与禁忌。’如今我来到雕陵栗园便忘却了自身的安危，奇异的怪鹊碰到了我的额头，游玩于果林时又丧失了自身的真性，管园的人不理解我又进而侮辱我，因此我感到很不愉快。”

这就是我们现在耳熟能详的成语“螳螂捕蝉，黄雀在后”的来源。但是林语堂先生却从另外一个角度剖析了这个故事，他认为这则寓言正体现了庄子那种发现自我的精神。蝉、螳螂、黄雀和庄子都没有把自身的精力用在自己身上，而是将精力用在了自己的目标身上，结果因“守形而忘身”招致祸害。

一个人，必须时刻秉持发现自我的精神。唯有发现自我，才能发展自我，弥补自我，完善自我。

很多人的一生一直游移不定，没有任何实际目标可言，他们惧怕真正地面对生活，害怕挺身而出、承担责任，到头来年华虚度。他们把自己判入终身的心理牢笼之中，一辈子都在做外物的奴隶而浑然不觉。

一个圆滚滚的鸟蛋，不知为什么，忽然从灌木丛上的鸟窝里骨碌碌地滚了出来，跌在灌木丛下厚厚的落叶上。奇怪的是它居然没有跌破，一切完好如初。

鸟蛋得意了，对着鸟窝大声笑着说：“哈哈，我是一只跌不破的鸟蛋！你们谁有我这样的本事，就跳下来比试比试看！”

窝里的鸟蛋们听了，一个个探出头来看了一眼，吓得忙缩进头说：“我们害怕，不敢跳呀。我们谁也没有对你刚才的行为不服气，还要比试什么呢？”

“哼！我早就料到你们没有这个胆量！”地上的鸟蛋神气地向窝里的鸟蛋们大声嘲笑起来。

这只鸟蛋在地上滚来滚去，一会儿滚到一棵小草边，向小草碰了碰，小草连忙仰起身子往后让；一会儿鸟蛋又滚到一株树苗边，向树苗撞一撞，树苗也仰着身子，给它让路。

鸟蛋更得意了。它认为自己力大无比、天下无敌，更加勇气十足地在山坡上滚过来、滚过去。

窝里的鸟蛋们劝告说：“小哥，刚才你只是碰到一个偶然的机会，才没有跌破的，不要就此认为自己是个铁蛋蛋了。你仍然是一只容易破碎的鸟蛋呀！这点自知之明，你总该有吧？”

“铁蛋蛋有什么了不起？”鸟蛋仍然挺着肚皮，神气地说，“你们刚才没看到小草和树苗吗？它们对我都要让几分，不敢跟我碰撞，难道这山坡上还有什么我不能去碰撞的吗？哈哈！”

鸟蛋一阵大笑，蹦跳翻滚，想到山坡下的路边去显显威风，谁知被山坡上一块小石头挡住了去路。

鸟蛋气愤地望了小石头一眼，厉声喝道：“你是什么东西？居然敢挡我的去路？想找死吗？”

小石头昂着头说：“嘿，今天的太阳是从西边出来的嘛，一个鸟蛋对我也如此神气起来？告诉你吧，我是一块阻挡山坡上泥沙往下滑的小石头，这里是我的岗位，我站在这里是绝不会后退一步的！”

鸟蛋更气愤了，仰着头对小石头说：“你知道我的脾气吗？我是一个勇气十足的鸟蛋，在这山坡上是颇有名气的。小草和树苗都已经领教过我的厉害，别人怕你小石头，我可不怕。到时候，你别说我不客气啊！”

小石头也生起气来，大声说：“你想对我干什么？还想打架吗？别不知天高地厚了，快滚回去吧！”

鸟蛋为了显示它的勇气，不听小石头的警告，鼓足劲，猛地一滚，向小石头冲去。只听“啪”的一声，鸟蛋碰得粉碎。

邻居山雀大婶从这里飞过，看到这情景，伤心地说：“唉，这孩子也太任性了，竟然硬要与石头过不去。要知道，没有自知之明的人，越是无所畏惧，那后果就越不妙啊！”

在一个人的成长、发展过程中，对自己充满自信是可取的；但过分的自信则成为自负，这是非常不利的。小鸟蛋在一次又一次“畅通无阻”之后，过分沉浸于自己取得的成就，沾沾自喜，不能自拔，于是盲目自大，更加猖狂。它从来都没有看清自己的处境和地位，以至于敢与强大自己百倍的石头碰撞，所以它的结局就只能是自取灭亡。

这种结局当然是咎由自取，希望它的下场能够给每一个人敲响警钟——适时地认清自己。

时刻保持一颗清醒的头脑，不“守形而忘身”，才能找到自己的优缺点，才能将人生之路走得更圆满。

2. 别被“我”遮住视线

吾守形而忘身，观于浊水而迷于清渊。且吾闻诸夫子曰：‘入其俗，从其令。’今吾游于雕陵而忘吾身，异鹊感吾颡，游于栗林而忘真。栗林虞人以吾为戮，吾所以不庭也。

——《庄子·山木》

“螳螂捕蝉，黄雀在后”，庄子为什么会在雕陵栗树林中遭受守园人的责问，就因为他被自己蒙蔽了，忘记了审视自己。现实生活中，很多人过得并不如意，这时，你必须省察自身，你的境况是怎么造成的。很多时候，省察的结果往往会使你大吃一惊，进而恍然大悟。

一个人被烦恼缠身，于是四处寻找解脱烦恼的秘诀。

有一天，他来到一个山脚下，看见在一片绿草丛中有一位牧童骑在牛背上，吹着横笛，逍遥自在。他走上前问道：“你看起来很快活，能教给我解脱烦恼的方法吗？”

牧童说：“骑在牛背上，笛子一吹，什么烦恼也没有了。”

他试了试，却无济于事。于是，他又开始继续寻找。不久，他来到一个山洞里，看见有一个老人独坐在洞中，面带满足的微笑。他深深鞠了一个躬，向老人说明来意。老人问道：“这么说你是来寻求解脱的？”

他说：“是的！恳请不吝赐教。”

老人笑着问：“有谁捆住你了吗？”

“没有。”

“既然没有人捆住你，何谈解脱呢？”

他蓦然醒悟。

生活中的我们又何尝不是像这个人一样四处寻找解脱的途径？殊不知，并没有谁捆住我们的手脚，真正难以摆脱的是困于心中的那个瓶颈。

世上本无事，庸人自扰之。阻挡自己前进的障碍往往并非道路的艰险，而是人的自身。

《红楼梦》中提到一个参禅的故事：当日南宗六祖惠能，初寻师至韶州，闻五祖弘忍在黄梅，他便充役火头僧。五祖欲求法嗣，令徒弟诸僧各出一偈。上座神秀说道：“身是菩提树，心如明镜台。时时勤拂拭，莫使有尘埃。”彼时惠能在厨房碓米，听了这偈，说道：“美则美矣，了则未了。”因自念一偈曰：“菩提本无树，明镜亦非台。本来无一物，何处惹尘埃？”五祖便将衣钵传他。于是慧能成了六祖，开创中国禅宗顿悟的禅风。

不要让自己成为自己前进的障碍，参悟此义，才能打破心中的瓶颈。这样，你就可以在属于自己的天空中自由翱翔，真正做到不以物喜，不以已悲。

3. 人生智慧有开始

则天地固有常矣，日月固有明矣，星辰固有列矣，禽兽固有群矣，树木固有立矣。

——《庄子·天道》

昔者庄周梦为胡蝶，栩栩然胡蝶也，自喻适志与！不知周也。俄然觉，则蘧蘧然周也。不知周之梦为胡蝶与，胡蝶之梦为周与？

——《庄子·齐物论》

在《齐物论》一章的结尾，庄子用他亦真亦幻的语言向我们讲述了这样一个梦：

过去庄周梦见自己变成蝴蝶，欣然自得地飞舞着，多么愉快和惬意啊！不知道自己原本是庄周。突然间醒来，惊惶不定，不知是庄周梦中变成蝴蝶呢，还是蝴蝶梦见自己变成庄周呢？

在这个时候，庄子忘记了自己到底是谁，是蝴蝶？是庄周？分不清楚。看，这就是庄子，我们可以从他的观点中生发出这样一个问题：自己到底是谁？我们到底是否能够明确地认识自己？

在希腊帕尔纳索斯山南坡上，有一个驰名整个古希腊的戴尔波伊神托所。这是一组石造建筑物，它的起源可以回溯到三千多年前。文献上说就在这个神托所的入口处，人们可以看到刻在石头上的一组词，用今天的话来说，就是“认识你自己”。古希腊哲学家苏格拉底最爱引用这句格言教育别人，因此后世人们往往错误地认为这是他讲的话。但在当时，人们则认为这句格言就是阿波罗神的神谕。

有意思的是，这则三千多年前的格言到现在依然对我们每个人都有作用，直到现在也没有几个人敢说“我认识自己了”。尼采在《道德的系谱》的前言中，也针对“认识你自己”来大做文章，他说：“我们无可避免跟自己保持陌生，我们不明白自己，我们搞不清楚自己，我们的永恒判词是：‘离每个人最远的，就是他自己。’——

对于我们自己，我们不是‘知者’……”

认识你自己。谈何容易！一辈子不认识自己而做出了可耻可悲的事情的不是大有人在嘛！今天不是还有一部分人正是由于不认识自己，不能充分理解生活的幸福，经受一点点挫折、打击就悲观、失望、苦恼、抱怨、彷徨，终于在唉声叹气、无所作为之中把时光白白浪费掉了嘛！

认识你自己吧！一个想正正经经做一番事业的人，对自己先要有个正确的认识，这难道不应当是一个起码的要求吗？比如说，你可能解不出那样多的数学难题，或记不住那样多的外文单词，但你在处理事务方面却有特殊的本领，能知人善任、排难解纷，有高超的组织能力；你的数理化也许差一些，但写小说、诗歌是能手；也许你分辨音律的能力不行，但有一双极其灵巧的手；也许你连一张桌子也画不像，但是有一副动人的歌喉；也许你不善于下棋，但是有过人的想象力。在认识到自己长处的前提下，如果你能扬长避短，认准目标，抓紧时间把一件工作或一门学问刻苦认真地做下去，久而久之，自然会结出丰硕的成果。鲁迅说过，即使是资质一般的人，一个东西钻上 10 年，也可以成为专家，更何况它又是你自己的长处呢？

英国著名诗人济慈本来是学医的，后来他发现了自己有写诗的才能，就当机立断，用自己的整个生命去写诗。他虽不幸只活到二十几岁，但已为人类留下了不少不朽的诗篇。马克思年轻时曾想做一个诗人，也努力写过一些诗（就是后来他自称是胡闹的东西），但他很快就发现自己的长处其实不在这里，便毅然放弃做诗人的打算，转到社会科学的研究上面去了。如果他们两个人都不认识自己，那么英国至多不过增加了一位不高明的外科医生济慈，德国至多不过增加一位蹩脚的诗人马克思，而在英国文学史和世界哲学史上则肯定要失去两颗光彩夺目的明星。

古人早就说过："临渊羡鱼，不如退而结网。"一个人生活在这个世界上，首先要做的事就是认识自己，只有认识自己，才能了解自己，才能真正明白自己的心灵究竟需要什么。

认识自己是人生智慧的开始。认识自己吧，顺着庄子那有些调皮诙谐的目光，我们就能走上智慧的道路。

4. 命运掌握在自己手中

且举世誉之而不加劝，举世非之而不加沮。定乎内外之分，辨乎荣辱之境，斯已矣。

——《庄子·逍遥游》

《庄子·逍遥游》有这样一句话："且举世誉之而不加劝，举世非之而不加沮。定乎内外之分，辨乎荣辱之境，斯已矣。"意思是说，世上的人们都赞誉他，他不会因此越发努力；世上的人们都非难他，他也不会因此而更加沮丧。他清楚地划定自身与物外的区别，辨别荣誉与耻辱的界限，不过如此而已呀！一个人只要达到这种境界，就不会总是受外界的干扰，就能够真正把握自己的命运，追求到属于自己的幸福。

很多时候，我们在通向成功的奋斗之路上常常会被一些人和事所干扰，最终失去了真实的自我，在歧路上越走越远，找不到回头的道路。其实，生命是属于你自己的，每个人都有一片属于自己的独特的天空。你所要做的只是不要被别人的言论所左右，找到那片属于自己的天空，就能创造出属于自己的精彩。

禅宗典籍中记载了这样一则故事：

白云守端禅师有一次和他的师父杨岐方会禅师对坐，杨岐问："听说你从前的师父茶陵郁和尚大悟时说了一首偈，你还记得吗？"

"记得，记得。"白云答道，"那首偈是：'我有明珠一颗，久被尘劳关锁，一朝尘尽光生，照破山河万朵。'"语气中免不了有几分得意。

杨岐一听，大笑数声，一言不发地走了。

白云怔在当场，不知道师父为什么笑，心里很愁烦，整天都在思索师父的笑，却怎么也找不出他大笑的原因。

那天晚上，他辗转反侧，怎么也睡不着，第二天实在忍不住了，大清早去问师父为什么笑。

杨岐禅师笑得更开心，对着失眠而眼眶发黑的弟子说："原来你还比不上一个小丑，小丑不怕人笑，你却怕人笑。"白云听了，豁然开朗。

是啊，身为一个凡人，我们有时还比不上一个小丑。很多时候我们就是陷于别人给我们的评论之中而迷失了真实的自己。别人的语气、眼神、手势……都可能搅扰我们的心，消灭了我们往前迈进的勇气，甚至使我们成天沉迷在白云式的愁烦中不得解脱，在前进的道路上迷失自我。放开自己，挣脱别人对我们的束缚，找到那片属于自己的天空，才能活得更洒脱，才能在充满坎坷的人生道路上走得更踏实，脚步更有力。

现代社会中，很多人认为自己在公司里受到老板和上司的压榨和奴役，事实上，真正压榨和奴役他的不是老板和上司，而是他自己。

一个人如何使自己摆脱奴隶的桎梏呢？首先应该培养高贵的人品。在抱怨自己是他人的奴隶之前，先看看自己是否是自己的奴隶。

努力摆脱自私与狭隘的思想，去追求无私和永恒的境界，摆脱自己是受害者的错觉，试着去深入了解自己的内心，我们就会进一步认识到，伤害自己的其实就是自己。

意大利诗人但丁说："走自己的路，让别人去说吧。"不要再自己伤害自己了，要独立起来，把命运掌握在自己手中，不要再做别人的奴隶，你就能追求到属于自己的幸福。

5. 展现真我的风采

且子独不闻夫寿陵余子之学行于邯郸与？未得国能，又失其故行矣，直匍匐而归耳。今子不去，将忘子之故，失子之业。

——《庄子·秋水》

夫鹄不日浴而白，乌不日黔而黑。

——《庄子·天运》

《庄子·秋水》中记载了这样一则故事：

相传在2000年前，燕国寿陵地方有一位少年，这位寿陵少年不愁吃不愁穿，论长相也算得上中等，可他就是缺乏自信心，经常无缘无故地感到事事不如人，低人一等——衣服是人家的好，饭菜是人家的香，站相坐相也是人家高雅。他见什么学什么，学一样丢一样，虽然花样翻新，却始终不能做好一件事，不知道自己该是什么模样。

家里的人劝他改一改这个毛病，他以为是家里人管得太多。亲戚、邻居们说他是狗熊掰棒子，他也根本听不进去。日久天长，他竟怀疑自己该不该这样走路，越看越觉得自己走路的姿势太笨，太丑了。

有一天，他在路上碰到几个人说说笑笑，只听得有人说邯郸人走路姿势那才叫美。他一听，对上了心病，急忙走上前去，想打听个明白。不料想，那几个人看见他，一阵大笑之后扬长而去。

邯郸人走路的姿势究竟怎样美呢？他怎么也想象不出来。这成了他的心病。终于有一天，他瞒着家人，跑到遥远的邯郸学走路去了。

一到邯郸，他感到处处新鲜，简直令人眼花缭乱。看到小孩走路，他觉得活泼，学；看见老人走路，他觉得稳重，学；看到妇女走路，摇摆多姿，学。就这样，不过半月光景，他连走路也不会了，路费也花光了，只好爬着回去了。

这就是“邯郸学步”成语的来历，比喻生搬硬套，机械地模仿别人，不但学不到别人的长处，反而会把自己的优点和本领也丢掉。

很多人过不上自己想要的生活，就希望自己成为别人，把自己想象成模仿中的人物，过着模仿的生活。其实每个人都有自己的生活，为什么要模仿，为什么就觉得别人的生活比自己优秀呢？其实最优秀的东西就在你自己身上，能够展示自我的风采，活出自己来，你就是最优秀的。

在20世纪40年代，有一个年轻人，先后在慕尼黑和巴黎的美术学校学习画画。二战结束后，他靠卖自己的画为生。

一日，他的一幅未署名的画，被他人误认为是毕加索的画而出高价买走。这件事情给他一个启发，于是他开始大量地模仿毕加索的画，并且一模仿就是二十多年。

二十多年后，他一个人来到西班牙的一个小岛，他渴望安顿下来，筑一个小屋。他又拿起画笔，画了一些风景和肖像画，每幅都签上了自己的真名。但是这些画过于感伤，主题也不明确，没有得到认可。更不幸的是，当局查出他就是那位躲在幕后的假画制造者，考虑到他是一个流亡者，所以没有判他永久的驱逐，而给了他两个月的监禁。

这个人就是埃尔米尔·霍里。毋庸置疑，埃尔米尔有独特的天赋和才华，但是由于没有找准自己努力的方向，终于陷进泥淖，不能自拔，并终究难逃败露的结局。最可惜的是，他在长时间模仿他人的过程中，渐渐迷失了自己，再也画不出真正属于自己的作品了。

一个人要想成功，就必须展示自己最优秀的一面，找到自己的个性。若想做到这点，就不能盲目模仿他人。展现真我的风采，才能形成自己独特的风格，只有这样，才能在众人中脱颖而出。

6. 把自我优势发挥到极致

昭文之鼓琴也，师旷之枝策也，惠子之据梧也。三子之知几乎，皆其盛者也，故载之末年。唯其好之也，以异于彼；其好之也，欲以明之。彼非所明而明之，故以坚白之昧终。而其子又以文之纶终，终身无成。

——《庄子·齐物论》

在《庄子·齐物论》篇中，庄子向我们描述了3个精于自己的技艺的人：昭文善于弹琴、师旷精于乐律、惠施乐于靠着梧桐树高谈阔论，这三位先生的才智可以说是登峰造极了！他们享有盛誉，所以他们的事迹得以记载并流传下来。

这3位智者为什么能够这么成功呢？是因为他们找到了自身的优势，并将自身的优势发挥到了极致。一个人若能够找到自己的优势所在，并将优势发挥到极致，他就能够在该领域取得非凡的成就，获得人生的成功。

马库斯·白金汉说："生活的真正悲剧并不在于我们每个人都没有足够的优势，而在于我们未能使用我们的优势。"每种知识都有可能转变为财富，在我们的周围，拥有高学历的人并不少，成功的人却不多，就只是因为缺少这样一个转化的过程。

很多学过的知识都被人们荒疏了，大家做着普通的工作，埋怨读书无用，着实可惜。其实，只要将平生所学灵活运用，在自己的专业里不断摸索，再结合现实需求，发挥专长，财富就会滚滚而来了。

你可能不会成为世界上最好的，但你可以做最好的自己。只要做好了自己，你就能获得你想要的一切。

一位诗人说过，不可能每个人都当船长，必须有人来当水手，问题不在于你干什么，重要的是能够做一个最好的你。把身边的工作做好，就是生活中的成功。

一大早，格尔开着小型运货汽车来了，车后扬起一股尘土。

格尔上了年纪，走起路来步子缓慢、沉重，头发理得短短的，裤腿留得很长，他给别人干活。格尔会刷油漆，也会修修补补，能干木匠活，也能干电工活，修理管道，整理花园。他会铺路，还会修理电视机。他是个心灵手巧的人。

他的主人有几间草舍，其中有一间，科恩在夏天租用。每年春天格尔把自来水打开，到了冬天再关上。他把洗碗机安置好，把床架安置好，还整修了路边的牲口棚。

格尔摆弄起东西来就像雕刻家那样有权威，那种用自己的双手工作的人才有的权威。木料就是他的大理石，他的手指在上边摸来摸去，摸索什么，别人不太清楚。一位朋友认为这是他自己的问候方式，接近木头就像骑手接近马一样，安抚它，使它平静下来。而且，他的手指能“看到”眼睛看不到的东西。

有一天，格尔在路那头为邻居们盖了一个小垃圾棚。垃圾棚被隔成三间，每间放一个垃圾桶。棚子可以从上边打开，把垃圾袋放进去，也可以从前边打开，把垃圾桶挪出来。小棚子的每个盖子都很好使，门上的合叶也安得严丝合缝。

格尔把垃圾棚漆成绿色，晾干。一位邻居走过去看一看，为这竟是一个人做的而不是在什么地方买的而感到惊异。邻居用手抚摸着光滑的油漆，心想，完工了。不料第二天，格尔带着一台机器又回来了。他把油漆磨毛了，不时地用手摸一摸。他说，他要再涂一层油漆。尽管照别人看来这已经够好了，但这不是格尔干活的方式。经他的手做出来的东西，看上去不像是自己家做的。

在格尔的天地中，没有什么神秘的东西，因为那都是他在某个时候制作的、修理的，或者拆卸过的。保险盒、牲口棚、村舍，全是出自格尔的手。

格尔的主人们从事着复杂的商业性工作。他们发行债券，签订合同。格尔不懂如何买卖证券，也不懂怎样办一家公司。但是做这些事时，他们就去找格尔，或找像格尔这样的人。他们明白格尔所做的是实实在在的、很有价值的工作。

当一天结束的时候，格尔收拾工具，放进小卡车，然后把车开走了。他留下的是一股尘土，还有一个想不通的伙伴。这个人纳闷，为什么格尔做的这样多，可得到的报酬却这样少。

不久，格尔又回来干活儿了，默默无语，独自一人，没有会议，也没有备忘录，只有自己的想法。他认为该干什么活就干什么活，自己的活自己干，也许这就是自由的一个很好的定义。

一个人，必须首先找到自身的优势所在。如果你能心无旁骛，专心致志地做好自己该做的事，做最好的自己，你就能在不知不觉中超越众人，跨越平庸的鸿沟，在众人中脱颖而出。

做最好的自己，将自我优势完全发挥出来，成功离你就不会遥远。

7. 算命不如修养

宋元君夜半而梦人被发窥阿门，曰："予自宰路之渊，予为清江使河伯之所，渔者余且得予。"元君觉，使人占之，曰："此神龟也。"君曰："渔者有余且乎？"左右曰："有。"君曰："令余且会朝。"明日，余且朝。君曰："渔何得？"对曰："且之网得白龟焉，其圆五尺。"君曰："献若之龟。"龟至，君再欲杀之，再欲活之，心疑，卜之，曰："杀龟以卜吉。"乃刳龟，七十二钻而无遗筴。仲尼曰："神龟能见梦于元君，而不能避余且之网；知能七十二钻而无遗筴，不能避刳肠之患。如是，则知有所困，神有所不及也。虽有至知，万人谋之。鱼不畏网而畏鹈鹕。去小知而大知明，去善而自善矣。婴儿生，无硕师而能言，与能言者处也。”

——《庄子·外物》

《庄子》杂篇《外物》中记载了这样一则寓言：

宋元君半夜里梦见有人披散着头发在侧门旁窥视，说：“我来自名叫宰路的深渊，我作为清江的使者出使河伯的居所，渔夫余且捕捉了我。”宋元君醒来，派人占卜，说：“这是一只神龟。”宋元君问：“渔夫有名叫余且的吗？”左右侍臣回答：“有。”宋元君说：“叫余且来朝见我。”第二天，余且来朝。宋元君问：“你捕捞到了什么？”余且回答：“我的网捕捉到一只白龟，周长五尺。”宋元君说：“献出你捕获的白龟。”白龟送到，宋元君一会儿想杀掉，一会儿又想养起来，心里正犯疑惑，卜问吉凶，说：“杀掉白龟用来占卜，一定大吉。”于是把白龟剖开挖空，用龟板占卜数十次也没有一点失误。

孔子知道后说：“神龟能显梦给宋元君，却不能避开余且的渔网；才智能占卜数十次也没有一点失误，却不能逃脱剖腹挖肠的祸患。如此说来，才智也有困窘的时候，神灵也有考虑不到的地方。即使存在最高超的智慧，也匹敌不了万人的谋算。鱼儿即使不畏惧渔网却也会害怕鹈鹕。摒弃小聪明方才显示大智慧，除去矫饰的善行方才能使自己真正回到自然的善性。婴儿生下地来没有高明的老师指教也能学会说话，只因为跟会说话的人自然相处。”

一个人想拥有一个美好的前程，美满的人生一定不能相信算命这种事。与其去算命，还不如自己静下心来，修身养性，这样自己的能力就会不断提高，生活会不断升华，幸福也会不请自来。

明朝有位名叫袁了凡的人，他在自己的家训中讲了自己亲身经历的往事。故事这样说：

年轻的时候，袁了凡曾经遇到一个算命很准的人，算他未来的事情都一一应验。于是袁了凡就有了一种“顺天应命”的人生态度，认为一切都是注定的，不需要刻意追求。

有一年，他去拜访一位名叫云谷的禅师。云谷禅师对他说，命运是可以改变的。修养内心，增进品德，就可以改变命运，并引经典作为证明。

袁了凡告诉禅师，按算命的说，他自己考不上进士，而且没有儿子。

云谷禅师问：“你自己想想，你能考到进士吗？应该有儿子吗？”

袁了凡想了很久，说“不应该”，并承认他自己性格上有很多缺点，性格急躁，心胸不开阔，不能容人。有时还仗着聪明来压别人，任性，说话不注意。以及太喜欢干净、脾气不好、冷漠、说话多、喜欢喝酒、喜欢彻夜游玩、不保养身体等。他认为这都说明自己德行不够，所以不应该有福气。

云谷禅师先肯定了袁了凡的说法，随后说：“你今天既然已经知道自己的错误，就可以改正……务必要积德，务必要宽容，务必要有爱心，务必要爱惜身体。从前的种种，就像昨天的你已经死了。以后的一切，就像你是今天刚出生的（和过去一刀两断），这就是你精神生命的再生……”

袁了凡相信云谷禅师的话，诚恳地接受了他的教导，在佛前做了忏悔，并且表露心愿，发誓要做3000件善事，以报答天地祖宗。云谷禅师给他一个“功过格”，让他每天记录自己做过的事情。做了善事就记录上去，加一个数，做了坏事就减一个数。他说："提高自己的修养，促使命运的转变。什么叫'修养'？就是有什么缺点，都要想办法消除。能做到这一点，就达到了'先天的境界'，这是真实的学问啊。"

从那天起，袁了凡每天都提醒着自己，感觉生活和过去不同了。过去是放任自己，而现在是时时警觉。就是自己一个人的时候，也不敢做不好的事情，害怕得罪天地。遇到别人恨他、诋毁他的时候，也能有度量宽容了。他做了一本空表格，起名叫"治心编"。每天做的事情，大大小小都有记录，看自己做的善事有多少。后来，他的性格大为改善，而命运也越来越好。

通过改正错误、不掺杂念地行善积德、修身养性，袁了凡成功地改造了自己的命运。若他没有经过云谷禅师的点化，就此相信算命者的话不做改变，他的人生可能就不会有任何改变。

亨利曾经说过："我是命运的主人，我主宰我的心灵。"做人应该做自己的主人，应该主宰自己的命运，不能把自己交付给别人。然而，生活中有的人却不能主宰自己。有的人把自己交付给了金钱，成为金钱的奴隶；有的人为了权力，成了权力的俘虏；有的人经不住生活中各种挫折与困难的考验，把自己交给了命运；向命运低头，从此一蹶不振。更有的人相信了算命先生的占卜，被命运的枷锁捆住一生。

一个不想改变自己命运的人，是可悲的；一个不能靠自己的能力改变命运的人，是不幸的。一个人的幸福与否，和算命先生的那几句话又能有多大关联？每个人都要努力做命运的主人，不能任由命运摆布自己。何况算命先生算出来的并不是你的命运。

要想获得一个幸福圆满的人生，就不要囿于算命先生的一席话而停滞不前。算你有个好前程，你还必须通过不断修养自己才能实现；算你命运多诘难，那更要修养身心，争取前程的光明。算命不如修养，庄子从中告诉我们很多道理。

第六讲

方东美：心界决定你的视界

“乘天地之正，而御六气之辩，以游无穷者。”

其精神，遗世独立，飘然远引，绝云气，负苍天，翱翔太虚，“独与天地精神往来”，御气培风而行，与造物者游。

——《中国哲学之精神及其发展》

大师简介：

方东美（1899—1977），安徽桐城人，从事教育工作五十多年，精研哲学，声誉极高，被称为“一代大哲”。死后，他的学生成立了“方东美先生全集编纂委员会”，将其生前著述400余万字的文章编辑出版。其著作主要有：《生生之德》、《人生哲学》、《科学哲学与人生》、《中国人的人生观》、《中国人生哲学概要》、《先秦儒家道家哲学》、《中国大乘佛学》、《华严宗哲学》、《宋明清哲学》、《中国哲学之精神及其发展》（上、下）、《方东美先生讲演集》、《书札论学集》、《坚白精舍诗集》等。

1. 大鹏和晏鸟：同一世界，不同“心界”

北冥有鱼，其名为鲲。鲲之大，不知其几千里也。化而为鸟，其名为鹏。鹏之背，不知其几千里也。怒而飞，其翼若垂天之云。是鸟也，海运则将徙于南冥。南冥者，天池也。

…………

蜩与学鸠笑之曰：“我决起而飞，抢榆枋，时则不至而控于地而已矣，奚以之九万里而南为？”

——《庄子·逍遥游》

在《庄子·逍遥游》中，有这样一个核心命题，就是：什么是大？什么是小？它分别通过大鹏和晏鸟的故事来表达自己的思想，大大扩充了我们的想象空间。

方东美先生在《中国哲学之精神及其发展》一书中对庄子哲学思想进行了论述，他认为“乘天地之正，而御六气之辩，以游无穷者”，正体现了庄子对于那些得道者的赞美之情，人生境界只有“遗世独立，飘然远引，绝云气，负苍天，翱翔太虚”，才能真正提高自己的境界，升华自己的生命。

《庄子·逍遥游》中说：

在遥远的北极海水中，一种名为鲲的鱼，大概有几千里那么大。

它变成一种名叫鹏的鸟，鹏的背大概也有几千里那么大，它奋起而飞，翅膀像天上的云朵垂下来。这种鸟，将从北海飞到遥远的南极。南极，就是天池。

水泽边的晏鸟讥笑大鹏说："它要飞到哪里去呢？我一跳跃就飞起来，不到几丈高就落下来，在丛草之间翱翔，这也是飞行的绝技呀！它要飞到哪里去呢？"

大鹏与晏鸟正代表生活中两种截然不同的人，一种人像大鹏一样拥有极高的境界，他的人生目标绝不会停留在眼前；而另一种人就像晏鸟那样，鼠目寸光，他的人生成就也就仅限于在草丛中跳跃了。

大鹏与晏鸟的故事可以给我们以足够的启示，你能走多远，你的人生能取得什么样的成就，关键就在于你的人生境界，心界决定你的视界。

如果你不把你的胸怀扩大到极致，那你的人生将不会有任何成就。

班超是我国西汉时期杰出的军事家和外交家，他从小勤奋好学，胸怀大志。然而，他并不是一生下来就成"家"的，他青年时期的工作不过是给官府抄文件和给私人抄书籍。

当时，北方的匈奴时常侵犯汉朝边境，班超特别愤慨；同时，他又看到西域各国与汉朝的交往已断绝了五十多年，心中非常忧虑。班超抄了一段时间的书之后，整日处在苦闷之中，他觉得自己不应该只有这样的人生。终于有一天，他决定"投笔从戎"，去干一番大事业。

班超投笔从戎之后，随大将军窦固出兵攻打匈奴。由于他作战勇敢、屡立战功、足智多谋，最终威镇西域各国，重新打通了丝绸之路，成为我国历史上杰出的外交家，名垂青史，万古流芳。

班超投笔从戎，建下千秋功业，正在于他把自己的境界提升到一国的高度，他才能有名垂青史的成就。如果他仅满足于抄抄字，安稳度日，能有那样的成就吗？

人生的境界对一个人是何等重要啊！

《庄子·逍遥游》中对境界的大小做了这样一段论述："小知不及大知，小年不及大年。奚以知其然也？朝菌不知晦朔，蟪蛄不知春秋，此小年也。楚之南有冥灵者，以五百岁为春，五百岁为秋；上古有大椿者，以八千岁为春，八千岁为秋。而彭祖乃今以久特闻，众人匹之，不亦悲乎！"

这就是境界大小的差别，境界小者绝对不能体会到境界大者的生命境界。一个人若不能提升自己的人生境界，就只能满足于在泥地上匍匐，终生碌碌无为。

2."蓬心"骂尽天下人

今子有五石之瓠，何不虑以为大樽，而浮乎江湖？而忧其瓠落无所容？则夫子犹有蓬之心也夫！

——《庄子·逍遥游》

在《逍遥游》篇结尾部分，记载着这样一则故事：

惠子家里有一个大瓠瓜，他却因为它太大而发愁，因为他不知道拿它做什么用。庄子就批评惠子，把大瓠瓜晒干了挖空当做一条简易的船，可以方便出行。结果你还担心瓠瓜太大了没有用，真是“夫子犹有蓬之心也夫”！

庄子这一句话不仅骂了惠子，还“骂”了古今中外的天下人。一个人心中空空，不懂得从另外一个角度去考虑问题，不善于利用资源，缺乏创新，就是一个十足的大笨蛋。

据说，在很久很久以前，人类都还赤着双脚走路。

有一位国王到某个偏远的乡间旅行，因为路面崎岖不平，有很多碎石头，硌得他的脚又痛又麻。回到王宫后，他下了一道命令，要将国内的所有道路都铺上一层牛皮。他认为这样做，不只是为自己，还可造福他的人民，让大家走路时不再受苦。但即使杀尽国内所有的牛，也筹措不到足够的皮革，而所花费的金钱、动用的人力，更不知要多少。

虽然根本做不到，甚至还相当愚蠢，但因为是国王的命令，大家也只能摇头叹息。

一位聪明的仆人大胆向国王提出建议：“国王啊！为什么您要劳师动众，牺牲那么多头牛，花费那么多金钱呢？您何不只用两小片牛皮包住您的脚呢？”

国王听了很惊讶，但也当下领悟，于是立刻收回成命，改用了这个建议。据说，这就是“皮鞋”的由来。

国王为了走路不硌脚提出了将国内所有道路铺上牛皮的荒诞命令，聪明的仆人另辟蹊径提出“用两小片牛皮包住您的脚”的建议。这就说明了一个深刻的道理：当一个问题很难解决时，不妨从另外一个角度去寻求解决之道。

任何一个有创造成就的人，都是战胜常规思维的高手，他们不被过去的思维所困扰，能突破常规思维的束缚，取得创新硕果。

我们常常习惯于传统的思维方式，按照众人流行的惯性思维去思考，走着别人走过的路，干着别人干过的事，要知道，成功总是靠着创新取胜的。勇于走别人所没有走过的路，你才会采撷到丰硕的果实。

开阔你的心界，才能学会创新，创新思想不是那些专门从事开发创新的人的专有领地。谁有创新思想，谁就会成为赢家；谁要拒绝创新，谁就会平庸！一个有着思维创新习惯的人，绝对拥有闪亮的人生！

3. 心界决定你的视界

朝菌不知晦朔，蟪蛄不知春秋，此小年也。楚之南有冥灵者，以五百岁为春，五百岁为秋；上古有大椿者，以八千岁为春，八千岁为秋。

——《庄子·逍遥游》

在《庄子·逍遥游》中，庄子说了这样一个故事：

有一天，惠子对庄子说：“魏王送我大葫芦种子，我将它培植起来后，结出的果实有五石容积。用大葫芦去盛水吧，可是它的坚固程度承受不了水的压力。把它剖开做瓢又太大了，没有什么地方可以放得下。这个葫芦不是不大呀，但它没有什么用处，我就砸烂了它。”

庄子说：“先生实在是不善于使用大的东西啊！宋国有一善于调制不皲手药物的人家，世世代代以漂洗丝絮为职业。有个游客听说了这件事，愿意用百金的高价收买他的药方。全家人聚集在一起商量：‘我们世世代代在河水里漂洗丝絮，所得的钱不过数金，如今一下子就能卖得百金，还是把药方卖给他吧。’游客得到药方，来游说吴王。正巧越国发难，吴王派他统率部队，冬天跟越军在水上交战，大败越军，吴王划割土地封赏他。能使手不皲裂，药方是同样的，有的人用它来获得封赏，有的人却只能靠它在水中漂洗丝絮，这是使用的方法不同。如今你有五石容积的大葫芦，怎么不考虑用它来制成小舟，而浮游于江湖之上，却担忧葫芦太大无处可容？看来先生你还是心窍不通啊！”

庄子又拿自己的朋友做标靶，向我们讲述他的道理。惠子为什么会觉得大葫芦没有用呢？在庄子看来，那是因为他的眼光境界太窄太小，所以看不到事物大的用处，用我们今天的话来说，就是心界的宽广度决定了一个人视界的宽广度。因此，一个人的心界决定了一个人的视界。

有这样一则故事：

有一条鱼在很小的时候被捕上了岸，渔人看它太小，而且很美丽，便把它当做礼物送给了女儿。

小女孩把它放在一个鱼缸里养了起来，每天它游来游去总会碰到鱼缸的内壁，心里便有一种不愉快的感觉。

后来鱼越长越大，在鱼缸里转身都困难了，女孩便给它换了更大的鱼缸，它又可以游来游去了。

可是每次碰到鱼缸的内壁，它畅快的心情便会黯淡下来，它有些讨厌这种原地转圈的生活了，索性静静地悬浮在水中，不游也不动，甚至连食物也不怎么吃了。

女孩看它很可怜，便把它放回了大海。

它在海中不停地游着，心中却一直快乐不起来。

一天它遇见了另一条鱼，那条鱼问它："你看起来好像闷闷不乐啊！"

它叹了口气说："啊，这个鱼缸太大了，我怎么也游不到它的边！"

我们常常就像那条鱼，在鱼缸中待久了，心也变得像鱼缸一样小了，不敢有所突破。即使有一天，到了一个更为广阔的空间，已变得狭小的心反倒无所适从了。

这就是很多人的一个通病。心就是一个人的翅膀，心有多大，世界就有多大。如果不能打碎心中的四壁，即使给你一片大海，你也找不到自由的感觉。

我们再来看看庄子和惠子的另一则故事：

这天，惠子又对庄子说："我有棵大树，人们都叫它'樗'。它的树干却疙里疙瘩，不符合绳墨取直的要求，它的树枝弯弯扭扭，也不适应圆规和角尺取材的需要。虽然生长在道路旁，木匠连看也不看。现今你的言谈，大而无用，大家都会鄙弃它的。"

庄子说："先生你没看见过野猫和黄鼠狼吗？低着身子匍匐于地，等待那些出洞觅食或游乐的小动物。一会儿东，一会儿西，跳来跳去，一会儿高，一会儿低，上下窜越，不曾想落入猎人设下的机关，死于猎网之中。再有那斄牛，大得像天上垂下的云朵。它大确是大，却不能捕捉老鼠。如今你有这么大一棵树，却担忧它没有什么用处，怎么不把它栽种在什么也没有生长的地方，栽种在无边无际的旷野里，悠然自得地徘徊于树旁，悠游自在地躺卧于树下。大树不会遭到刀斧砍伐，也没有什么东西会去伤害它。虽然没有派上什么用场，可是哪里又会有什么困苦呢？”

是啊，一个人只要能够最大限度地扩大自己的心域，就能比别人看到更多更精彩的事物、更多更精彩的美丽。如果你觉得你现在在生活中没有什么路可走，那么可能就是因为你的心界太窄了。

4. 视线圈定你的脚印

适莽苍者，三飡而反，腹犹果然。适百里者，宿舂粮。适千里者，三月聚粮。

——《庄子·逍遥游》

战国时期，社会异常混乱，各国之间战事频繁，劳民伤财，古语说“春秋无义战”，不无道理。《庄子·秋水》就记载了戴晋人平息一场战争的故事：

魏惠王和齐威王订立过盟约，齐威王背弃了盟约。魏惠王恼怒了，要派人去刺杀齐威王。将军公孙衍听说这件事情，感到可耻，就对魏惠王说：“君王是一个大国之君，可是却派一个平民去报仇。我愿意受领大军 20 万，为君王去讨伐齐国，俘虏它的人民，牵走它的牛马，使其国王的内热从背部发泄出来，然后倾覆了他的国家，将大将田忌赶走；然后再打伤他的背部，折断他的脊骨。”魏臣子季子听到公孙衍这番话，感到可耻，就对魏惠王说：“譬如筑10丈高的城墙，已经筑好了7丈，可是又把它毁坏，这是劳役们最痛苦的事情。现在已经有7年不打仗了，这是我们国家兴旺的基础。公孙衍是个昏乱的人，他的话是听不得的。”贤士华子听到公孙衍和季子的这番话，感到都浅薄，就对魏惠王说：“花言巧语地说讨伐齐国的，是昏乱的人；花言巧语地说不要讨伐齐国的，也是昏乱的人；花言巧语地说讨伐和不要讨伐都是昏乱的人。”魏惠王说：“那么，怎么办呢？”华子说：“君王只要追求‘道’就行了。”惠施听说这件事，就在魏惠王面前推荐了戴晋人。

戴晋人对魏惠王说：“有一种叫做蜗牛的东西，君王知道吗？”魏惠王说：“知道。”戴晋人说：“有在蜗牛的左触角上建立国家的，名字叫做角氏；有在蜗牛的右触角上建立国家的，名字叫做蛮氏。两国经常因为争夺土地而掀起战争，死在战场的尸首就有几万具，他们追赶败兵，15天才能够返回来。”魏惠王说：“哈！这大概是谎话吧？”戴晋人说：“我愿意为君王证实这件事情。依君王的意思说，在天地四方上下之中，有没有穷尽呢？”魏惠王说：“没有穷尽。”戴晋人说：“如果把心神遨游无尽的境域之中，再返还到四通八达的各国之间，就感到似有似无的一样，君王知道这个道理吗？”魏惠王说：“知道。”戴晋人说：“四通八达的各国之间有个魏国，魏国之中又有个梁邑，梁邑之中有个君王。这个君王和蛮氏相比，有没有分别呢？”魏惠王说：“没有分别。”戴晋人走后，魏王就不知所措地如同丢了什么东西似的。

看看，魏惠王因为他和齐威王之间的私人恩怨，就想发动一场声势浩大的战争，很多大臣都用不同的方式劝谏，最后，神秘人物戴晋人在惠施的推荐下隆重登场，化解了这段干戈。戴晋人如何说的呢？他就是通过把魏惠王的心界拉高、拉远，使魏惠王站在更高的层次上看待这次战争和恩怨，最终使得“魏王就不知所措地如同丢了什么东西似的”，一场浩劫就此化解了。

我们生活在这个竞争异常激烈的社会中，能否取得成功、获得幸福，关键还要看你的眼光有多远，你能看多远，你才能够走多远。

“故夫知效一官，行比一乡，德合一君，而征一国者，其自视也，亦若此矣。”庄子说，一个人的眼界随着他的心界而不断扩大，“知效一官，行比一乡，德合一君，而征一国者”就是一个不断拓展眼界，不断提高成就的过程。开阔你的眼光吧，你能看多远，才能走多远。

5. 小者逐利，大者逐道

文惠君曰：“嘻，善哉！技盍至乎此乎？”庖丁释刀对曰：“臣之所好者，道也，进乎技矣。

——《庄子·养生主》

在《养生主》篇“庖丁解牛”的故事中，文惠君赞叹庖丁的技艺高超，然后问他：“你的技艺怎样达到这么高的境界？”庖丁说：“我所喜欢的，是道啊。”因为他追求道，懂得了道，他的技艺才能够达到如此高的境界。在“庖丁解牛”这出精彩的行为艺术面前，文惠君就是一名“小者”，他只知道追逐世间的蝇头小利，而庖丁就是“大者”，他因为追求“道”，所以才能在人生的风浪面前，游刃有余，立于不败之地。现实生活中的我们应该明白这样一个道理：一个人的心界随着一个人的眼界的拓展而拓展，眼界小者和眼界大者所追求的境界也逐渐不同。当一个人把自己的心界扩展到无限远时，即庄子所说的“天地与我并生，万物与我为一”的时候，他就会把追逐道的境界当做自己的追求。

因此，每个人都要把自己放在一个“大者”的位置，开扩自己的胸怀，追逐更高远的东西，才能使自己的人生成就达到更高的境界。

旱季来了，河床就要干涸了，曾经湍急的河流已经变成了一个个小水洼。烈日下，龟裂的河床在急速扩展，远处，却隐隐传来了大江的涛声，鱼儿们从一个水洼跳到另一个水洼，奔涛声而去。

“还有多远呢？”一个不大的水洼里，一条大鱼喘着粗气，问躺着歇息的一尾小鱼。

“远着呢！别费劲了，到不了大江的。”小鱼悠然地在水洼里游了一圈说，“做什么大江的梦啊，现实点，就在这儿待着吧！”

“可用不了多久，这水洼里的水就会干的。”

“那又怎样？长路漫漫，你又能走多远？离大江五十步和离大江一百步有什么区别？结局都是一样的，要看结局，懂吗？”

“即便真的到不了大江，只要我已经尽力了，也不后悔。”

“你已经遍体鳞伤了，老兄！”小鱼自如地扭动着自己保养得很好的身体，嘲弄着在小水洼里已经转不开身的大鱼：“像你这样笨重的身材，不老老实实在原处待着，还奔什么大江啊？你以为自己还年轻啊？就算真的有鱼能到达大江，也轮不到你！”

小鱼戳到了大鱼的痛处，它望着小鱼说：“真的很羡慕你们有如此娇小的身材，在越来越浅的水洼里，只有你们才能自如地呼吸。可是，再苦再难，我们大鱼也得朝前奔啊，我们也得把握自己的命运。”大鱼说完，一个纵身，跳入了下一个水洼，它听见了小鱼抑制不住的笑声。它知道，自己的动作很笨拙，它看见自己的鱼鳞又脱落了几片，而肚皮已渗出斑斑血迹，但它对自己说：“此时此刻，除了向前，已别无选择。”

水洼的面积越来越小，大鱼知道，前面的路将越发艰难，它已很难再喝到水了，偶尔滋润干唇的是自己的泪。沿途，它看见大片大片的鱼变成了鱼干，其中，有许多是比它灵活得多的小鱼。

每一个水洼里都躺着懒得再动的伙伴，它们大口大口地喘着粗气，对大鱼说：“别跳了，省点力气吧！没用的。”而大鱼却分明听见了越来越近的涛声。“坚持，”它对自己说，“唯有坚持，才有希望。”

不知跳了多久，大鱼终于看见了大江的波涛，可是，它的体力已经在长途跋涉中消耗殆尽。通向大江的路上，最后的一个水洼也干涸了，虽然只有一步之遥，可大鱼想，它是到不了大江了。就在这时，它听见了水声，接着，便看见一股小小的水流缓缓流来，这是行将干涸的河床在这个夏季最后的一股水流吧？！大鱼抓住了这个机会，在水流的帮助下，一鼓作气奔向大江。而那些留在水洼里的鱼儿，却只是让这股水流稍稍往前带出了一步，一小步而已，大江离它们依旧遥不可及。而干旱却以无法阻挡的步伐占领了这片土地。

在这个世界上，只有强者才能掌握自己的命运，就像故事中的大鱼一样，以一种永不屈服的斗志昂扬的精神和毅力，克服种种困难，奔入大海，拥有自由，延展生命。

要做一个强者，首先是做一个精神上的强者，一个坚忍不拔、威武不屈的人。世间不存在人无法克服的艰难和困苦，在你面临绝境行将没顶时，在你气喘吁吁甚至筋疲力尽时，你只要再坚持一下，奋力拼搏一下，困难就会被你征服了，你就坚强了许多。

开阔你的心胸，将你的追求放在更高远的地方，你就能获得更大的成功。

6. 把心域拉到无限远

计四海之在天地之间也，不似礨空之在大泽乎？计中国之在海内，不似稊米之在大仓乎？

——《庄子·秋水》

一个人要想使自己达到一个大境界，必须把自己的心域拉到无限远。

《庄子》在很多章节中都有一些试图打破我们的想象空间和眼界的论述，在《秋水》一章中，庄子这样描述：

秋天，山上的水流按照时令汹涌而至，众多大川的水流汇入黄河，河面宽阔波涛汹涌，两岸和水中沙洲都被淹没。于是河神欣然自喜，认为天下一切美好的东西全都聚集在自己这里。河神顺着水流向东而去，来到北海边，面朝东边一望，看不见大海的尽头。于是河神方才改变先前洋洋自得的面孔，面对着海神仰首慨叹道："俗语有这样的说法，'听到了上百条道理，便认为天下再没有谁能比得上自己'的，说的就是我这样的人了。而且我还曾听说过孔丘懂得的东西太少、伯夷的高义不值得看重等话语，开始我不敢相信；如今我亲眼看到了你是这样的浩渺博大、无边无际，我要不是因为来到你的门前，真可就危险了，我必定会永远受到修养极高的人的耻笑。"

海神说："井里的青蛙，不能跟它们谈论大海，是因为受到生活空间的限制；夏天的虫子，不可能跟它们谈论冰冻，是因为受到生活时间的限制；乡曲之士，不可能跟他们谈论大道，是因为教养的束缚。如今你从河岸边出来，看到了大海，方才知道自己的鄙陋，你将可以参与谈论大道了。"

"天下的水，没有什么比海更大的，千万条河川流归大海，不知道什么时候才会停歇，而大海却从不会满溢；海底的尾闾泄漏海水，不知道什么时候才会停止，而海水却从不曾减少；无论春天还是秋天不见有变化，无论水涝还是干旱不会有知觉。这说明大海远远超过了江河的水流，不能够用数量来计算。可是我从不曾因此而自满，自认为从天地那里承受到形体并且从阴和阳那里秉承到元气，我存在于天地之间，就好像一小块石子、一小块木屑存在于大山之中。我正以为自身的存在实在渺小，又哪里会自以为满足而自负呢？想一想，四海存在于天地之间，不就像小小的石间孔隙存在于大泽之中吗？再想一想，中原大地存在于四海之内，不就像细碎的米粒存在于大粮仓里吗？号称事物的数字叫做万，人类只是万物中的一种；

人们聚集于九州，粮食在这里生长，舟车在这里通行，而每个人只是众多人群中的一员；一个人他比起万物，不就像是毫毛之末存在于整个马体吗？五帝所续连的，三王所争夺的，仁人所忧患的，贤才所操劳的，全在于这毫末般的天下呢！伯夷辞让它而博取名声，孔丘谈论它而显示渊博，这大概就是他们的自满与自傲；不就像你先前在河水暴涨时的洋洋自得吗？”

“我存在于天地之间，就好像一小块石子、一小块木屑存在于大山之中。我正以为自身的存在实在渺小，又哪里会自以为满足而自负呢？想一想，四海存在于天地之间，不就像小小的石间孔隙存在于大泽之中吗？再想一想，中原大地存在于四海之内，不就像细碎的米粒存在于大粮仓里吗？”这是何等高远绝伦的境界，这是何等的气概。这就是庄子，正如方东美先生所感慨的那样，“宛若发射道家式太空人之火箭舱”。因此，一个人若达到这样高远的生命境界，人间的那些小小的矛盾和俗事，怎么能够羁绊得了他呢？

人生天地之间，若想不被凡尘琐事所干扰，达到幸福而圆满的人生境界，必须不断扩充自己的人生境界。如果你的眼睛里只有柴米油盐、只有蝇头小利，你又怎么能够获得内心的幸福呢？

生活在繁华都市中的人，每天都为了生计而奔忙，很容易被各种各样的物欲迷住了眼睛。在他们的眼里只有来往的车流、上司和周围人群的嘴脸、各式各样的楼层，有点时间休息时，也只是对着电视或者电脑。他们的心中根本没有周围的绿色植物，更没有天空中不断游走的流云，夜晚灿烂的星光和月色，他们的心仅仅局限于都市中的那一个小小的片断。在这种狭窄的心灵空间生活久了，怎么能获得成功和幸福的感受，怎能不心生疾病呢？

把你的心域拉到无限远，你就能在繁华之中看见苍凉，在危急之时看见希望，在平凡之中看见伟大，在奔忙之中看见力量。这时你就会有一种“天高任鸟飞，海阔凭鱼跃”的感受，你的生命境界就会得到进一步的升华，你在现实生活之中就会体验到一种解脱的大自由。

第七讲

南怀瑾：成功就在一刹那

庄子明白地告诉我们，每一个人的气度、知识范围、胸襟大小都不同。如果要立大功成大业，就要培养自己的气度、学问、能力，像大海一样深广才行。要够得上修道的材料，也要像大海一样汪洋才行。

大鹏鸟要飞到九万里高空，非要等到大风来了才行，如果风力不厚，它两个翅膀就没有办法打开，飞不起来。风力越大，起飞就越容易、快速。

——南怀瑾《庄子·讲记》

大师简介：

南怀瑾（1918—2012），生于浙江温州乐清。自幼接受传统私塾的严格教育，少年时期，就已遍读诸子百家，同时苦心研习文学书法、诗词曲赋、天文历法诸学，并深得其精要。

南怀瑾学问博大精深，融贯古今，代表作有:《论语别裁》、《老子他说》、《孟子旁通》、《易经杂说》等，将《论语》、《老子》、《孟子》、《易经》等书进行了透彻、理性的分析。尤其是对《论语》的讲解，打破了程朱理学的怪圈，提出了作者新的观点与思考。先生的学术研究，为我国国学研究做出了不可磨灭的贡献。

1. 大鹏高飞的势能积累

且夫水之积也不厚，则负大舟也无力。覆杯水于坳堂之上，则芥为之舟。置杯焉则胶，水浅而舟大也。风之积也不厚，则其负大翼也无力。故九万里，则风斯在下矣，而后乃今培风；背负青天而莫之夭阏者，而后乃今将图南。

——《庄子·逍遥游》

在《逍遥游》开篇，庄子以横空出世的笔法向我们讲述了鲲、鹏之变及大鹏南飞的故事，极大地开阔了我们的视野和胸怀。在讲述大鹏如何飞向南冥的过程中，庄子这样说：

“且夫水之积也不厚，则负大舟也无力。覆杯水于坳堂之上，则芥为之舟。置杯焉则胶，水浅而舟大也。风之积也不厚，则其负大翼也无力。故九万里，则风斯在下矣，而后乃今培风；背负青天而莫之夭阏者，而后乃今将图南。”

南怀瑾先生在《庄子讲记》中对这段话有一段精彩的论述。庄子讲大鹏鸟要飞到九万里高空，非要等到大风来了才行，如果风力不厚，它两个翅膀就没有办法打开，飞不起来。风力越大，起飞就越容易、快速。他认为，庄子通过这段论述，明白地告诉我们，每一个人的气度、知识范围、胸襟大小都不同。如果要立大功成大业，就需要培养自己的气度、学问、能力，像大海一样深广才行。要够得上修道的材料，也要像大海一样汪洋才行。

大鹏鸟的境界是极其高远的，它达到的成就也是可望而不可即的，同时，我们也可以看到，大鹏鸟要飞到九万里高空，并非没有条件，它要等风大起来，积得越厚，才能飞得越快、越高。因此，大鹏在高飞之前是需要一个势能积累的。

有这样一个故事：

一个屡屡失意的年轻人来到普济寺，慕名寻到高僧释圆，沮丧地对他说："人生总不如意，活着也是苟且，有什么意思呢？"释圆大师静静地听完年轻人的叹息和絮叨，末了吩咐小和尚说："施主远道而来，烧一壶温水送过来。"不一会儿，小和尚送来了一壶温水，释圆抓了些茶叶放进杯子，然后用温水沏了，放在茶几上，微笑着请年轻人喝茶。杯子冒出微微的水汽，茶叶静静浮着。年轻人不解地询问："宝刹怎么喝温茶？"释圆笑而不语。年轻人喝一口细品，不由摇摇头："一点茶香都没有啊。"释圆说："这可是闽地名茶铁观音啊。"年轻人又端起杯子品尝，然后肯定地说："真的没有一丝茶香。"

释圆又吩咐小和尚："再去烧一壶沸水送过来。"又过了一会儿，小和尚便提着一壶冒着浓浓白汽的沸水进来。释圆起身，又取过一个杯子，放茶叶，倒沸水，再放在茶几上。年轻人俯首看去，茶叶在杯子里上下沉浮，丝丝清香不绝如缕，望而生津。年轻人欲端杯，释圆作势挡开，又提起水壶注入一线沸水。茶叶翻腾得更厉害了，一缕更醇厚、更醉人的茶香袅袅升腾，在禅房弥漫开来。释圆这样注了5次水，杯子终于满了，那绿绿的一杯茶水，端在手上清香扑鼻，入口沁人心脾。

释圆笑着问："施主可知道，同是铁观音，为什么茶味迥异吗？"

年轻人思忖着说："一杯用温水，一杯用沸水，冲沏的水不同。"释圆点头："用水不同，则茶叶的沉浮就不一样。温水沏茶，茶叶轻浮水上，怎会散发清香？沸水沏茶，反复几次，茶叶沉沉浮浮，释放出四季的风韵，既有春的幽静和夏的炽热，又有秋的丰盈和冬的清冽。世间芸芸众生，也和沏茶是同一个道理。也就相当于沏茶的水温度不够，就不可能沏出散发诱人香味的茶水一样，你自己的能力不足，要想处处得力、事事顺心自然很难。要想摆脱失意，最有效的方法就是苦练内功，切不可心生浮躁。"

人生如茶，水温够了，时间够了，茶香自然会飘散出来。人生需要慢慢积淀，当时机成熟，风力充足，有了一定的能力才智作为本钱，定能一飞冲天。一个人要想最终获得一个圆满、成功、幸福的人生，一定需要一个成功势能积累的过程。如果心浮气躁，最终只会陷于失败的深渊。

记得一个讲解动物科学的电视节目介绍说，天鹅在展翅高飞之前，必须有一段足够长的水面可供滑翔；如果助跑线的长度过短，天鹅就难以施展它拥抱蓝天的理想了。人又何尝不是如此，沉潜的日子相当于长长的助跑线，能够让你飞得更高更远。成功绝不是一蹴而就的，只有静下心来日积月累地积蓄力量，才能够"绳锯木断，滴水穿石"。

2. 寂寞，成功的另一种境界

今子有大树，患其无用，何不树之于无何有之乡，广莫之野，彷徨乎无为其侧，逍遥乎寝卧其下。不夭斤斧，物无害者，无所可用，安所困苦哉！

——《庄子·逍遥游》

南怀瑾先生认为，庄子这样讲，大鹏鸟要飞到九万里高空，非要等到大风来了才行，如果风力不厚，它两个翅膀就没有办法打开，飞不起来。风力越大，起飞就越容易、快速。一个人要想获得成功，必须培养自己的气度、学问、能力，像大海一样深广才行。俗话说："一口吃不成胖子"，要想使自己的气度、学问、能力，像大海一样深广，就绝非一日之功可以成就。我们可以想象，这必定是一个漫长的过程，而在这漫长的艰辛过程中，必将伴随着深深的寂寞和孤独，因此一个有远大理想的人，必须要能够耐得住寂寞和孤独，因为唯有这寂寞和孤独才能带来智慧的增长。

法国昆虫学家法布尔在他的10卷本巨著《昆虫记》中，曾描写过蝉从出生到死亡的全过程，蝉的生命期仅仅只有30天，而为了这极短暂的30天的飞翔高鸣，它们的幼虫要在泥土里等待4年的时间。在4年漫长的痛苦等待中，必须经受各种自然灾害的袭击和天敌的入侵，生存下来，才能最终化为蝉，享受在浓密树阴自由歌唱的快乐。

这就是大自然的规律。人生要想获得成功，首先都需要耐得住寂寞，只有在寂寞中才能催生一个人的成长。寂寞是成功的另一种境界。

可是，现实生活中，许多人害怕寂寞，时时借热闹来躲避寂寞，麻痹自己。滚滚红尘中，已经很少有人能够固守一方清静，独享一份寂寞了，更多的人脚步匆匆，奔向人声鼎沸的地方。殊不知，热闹之后的寂寞将更加寂寞。如能在热闹中独饮那杯寂寞的清茶，也不失为人生的另类选择与生存。但是，寂寞并不是每个人都懂得享受的！

对未来进行抗争的人，才有面对寂寞的勇气；在昔日拥有辉煌的人，才有不甘寂寞的感受。

为了收获而不惜辛勤耕耘、流血流汗的人，才有资格和能力享受寂寞。

寂寞是一种难得的感觉，只有在拥有寂寞时，你才能静下心来悉心梳理自己烦乱的思绪；只有在拥有寂寞时，你才能让自己成熟。不在寂寞中升华，就在寂寞中死去。

许多人把失意、伤感、无为、消极等与寂寞联系在一起，认为将自己封闭起来就是寂寞，其实，这是一种误解。倘使这样去超越生活，不仅限制生命的成长，还会与现实产生隔阂，这样的人只是逃避生活。

寂寞是一种感受，是一种难得的感觉，是心灵的避难所，会给你足够的时间去舔舐伤口，使你重新以明朗的笑容直面人生。

懂得了寂寞，便能从容地面对阳光，将自己化做一杯清茗，在轻啜深酌中渐渐明白，不是所有的生长都能成熟，不是所有的欢歌都是幸福，不是所有的故事都会真实。有时，寂寞是穿越灿烂而抵达美丽的一种高度、一种境界。

当寂寞来临时，轻轻合上门窗，隔去外面喧嚣的世界，默默独坐在灯下，平静地等待身体与心灵的一致，让自己在悲观交集中净化思想。这样，曾远去的宁静会重新回归。你静静地用自己的理解去解读人世间风起云涌的内容，思考人生历程中的痛苦和欢悦。你不再出入上流社会，也就不再对那些达官显贵摧眉折腰，人们不再追逐你，不再关注你，你也因此而少了流言的中伤。当你真实领悟了人生的丰富与美好，生命的宏伟和阔大，让身心平直地立在生活的急流中，不因贪图而倾斜，不因喜乐而忘形，不因危难而逃避，你就读懂了寂寞，理解了寂寞。于是，寂寞不再是寂寞，寂寞成了一首诗，成了一道风景，成了一曲美妙的音乐。于是，寂寞成了享受，使我们终于获得了人生的宁静。

寂寞来时，轻轻闭上双眼，去聆听远方的鸟鸣，去感受灵魂深处的快乐。

自古坚持的头号大敌就是诱惑，有这么一句话："我什么都能抵制，除了诱惑。"因为诱惑，我们丧失了志向，偏离了方向，始终登不上成功之船。

一个人想成功，一定要经过一段艰苦的过程。任何想在春花秋月中轻松获得成功的人都是枉然。这寂寞的过程正是你积蓄力量，在开花前奋力地汲取营养的时刻。如果你耐不住寂寞，成功永远不会降临在你身上。

3. 前途，一次有计划的旅行

适莽苍者，三飡而反，腹犹果然；适百里者，宿舂粮；适千里者，三月聚粮。之二虫又何知！小知不及大知，小年不及大年。

——《庄子·逍遥游》

《庄子·逍遥游》篇中有这样一段论述：

到近郊的草木间去，一天在那里吃上 3 顿，回来了肚子还饱饱的；假如走100里路呢，就不同了，得带一点干粮，说不定要两三天才能回来；如果走1000里路，那就要准备带两三个月的粮食了。

南先生进一步讲，看上去这是庄子在告诉我们出门旅行该怎么准备，实际上讲的却是人生的境界。前途远大的人，就要有远大的计划；眼光短浅，只看现实的人，恐怕只能抓住今天。我们应该做的不只是拥有今天，还应该抓住明天、后天，抓住永远。

成功，是每一个奋斗者的热烈企盼和向往，是每一个奋斗者为之倾心的夙愿。在计划的推动下，人就能够被激励、鞭策，处于一种昂扬、激奋的状态下，去积极进取、创造，向着美好的未来挺进。

作为一个尚未取得地位的年轻人，应当志存高远，但计划也必须是符合内心的渴望并切合实际的。如果你只是含含糊糊地给自己制订一个大概的计划，希望在行动的过程中再加以调整或更改，那么，即使你的计划再远大宏伟，也只能如海市蜃楼般虚无缥缈。

有些人的计划用笼统的词句表达，比如说："当一名成功的医师。"有的则比较具体，如："要发明能有效治疗胃痛或头痛的药物。"大方向的事业计划也有用，因为它们有整体的观点，可以解放想象力，帮助我们探究所有可能的选择。但是，大方向的计划却不能使我们确定自己所要做的是什么。由于这个缘故，我们需要具体的事业计划。

如果暂时无法达到中心计划，不妨设定一个较小、较易达到的计划，并竭力工作直到达到。举例来说，找出更快、更有效率的方法来完成每天的例行工作，或者是趁自己精力旺盛的时候先选做最难的工作，简单的则稍后解决。许多小的成功终会引来更大的成就。

俗语说得好，罗马不是一天建成的。既然一天建不成辉煌的罗马，那就让我们专注于建造罗马的每一天。这样，把每一天连起来，终将会建成一个美丽辉煌的罗马。

美国有个 84 岁的老太太昆丝汀 · 基顿，1960 年曾轰动了美国。这位高龄的老太太，竟然徒步走遍了整个美国。人们既为她的成就感到自豪，也感到不可思议。

有位记者问她："你是怎么完成徒步走遍美国这个宏伟计划的呢？"

老太太的回答是："我的计划只是前面那个小镇。"

基顿老太太的话很有道理，其实，人生亦是如此，我们每个人都希望发现自己的人生计划，并为实现这个计划而生活和工作。如果你能把你的人生计划清楚地表达出来，这样就能帮助你随时集中精力，发挥出你人生进取的最高的效率。只是，一定要记住，你在表达你的人生计划时，一定要以你的梦想和个人的信念作为基础，因为这有助于你把自己的计划订得具体，且具有现实可行性。

有了精确的计划就行了吗？似乎还缺少什么。因为再好的计划，如果你总是瞻前顾后，就会使生命陷入停滞，最终计划也不能得到实施。

有些人做事只图眼前利益，而不会为长远打算。眼前可以得到的利益总给人一种实实在在的感觉，但短视的心理却常常使人们失去本应该能够得到的美好事物。也许人们认为自己的行为是更注重现实，而实际上是自己将未来的发展与成功的机遇白白浪费掉了。

沉湎于过去和未来就会迷失现在的一切，包括自己本身。

前途究竟是什么？前途是一次有计划的旅行，执著而有远见，自信而把握关键。这就是庄子这位“其学无所不窥”者给我们的启示。

4. 惟其好之，惟其乐之，所以成之

惟其好之也，以异于彼；其好之也，欲以明之。彼非所明而明之，故以坚白之昧终。而其子又以文之纶终，终身无成。

——《庄子·齐物论》

南怀瑾先生说，昭文、师旷、惠子，为什么他们的技艺达到了出神入化的境界呢？这是因为他们个人的爱好不同。一个人有所“好”，这也是“几”，把握这个长处，专搞这一行，没有不成功的。所以任何学问，任何东西，“知之者，不如好之者”，“好”到什么程度，“好”到发疯了、入迷了，他一定成功。“唯其好之也，以异于彼”，“彼”就是外面一切其他的东西都不在话下，都不在心目中，这就是人的成功之路。“其好之也，欲以明之”，了不起的专家，万世留名的有专长的人物，因为他对某一件事有偏好，所以他死死地钻进去，硬要把这个问题弄透彻，因而才有成就。

现实生活中的我们也应该明白，任何事业的成功全在于一个“好”字，充分培养自己对一件事情的兴趣，才能以快乐的心情去做这件事，也才能够最终成就一番可观的事业。我国古代四大名著之

一的《红楼梦》中有一回特意讲“香菱学诗”的故事。

香菱是个对文学很有追求的女孩子，尤其热爱诗，她想学写诗，并且在才女如云的大观园里，勇敢而真诚地表达了自己的想法，并很是认真地将这种追求和热爱付之于行动。

故事开头说有一天香菱一见黛玉就说明求教之意，黛玉慨然允诺。以下写香菱在黛玉指导下学习写诗的全过程，大致可分为黛玉指导读诗和香菱练习写诗两个阶段。

第一次，黛玉先略说律诗的章法、对仗和平仄，使香菱深受启发。循此继进，黛玉又指出“立意”是诗的头等大事，同时告诫香菱切不可爱那些浅近的诗，并给她开了一个书目，安排了读的顺序。在这次谈话的末尾，黛玉又将王维的五言律诗集借给香菱，要求她见画有红圈的就读。第二次是在香菱读完王维的五言律诗后进行的，黛玉称之为“讲究讨论”，实际上是要检查香菱对王诗理解的程度。香菱果真不负所望，把王诗中的炼字功夫说得头头是道，说到“墟里上孤烟”这一句，还联系自己进京那年所见黄昏时分村落的景象，把诗境都说活了。而黛玉又把陶诗“暧暧远人村，依依墟里烟”翻出来给香菱看，启发她认识了脱化前人诗句的道理。香菱就开始练习写诗，宝钗也参与了其中的指导。

香菱的诗一共写了三稿。第一稿是在“茶饭无心，坐卧不定”的情况下经过苦思写成的。宝钗先看，说“这个不好，不是这个作法”；黛玉则认为“意思却有，只是措词不雅”，指示她“丢开”这首，“放开胆子”另作一首。香菱得了这个指示，就“连房也不入，只在池边树下，或坐在山石上出神，或蹲在地下抠土”，“皱一回眉”，又“含笑一回”，简直到了如痴如醉的地步，可这样写出来的第二稿依旧不行，黛玉说“过于穿凿，还得另作”；宝钗则认为它离了题，不是写“月”，而是写“月色”了。尽管又一次失败，但香菱毫不气馁，便独自走到阶前竹下去构思她的第三稿。她“挖心搜胆”，绝无旁骛，以致将探春说的“你闲闲罢”听成“十五删的‘闲’字”，反过来说探春“错了韵了”。这一天，香菱满心想的都是诗，到晚间还是“对灯出神，三更上床，到五更才胧睡去”。最后，她居然在梦中把这首诗做成了，而且笑道：“可是有了，难道这一首还不好？”待到宝钗将她唤醒，她立即将诗抄写下来——这就是她的第三稿，后来博得了众姐妹的一致称赞：“不但好，而且新巧有意趣。”

香菱为什么那么快就能学会写诗并写得那么好呢？其根源就在于她喜欢诗、热爱诗。惟其热爱，才能精益求精，不辞辛劳，才能“三更上床，到五更才胧睡去”，孜孜不倦，也才能取得较高的成就。

唐朝著名学者陆羽，从小是个孤儿，被智积禅师抚养长大。陆羽虽身在庙中，却不愿终日诵经念佛，而是喜欢吟读诗书。陆羽执意下山求学，遭到了禅师的反对。禅师为了给陆羽出难题，同时也是为了更好地教育他，便叫他学习冲茶。在钻研茶艺的过程中，陆羽碰到了一位好心的老婆婆，不仅学会了复杂的冲茶技巧，更学会了不少读书和做人的道理。当陆羽最终将一杯热气腾腾的苦丁茶端到禅师面前时，禅师终于答应了他下山读书的要求。后来，陆羽撰写了广为流传的《茶经》，把悠久的茶艺文化发扬光大！

陆羽并不喜欢求佛，何必强求呢？强求的结果只能适得其反。只有喜欢，才能孜孜不倦地学习，才能有所成就。

5. 成功就在一刹那

> 昭文之鼓琴也，师旷之枝策也，惠子之据梧也。三子之知几乎，皆其盛者也，故载之末年。
>
> ——《庄子·齐物论》

昭文、师旷、惠子3位历史上成就卓著的音乐大师，音乐的造诣炉火纯青，已达“知几”的至高境界。南先生对于“几”的解释是，当情感喷涌之时，如同天地风云变幻；当风云雷雨过后，宇宙万象一片清明，万物沉寂如同天地空灵。以小而言，“知几”如同音乐或艺术境界中的灵感；广而言之，“三子之知几乎，皆其盛者也，故载之末年”，是说这3位大师都是在其精神、身体、技能和艺术造诣达到最高境界的时候，牢牢把握住了成功，得以学有所成，万古流芳。

滴水能把石穿透，万事功到自然成。一个人成功与否，关键还在于之前的积累。一个人积累知识、积累智能足够了之后，就会在一瞬间获得成功。

不管做任何事，想要获得成功，就需要功夫。每一种技术、技巧都需要花工夫学会，还要再花更多工夫学精。投机取巧的事是不会长久的，即使是巧门或捷径，也是功夫和经验积累达到熟能生巧的结果。一个人想要修养内心，更需要功夫，功夫到了，你就会在一瞬间获得开悟。

在《佛经》中就记载了“拈花微笑”的动人故事，将心灵修养觉悟到妙不可言的境界展现得淋漓尽致。

相传释迦牟尼佛在灵山法会上，手里拈着一朵花，对着大众微笑，听说就在那拈花示众和微笑之间，已经把所有的佛法都道尽了，把生活的智慧和艺术说得淋漓尽致了。但是在法会上的大众，都面面相觑，不知道佛陀说的是什么。这时座中有一位叫大迦叶的弟子，却对佛陀报以会心的微笑，就这样发生了禅宗的第一次传灯。他们师徒之间完全的会心，心传密付了。释迦牟尼便对大迦叶说："吾有正法眼藏，涅槃妙心，实相无相，微妙法门，不立文字，教外别传，付嘱大迦叶。"

这一拈一笑间便传递了一切，也包容了一切，它绽放着心灵的和谐、完美与圆融。它让我们在发现生命的意义的同时看到了真正的自己。

很多人看到这个故事之后会觉得，原来开悟这么简单啊！其实，为了这次觉悟，迦叶在背后用了多少工夫又有谁知道呢？觉悟还是一种智慧，它是长时间思考后灵感在一瞬间迸发出的光芒，它也是历经人生后那无言的微笑。

世间的道理大多相同，所以，禅宗和庄子所讲的有异曲同工之妙。一个人要想获得成功，千万不能心存侥幸，只有通过实实在在的努力，才能实现人生的飞跃。

6. 真正的伟大与平凡

故曰：至人无己，神人无功，圣人无名。

——《庄子·逍遥游》

夫随其成心而师之，谁独且无师乎？奚必知代而心自取者有之？愚者与有焉！

——《庄子·齐物论》

南先生告诉我们，“至人无己，神人无功，圣人无名”是老子所讲的真正的“无为”。庄子提到了“至人”，“至者，到也”。人要是做人做到了头，能够把握自己的生命，即称之为“至人”。怎样才能达到“至人”的境界呢？必须做到“无我”，即忘记自我。道家讲，能够“乘天地之正，御六气之辩，以游无穷者”，才能做到“至人无己”。

无我之境，乃至境；忘己之人，乃至人。

一天，一座山前来了两个陌生人。年长的仰头看看山，问路旁的一块石头：“石头，这就是世上最高的山吗？”“大概是的。”石头懒懒地答道。年长的没再说什么，就开始往上爬。年轻的对石头笑了笑，问：“等我回来，你想要我给你带什么？”石头一愣，看着年轻人，说：“如果你真的到了山顶，就把那一时刻你最不想要的东西给我，就行了。”

年轻人很奇怪，但也没多问，就跟着年长的往上爬去。日转星移，不知又过了多久，年轻人孤独地走了下来。

石头连忙问：“你们到山顶了吗？”

“是的。”

“另一个人呢？”

“他，永远不会回来了。”

石头一惊，问：“为什么？”

“唉，对于一个登山者来说，一生最大的愿望就是战胜世上最高的山峰，但当他的愿望真的实现时，也就没了人生的目标，这就好比一匹好马折断了腿，活着与死，已经没有什么区别了。”

“他……”

“他自山崖上跳下去了。”

“那你呢？”

“我本来也要一起跳下去，但我猛然想起答应过你，把我在山顶上最不想要的东西给你，看来，那就是我的生命。”

“那你就来陪我吧！”

年轻人在路旁搭个草房，住了下来。人在山中，日子过得虽然逍遥自在，却如白开水般没有味道。年轻人总爱默默地看着山，在纸上胡乱抹着。久而久之，纸上的线条渐渐清晰了，轮廓也明朗了，后来，年轻人成了一个画家，绘画界还宣称一颗耀眼的新星正在升起。接着，年轻人又开始了写作，不久，他就以回归自然、清秀隽永的文章一举成名。

许多年过去了，昔日的年轻人已经成了老人，当他对着石头回想往事的时候，他觉得画画、写作其实没有什么两样。最后，他明白了一个道理：其实，更高的山并不在人的身旁，而在人的心里，忘我才能超越。

比“至人”更进一步的是“神人”，从佛学而论，到达八地以上菩萨境界，叫“无功用地”，一切都不是为功用而存在了，即达到了老子所说的“无为”。南怀瑾先生通俗地讲解道，无论上帝、耶稣还是菩萨，他拯救万物众生，人们看不到他的功劳，而他自己也并不居功，不需要人跪拜祷告感激涕零，他认为你应该感谢自己，与他无干。无功之功是为大功，如同浩日，普照天下，又理所当然。真正的“圣人”，不需要“名”，大善无痕，行善不与人知，这样的人才是真正的圣人。

“随其成心而师之，谁独且无师乎？”一个人，如果依照自己的生理和心理意识，自己建立一个观念“而师之”，认为这个才是最高明的，然后根据自己这个高明的观念解释一切，那么，每一个人心里都有个老师，所以就会谁都看不起谁，因为我有我的高明之处，而且不传给你。按自己的心态来判断一切、观感一切，认为自己就是大师，愚者都是如此。

第八讲

陈鼓应：人生需要求知

许多学者以为庄子是否定知识的，但这只是皮相之见……

《庄子》书中确有反对“知”的言论，然而他所反对的，乃是世俗之知，是“小知”。

——陈鼓应《庄子浅说》

大师简介：

陈鼓应，福建长汀人。1963年获台湾大学哲学研究所哲学硕士学位。后任台湾中国文化学院讲师、台湾大学副教授。1972年任台湾政治大学国际关系研究员。1978年后在美国伯克利加利福尼亚大学研究哲学。1979年在台湾创办《鼓声》杂志，任发行人。著有《庄子哲学》、《庄子哲学探究》、《言论广场》等。陈鼓应先生一生对道家哲学具有独到研究，是研究庄子哲学的必读大师。

1. 人生需要求知

吾生也有涯，而知也无涯。

——《庄子·养生主》

在很多人的心目中，都有这样一个先入为主的观念，那就是认为庄子是反对求知的，但这种观点其实是片面的。陈鼓应先生在解析《庄子》时认为，庄子其实并不反对求知，他反对的是学习那些无用的、低俗的，为获取名利而不择手段等方面的知识。而一个人要成为他所说的“真人”、“至人”、“圣人”，必须求知，那要求什么样的“知”呢？庄子认为一个人必须无时无刻都去追求“道”，力求达到与“道”合一的境界。通过陈先生对《庄子》的理解，我们可以得出这样一个启示：一个人，若想有一个美好的、成功的人生，必须不断学习。

隋朝人李密，少年时候被派在隋炀帝的宫廷里当侍卫。他生性灵活，在值班的时候，左顾右盼，被隋炀帝发现了，认为这孩子不大老实，就免了他的差使。

李密回家之后，有些懊丧。他左思右想，发誓一定要出人头地。于是，李密开始发愤读书，决定做个有学问的人。有一回，李密骑了一头牛，出门看朋友。在路上，他把《汉书》挂在牛角上，抓紧时间读书。此事被后世传为佳话。经过多年努力，李密终于成为一位有学之士，最终成为一名起义领袖。

李密成功有什么诀窍吗？有，那就是他是通过努力读书才获得成功的。

其实在求学这件事上，道学与儒学是相通的。儒家祖师爷孔子说:“君子有三个方面不得不思考啊。第一，年少的时候不学习，长大了就没有能力做事；第二，年老了如果不把所学的东西教给人，等死了以后就没有人再想着你了；第三，如果在拥有一些东西的时候不知道给别人一点，一旦到穷困的时候就没有人给你了。因此，君子在年少的时候要想想长大怎么办，就要学习；衰老了的时候要想想死了以后会怎么样，就要教给别人一些东西；拥有东西的时候要想想穷困的时候怎么办，就要知道把东西给别人一点。”

孔子又说:“君子担心三件事，没有知识，能不担心吗？没有知识却又不去学习，能不担心吗？学习到知识了，却不落实到行动上，能不担心吗？

不学习，光知道自己去想啊想，就是有知识也不会广博；光知道学习知识，而自己不用这些知识来修养自己，即使学习到知识了也不会被人尊重；不凭借着诚心到社会上立身，即使偶然能立身也不会长久；诚心没有得到人们相信的时候就夸夸其谈，即使说得再多也没有人相信。一个资质不错的人，却没有听说过君子之道，只知道怜悯小的东西却因此伤害到更大的东西，那么，灾难必然会降临到他的身上。”

学习在某种程度上说，是人生的第一要务。一个不求知的人，只能永远生活在愚昧之中，只有不断学习、不断求知的人才能有一个美好的前程。

2. 求知需求真知

惠子谓庄子曰:“子言无用。”庄子曰:“知无用而始可与言用矣。天地非不广且大也,人之所用容足耳,然则厕足而垫之,致黄泉,人尚有用乎?”惠子曰:“无用。”庄子曰:“然则无用之为用也明矣。”

——《庄子·外物》

《庄子·应帝王》中讲了这样一则很吸引人的故事:

从前,郑国有个占卜、识相十分灵验的巫师,名叫季咸,他知道人的生死存亡和祸福寿夭,所预卜的年、月、旬、日都准确应验,仿佛是神人。郑国人见到他,都担心预卜死亡和凶祸而急忙跑开。列子见到他却内心折服,如醉如痴,回来后把见到的情况告诉自己的老师壶子,并且说:“原先我总以为先生的道行最为高深,如今又有更为高深的巫术了。”壶子说:“我教给你的只是道的外在的东西,还未能教给你道的实质,你难道就认为自己已经得道了吗?只有众多的雌性可是却无雄性,又怎么能生出受精的卵呢!你用所学到的道的皮毛就跟世人相匹敌,而且一心求取别人的信任,因而让人洞察底细而替你看相。你跟他一块儿来,让他试着给我看看相吧。”

第三天,列子跟季咸一道拜见壶子。季咸走出门来就对列子说:“呀!你的先生快要死了!活不了了,用不了十来天了!我观察到他临死前的怪异形色，神情像遇水的灰烬一样。”列子进到屋里，泪水弄湿了衣襟，伤心地把季咸的话告诉给壶子。壶子说：“刚才我将如同地表那样寂然不动的心境显露给他看，茫茫然既没有震动也没有止息。这样恐怕他只能看到我闭塞的生机。让他再来试试看。”

第四天，列子又跟季咸一道拜见壶子。季咸走出门来就对列子说：“真是幸运啊，你的老师遇上了我！征兆减轻了，完全有救了，我已经观察到闭塞的生机中神气微动的情况。”列子进到屋里，把季咸的话告诉给壶子。壶子说：“刚才我将天与地那样相对而又相应的心态显露给他看，名声和实利等一切杂念都排除在外，而生机从脚跟发至全身。这样恐怕已看到了我的一线生机。试着再跟他一块儿来看看。”

第五天，列子又跟神巫季咸一道拜见壶子。季咸走出门来就对列子说：“你的先生心迹不定，神情恍惚，我不可能给他看相。等到心迹稳定，再来给他看相。”列子进到屋里，把季咸的话告诉给壶子。壶子说：“刚才我把阴阳二气均衡而又和谐的心态显露给他看。这样恐怕看到了我内气持平、相应相称的生机。大鱼盘桓逗留的地方叫做深渊，静止的河水聚积的地方叫做深渊，流动的河水滞留的地方叫做深渊。渊有九种称呼，这里只提到了上面三种。试着再跟他一块儿来看看。”

第六天，列子又跟神巫咸季一道拜见壶子。季咸还未站定，就不能自持地跑了。壶子说：“追上他！”列子没能追上，回来告诉壶子，说：“已经没有踪影了，让他跑掉了，我没能赶上他。”壶子说：“起先我显露给他看的始终未脱离我的本源。我跟他随意应付，他弄不清我的究竟，于是我使自己变得那么颓废顺从，变得像水波逐流一样，所以他逃跑了。”

经过这件事情后，列子深深感到未曾学到“道”，于是他像从不曾拜师学道似的回到了自己的家里，3年不出门。他帮助妻子烧火做饭，喂猪就像侍候人一样。对于各种世事不分亲疏没有偏私，过去的雕琢和华饰已恢复到原本的质朴和纯真，像大地一样木然忘情地将形骸留在世上。虽然涉入世间的纷扰却能固守本真，并像这样终生不渝。

列子为什么不能达到他老师壶子的境界，就在于他没有学到真正的“道”。庄子通过这则故事告诉我们，一个人如果去求知，就一定要求真知，否则只能是白费时间，浪费生命。

唐代著名诗人韦应物年轻的时候是个狂放不羁的无赖青年。韦应物出身大族，家境良好，有钱人家子弟一般是不学好的，韦应物也不例外。年少时，他是唐玄宗御前带刀侍卫，皇帝出门，骑着高头大马喝道开路的军官中便有一个是他。

这个时候的韦应物和一些富家公子一起鬼混，学了很多喝酒胡闹的本事，坏事没少做。他有首回忆此时生活的诗这样说：“少事武皇帝，无赖恃恩私。身作里中横，家藏亡命儿。朝持樗俏局，暮窃东邻姬。司隶不敢捕，立在白玉墀。骊山风雪夜，长杨羽猎时。一字都不识，饮酒肆顽痴。”他倚仗自己是皇帝跟前的红人，包庇罪犯、去赌场收保护费，甚至趁着月黑风高欺负一些弱女子，当时的官员也不敢抓他。韦应物过着这样的生活，自己觉得挺滋润，而且他不爱学习，老大不小，却连字都不认得一个。大家都以为他一辈子也就这样了，却不料这时候安禄山造反，唐玄宗奔蜀，他的好日子到此为止了。“武皇升仙去，憔悴被人欺。读书事已晚，把笔学题诗。”玄宗一死，韦应物的靠山倒了，没有一点知识，能不被人瞧不起吗？所以他就下定决心，折节读书，重新做人。

不过几年，韦应物便成了诗坛新贵，性情也大变了，不再是个轻薄浪子，而变成了一个高雅闲澹、志行高洁的艺术家。他开始结交高雅的朋友，只有顾况、刘长卿、皎然和尚等人来了他才接待。他的诗也很高雅，深得陶渊明之精髓，终成一代大家。

韦应物能够获得人生巨变，从一名无赖之徒，变成一位名传千古的诗人，原因是什么？就因为他懂得了学习那些无赖的知识只能成为无赖，学习真正的知识才能有所成就。

求知需求真知，一个人如果不能求学那些好的、真正对人生有用的知识，还不如不去浪费时间。求得真知才有可能获得人生的成功。

3. 虚怀若谷，心自丰盈

性修反德，德至同于初，同乃虚，虚乃大，合喙鸣。喙鸣合，与天地为合，其合昏昏，若愚若昏，是谓玄德，同乎大顺。

——《庄子·天地》

人生需要真知，这是庄子告诉我们的一条朴素的道理。在漫漫人生长途中，一个人该用什么样的态度来学习呢？那就是必须每时每刻都保持一种谦虚谨慎的态度，只有虚怀若谷，一个人的内心才能不断涵纳知识，日积月累，心自丰盈。如果总是骄傲自满，就不会有所成就。

杨万里是南宋著名的诗人，他知识渊博。非常有才华，所写的诗蜚声四方。但他为人很低调，一直非常谦虚。

江西有一个名士一向很自负，常常说自己学识渊博，天下没有人胜得过他。后来，他听说杨万里很有名，非常不服气，决定给他写一封信，说要亲自到杨万里的家乡——吉水来拜见他。杨万里早就听说这个人一贯骄傲得不得了，就给他回了一封信，说："我很欢迎您的到来，冒昧地向您提一个小小的要求，听说你们家乡的配盐幽菽非常有名，很想亲口尝一尝滋味，请您来时顺便捎带一点。"

那个名士拆信一看，不禁一下子愣住了。什么是配盐幽菽呀？自己从未听说过啊。他想了很久，也想不出是什么东西，他又不愿意放下身份去问别人，只好自己在街上到处乱找，但找了很久也没有找到。后来，他实在想不出是什么东西，只好空着手来到吉水。他见到杨万里后，寒暄了两句就问："您信中提到的配盐幽菽是不是卖的地方比较偏僻，我找了很久也没有找到。实在抱歉！"

杨万里听了哈哈大笑起来："你们那里家家户户都有啊。"说着，他随手从书架上取下一本《韵略》，翻开当中的一页。名士接过来一看，上面清清楚楚地写着"豉，配盐幽菽也"一行字。

他这才明白，原来所谓配盐幽菽，就是家庭日常食用的豆豉啊！豆豉是用黄豆或黑豆泡透、煮熟后再发酵的食品，然后再配上盐。这道家常小菜的别名就叫配盐幽菽。

名士看了非常惭愧，这才明白自己平日读书太少了。此后，他再也不敢骄傲自大，目中无人了。

一个人如果开始骄傲了，那么他就看不到自己的缺陷，就不会继续学习，最终只能和肤浅挂钩了。那应该以怎样的态度去求知呢？一个故事这么说：

一个青年问苏格拉底：“怎样才能获得知识？”

苏格拉底将这个青年带到海里，海水淹没了年轻人，他奋力挣扎才将头探出水面。苏格拉底问道：“你在水里最大的愿望是什么？”

“空气，当然是呼吸新鲜空气！”

“对！学习就得使上这股子劲儿。”

是的，学习、求知就需要那种想呼吸新鲜空气的欲望。心中充满求知的欲望，就会如饥似渴，就能克服各种困难，风雨不能阻拦，困难不能吓倒，这样的人怎么可能不获得人生的成功呢？

一个人必须时刻保持虚怀若谷的心态，才能不断进步，最终走向人生的成功。

4. 每天进步一点点

颜成子游谓东郭子綦曰：“自吾闻子之言，一年而野，二年而从，三年而通，四年而物，五年而来，六年而鬼入，七年而天成，八年而不知死、不知生，九年而大妙。”

——《庄子·寓言》

《庄子·寓言》篇中有这样一段话：

颜成子游对东郭子綦说："自从我听了你的谈话，一年之后就返归质朴，两年之后就顺从世俗，三年豁然贯通，四年与物混同，五年神情自得，六年灵会神悟，七年融于自然，八年就忘却生死，九年之后便达到了玄妙的境界。"

这是颜成子游在谈他的成功历程，从听了东郭子綦的话到最后达到"玄妙的境界"，整整用了9年的时间。一个人无论做什么事都一定不要急于求成，只要每天学习，每天进步一点点，日积月累，自然就会获得最后的成功。

成功就是简单的事情重复去做，成功就是每天进步一点点。一个人，如果能每天进步一点点，哪怕是1%的进步，试想，有什么能阻挡得住他最终的成功？

《礼记·大学》中有段话："苟日新，日日新，又日新。"老子在《道德经》中说："合抱之木，生于毫末；九层之台，起于累土；千里之行，始于足下。"这些古老的中国经典文化都说明一个道理：量变积累到一定程度就会发生质变。一个人，只要坚持每天进步一点点，终有到达成功的那一天。

有一道"脑筋急转弯"式的小智力题。荷塘里有一片荷叶，它每天会增长一倍。假使30天刚好长满整个荷塘，请问第28天，荷塘里有多少荷叶？答案要从后往前推，即有1/4荷塘的荷叶。这时，假使你站在荷塘的对岸，你会发现荷叶是那样的少，似乎只有那么一点点，但是，第29天就会占满一半，第30天就会长满整个荷塘。

正像荷叶长满荷塘的整个过程，荷叶每天变化的速度都是一样的，可是前面花了漫长的28天，我们能看到荷叶都只有那么一个小小的角落。在追求成功的过程中，即使我们每天都在进步，然而，前面那漫长的“28天”因无法让人“享受”到快乐，常常令人难以忍受。人们常常只对“第29天”的希望与“第30天”的结果感兴趣，却因不愿忍受漫长的成功过程而在“第28天”放弃。

每天进步一点点，它具有无穷的威力，只是需要我们有足够的耐力，坚持到“第28天”以后。成功就是重复着去做简单的事情。每天进步一点点是简单的，之所以有人不成功，不是他做不到，而是他不愿意做那些简单而重复的事情。因为越简单、越容易的事情，人们也越不愿意做它。

我们的学习贵在每天持之以恒的坚持之中，贵在日复一日、月复一月、年复一年勤勤恳恳的背诵之中。一步登天做不到，但一步一个脚印能做到，急于求成、一鸣惊人不好做，但永远保持一股韧劲，认认真真完成每天该做的事，就会不断提高。

要求自己每天进步一点点，就是要让自己在漫长的人生旅途中，今天要比昨天强，今天的事情今天做，每天都在为心中那个大目标做着永不懈怠的努力！为此，我们要始终保持一份平静、从容的心态，步履稳健地走好人生的每一步，不允许每一天的虚度，不放过每一天的繁忙，不原谅每一天的懒散，用“自胜者强”来勉励、监督和强迫自己，克服浮躁，战胜动摇。要求自己在进修道德的旅途中每天进步一点点，所以不能懈怠，更不能糊弄自己，不是做给别人看，而是要用严于律己的人生态度和自强不息、每天进步一点点的可贵精神，走一条回归自然的光明大道。

每天进步一点点，不是可望而不可即的，也不是可遇不可求的，它就在我们每天自身的努力之中。所以不能有一点成绩就自以为了不起，而是要以一种平和的心态，笨鸟先飞的态度，永远不满足、不停步、不回头！

成功来源于诸多要素的几何叠加。比如，每天笑容多一点点，每天行动多一点点，每天创新多一点点，每天的效率高一点点……假以时日，我们的明天与昨天相比将会有天壤之别。

第九讲

梁启超：呆若木鸡是凝神的最高境界

庄子记痀偻丈人承蜩的故事，说道："虽天地之大，万物之多，而唯蜩翼之知。"凡做一件事，便把这件事看做我的生命，无论别的什么好处，到底不肯牺牲我现做的事来和他交换。

——梁启超《敬业与乐业》

大师简介：

梁启超（1873—1929），字卓如，号任公，别号饮冰子、哀时客、饮冰室主人、自由斋主人等，广东新会人。中国近代著名的政治活动家、启蒙思想家、资产阶级宣传家、教育家、史学家和文学家。17岁中举，后随其师康有为参与维新变法，事败后流亡日本，在当地创办《新小说》杂志，与孙中山等革命人士来往密切；回国后又曾组织进步党争取宪政。1920年后，脱离政界，先后在清华、南开等大学任教，并专心著述。一生完成1200万字以上的著作，涉及社会科学所有领域，1932年林志钧所编之《饮冰室合集》资料较为完备。

1.“承蜩”和“捶钩”

仲尼适楚，出于林中，见痀偻者承蜩，犹掇之也。仲尼曰:“子巧乎，有道邪?”曰:“我有道也。五六月累丸二而不坠，则失者锱铢；累三而不坠，则失者十一；累五而不坠，犹掇之也。吾处身也，若厥株拘；吾执臂也，若槁木之枝。虽天地之大，万物之多，而唯蜩翼之知。吾不反不侧，不以万物易蜩之翼，何为而不得！”孔子顾谓弟子曰:“用志不分，乃凝于神。其痀偻丈人之谓乎！”

——《庄子·达生》

在《庄子·达生》篇中，有一篇很有趣的寓言故事，故事这样说:

孔子到楚国去的时候，一天，他走出树林，看见一个驼背老人正用竿子粘蝉，就好像在地上拾取一样容易。

孔子说:“先生的手艺真是巧啊！有什么门道吗?”

驼背老人说:“我当然有我的办法。经过五六个月的练习，在竿头累迭起两个丸子而不会坠落，那么失手的情况已经很少了；迭起3个丸子而不坠落，那么失手的情况10次不会超过1次了；迭起5个丸子而不坠落，就会像在地面上拾取一样容易。我立定身子，犹如临近地面的断木，我举竿的手臂，就像枯木的树枝；虽然天地很大，万物品类很多，我却一心只注意蝉的翅膀，从不思前想后，左顾右盼，绝不因纷繁的万物而改变对蝉翼的注意，为什么不能成功呢！”

孔子转过身来对他的弟子们说："运用心志不分散，就是高度凝聚精神，恐怕说的就是这位驼背的老人吧！"

庄子讲述这篇寓言的原意是说一个人要想体悟大道，达到达生的境界，必须要像这个老人一样，凝神于心，日久功成。梁启超先生在他的一篇小文章《敬业与乐业》中引用了庄子记痀偻丈人承蜩的故事，用以说明一个人要想获得成功，必须拥有痀偻丈人承蜩的那种专注，才能获得最后的成功。其实，人要做成世间的哪件事不需要这种精神呢？

无独有偶，在《庄子·知北游》中也有一则相似的故事：

大司马家锻制带钩的人，年纪虽然已经 80 了，却一点也不会出现差误。

大司马说："你是特别灵巧呢，还是有什么门道呀？"

锻制带钩的老人说："我遵循着道。我 20 岁时就喜好锻制带钩，对于其他外在的事物我什么也看不见，不是带钩就不会引起我的专注。锻制带钩这是得用心专一的事，借助这一工作便不再分散自己的用心，而且锻制出的带钩得以长期使用，更何况对于那些无可用心之事啊！能够这样，外物有什么不会予以资助呢？"

这就是专注的力量。一个人只要能够真正地、切实地做到专注，他就一定能够获得成功。

2. 专注就是成功

梓庆削木为鐻，鐻成，见者惊犹鬼神。鲁侯见而问焉，曰："子何术以为焉？"对曰："臣，工人，何术之有！虽然，有一焉：臣将为鐻，未尝敢以耗气也，必齐以静心。齐三日，而不敢怀庆赏爵禄；齐五日，不敢怀非誉巧拙；齐七日，辄然忘吾有四枝形体也。当是时也，无公朝，其巧专而外骨消，然后入山林，观天性形躯，至矣，然后成见鐻，然后加手焉，不然则已。则以天合天，器之所以疑神者，其是与！”

——《庄子·达生》

《庄子·达生》篇中记载了这样一则故事：

梓庆能削刻木头做鐻，鐻做成以后，看见的人无不惊叹好像是鬼神的功夫。

鲁侯问他成功的原因，说："你用什么办法做成的呢？"

梓庆回答道："我是个做工的人，哪会有什么特别高明的技术！虽说如此，我还是有一种本事。我准备做鐻时，从不敢随便耗费精神，必定斋戒来静养心思。斋戒3天，不再怀有庆贺、赏赐、获取爵位和俸禄的思想；斋戒5天，不再心存非议、夸誉、技巧或笨拙的杂念；斋戒7天，已不为外物所动，仿佛忘掉了自己的四肢和形体。正当这个时候，我的眼里已不存在公室和朝廷，智巧专一而外界的扰乱全都消失。然后我便进入山林，观察各种木料的质地；选择好外形与体态最与相合的，这时业已形成的形象便呈现于我的眼前，然后动手加工制作；不是这样我就停止不做。这就是用我木工的纯真本性融合木料的自然天性，制成的器物被疑为神鬼功夫的原因。"

梓庆之所以会那么成功，就因为他将心思完全集中在削刻鐻上。一个人只有真正达到"用志不纷，乃凝于神"的境地，才能获得成功。

美国作家爱默生说："全神贯注于你所期望的事物上，必有收获。"

在苏格兰有这样一个孩子，他的智商很低，每个人见了他都会烦，包括他的父母。他整天哭闹，喜欢拌成吓人的模样，整个身体不停地扭动，没有人能够让他停止下来。父母必须24小时照顾他，否则他会破坏家里的一切。他每天只睡3个小时，而且在这3个小时里，还会突然醒来。他的父亲几次想把他送到社会福利院，就是无法下定决心。

孩子6岁的时候，还说不好一句话，连背诵一个单词都十分困难，而且开始不愿见生人。医生诊断后告诉他父母，可怜的孩子，得了自闭症。

为了使他得到教育，父亲只得求助于康复中心。然而遗憾的是那里的老师也无法管教他，他不停地在课堂上发出尖叫，让其他儿童惊吓不已。他的手在不停地玩东西，一刻也不休息，连睡觉的时候也在运动。

老师说这样的孩子没救了，让他自生自灭吧。有一天，孩子发现了地上有一只水笔，就用它在地上画一道线。然后，他不停地玩着这只水笔，不断在地上画着线条，就这样画了一整天。

第二天起来，他继续画。细心的老师发现了他画的这些线条，惊呼："天哪，他竟然会画画。"

其实，这些线条并不是画，只是一个白痴儿童能画出圆形、方形的线条让老师感到非常惊讶。

老师再也没有像往常一样夺走他手中的东西，而是在地上铺上白纸，让他在纸上画；又给他不同颜色的水笔，让他尝试着用它们画。

这个孩子就一直抓着他的水笔，除了睡觉之外的时间都在作画。他什么都不知道，他的世界里只有自己和水笔。

10年后，他的画被人拿到了拍卖会上，结果意外地卖出了，而且被许多资深的画家看好。他就这样一举成名。他的名字叫理查·范辅乐。他的作品在欧洲和北美展出一百多次，已卖出一千多幅，每幅的售价是2000美元。

现在许多人在感叹，这样一个白痴竟然能成为画家，但谁都忽略了这样一个细节：他眼里没有其他的诱惑和干扰，只有自己的水笔，即使在吃饭的时候也还握着它。这有几个正常人能做到？

画家专注于画板，音乐家专注于琴键，农夫专注于季节与大地。不管身处何种领域，当我们站在同样的起跑线，想要有一些使人侧目的成绩，专注便成了决定性的因素。斯蒂芬·茨威格曾说过："一切艺术与伟业的奥妙就在于专注，那是一种精力的高度集中，把易于弥散的意志贯注于一件事情的本领。"一个人如果能做到除了追求完整意志之外把一切都忘掉的热忱，把自己完全沉浸于工作之中，那他就是一个天才，因为他比谁都更接近成功。

有些成功，不需要太强的实力，需要的往往是专注；有些失败，并非缺乏良好的时机，缺乏的往往是坚持。有一则寓言故事，也许更能说明这个道理。

从前，有一对仙人夫妻，喜欢下围棋，他们常常到山上下棋。一只猴子，经年累月地躲在树上，看这对仙人下棋，终于练就了高超的棋艺。

不久，这只猴子下山来，到处找人挑战，结果，没有人是它的对手。最后，只要是下棋的人，一看对手是这只猴子，就甘拜下风，不战而逃。

国王终于看不下去了，全国这么多围棋高手竟然连一只猴子也敌不过，实在是太丢脸了。于是国王下诏：一定要找到人来战胜这只猴子。

其实，猴子的棋艺卓绝，举国上下根本没有人是它的对手。那该怎么办呢?

这时，有一个大臣，自告奋勇地说要与猴子下一盘。国王问："你有把握吗？"他说绝对有把握。但是，在比赛的桌上一定要放一盘水蜜桃。

比赛开始了，猴子与大臣面对面坐着，在比赛的桌子旁边放着一盘鲜嫩的水蜜桃。整盘棋赛中，猴子的眼睛始终盯着这盘水蜜桃，结果，猴子输了。

成就一番事业，实现人生价值，是一切有志者的追求。然而，通向成功的道路往往并不平坦，影响成功的因素复杂多样。现实生活中常常会看到这样的情形：有的人对学业、工作、事业专心致志、不懈努力，不受外界诱惑的干扰，扎扎实实地向着既定目标迈进，最终获得了成功；而有的人却耐不住寂寞、经不起诱惑、好高骛远、见异思迁，对学业、工作、事业缺乏一种执著精神，结果一事无成。无数事实说明，专注是走向成功的重要因素。

一个人生活在社会中，面对纷繁复杂的世界，要想成就一番事业，就必须努力克服各种消极因素的影响。如果总是瞻前顾后、左思右想，那么永远不可能取得成功。

3. 失败的预兆：患得患失

列御寇为伯昏无人射，引之盈贯，措杯水其肘上，发之，适矢复沓，方矢复寓。当是时，犹象人也，伯昏无人曰："是射之射，非不射之射也。尝与汝登高山，履危石，临百仞之渊，若能射乎？"于是无人遂登高山，履危石，临百仞之渊，背逡巡，足二分垂在外，揖御寇而进之。御寇伏地，汗流至踵。

——《庄子·田子方》

痀偻丈人承蜩故事的启发是发散式的，我们从中可以发现专注的力量，同时它还有另一方面的暗示，那就是，无论做什么事，绝对不能患得患失，三心二意，否则，你就不能凝聚你的精神，你的潜能就不能得到发挥，成功也就离你很远了。

从前有一位神射手，名叫后羿。他练就了百步穿杨的好本领，立射、跪射、骑射样样精通，而且箭箭都射中靶心，几乎从来没有失过手。人们争相传颂他高超的射技，对他非常敬佩。

夏王也从左右的嘴里听说了这位神射手的本领，也目睹过后羿的表演，十分欣赏他的功夫。有一天，夏王想把后羿召入宫中来，单独给他一个人演习一番，好尽情领略他那炉火纯青的射技。

于是，夏王命人把后羿找来，带他到御花园里找了个开阔地带，叫人拿来了一块1尺见方，靶心直径大约1寸的兽皮箭靶，用手指着说："今天请先生来，是想请你展示一下你精湛的本领，这个箭靶就是你的目标。为了使这次表演不至于因为没有彩头而沉闷乏味，我来给你定个赏罚规则：如果射中了的话，我就赏赐给你黄金万两；如果射不中，那就要削减你一千户的封地。现在请先生开始吧？”

后羿听了夏王的话，一言不发，面色变得凝重起来。他慢慢走到离箭靶100步的地方，脚步显得相当沉重。然后，后羿取出一支箭搭上弓弦，摆好姿势拉开弓开始瞄准。

想到自己这一箭出去可能发生的结果，一向镇定的后羿呼吸变得急促起来，拉弓的手也微微发抖，瞄了几次都没有把箭射出去。后羿终于下定决心松开了弦，箭应声而出，“啪”的一声钉在离靶心足有几寸远的地方。后羿脸色一下子白了，他再次弯弓搭箭，精神却更加不集中了，射出的箭也偏得更加离谱。

后羿收拾弓箭，勉强赔笑向夏王告辞，悻悻地离开了王宫。夏王在失望的同时掩饰不住心头的疑惑，就问手下道：“这个神箭手后羿平时射起箭来百发百中，为什么今天跟他定下了赏罚规则，他就大失水准了呢？”

手下解释说：“后羿平日射箭，不过是一般练习，在一颗平常心之下，水平自然可以正常发挥。可是今天他射出的成绩直接关系到他的切身利益，叫他怎能静下心来充分施展技术呢？看来一个人只有真正把赏罚置之度外，才能成为当之无愧的神箭手啊！”

患得患失只会使一个人在许多事情上分神，最终精力都被浪费在无用的胡思乱想上了，怎么会成功呢？

有一位农夫欲上山去砍树，却忽然想到脚上的草鞋很陈旧了，于是匆匆忙忙地搓绳打草鞋。忙完草鞋又检查斧锯，发现斧子太钝，锯子已锈，于是决定重新订购斧子和锯子。后来又嫌新斧子的材质不好……等到他万事俱备准备出发时，大雪已经封山。于是农夫就抱怨:“我的运气真是不好。”

其实这个农夫的问题不在于运气的好坏，而是他在确立目标时思考的方法不当。他原定的目标是在大雪封山之前完成砍树的任务，鞋子的新与旧并不重要，斧子太钝、锯子已锈可以立即动手磨快，并不需要订购新的。农夫正是由于偏离目标的思考和决定，导致了砍树计划的落空。

人生目标的追求与实现也是同样的道理。如何防止偏离目标?首先，在思路上要分清轻与重、缓与急，如果随意地乱抓一气，结果只能是“事倍功半”，甚至是“劳而无功”。其次，在决策上要抓住目标的根本去实施和完成，不能不分主次，甚至把力气都使用到次要方面，造成了一事无成的局面。

大禹是中国历史上的治水英雄，他的成功正是对目标专注的最好的注解。大禹三过家门而不入，历经 13 年身体劳苦和忧心积虑，终于治理了洪水流芳百世。据《史记》记载，大禹的治水行动感动了鬼神，在他的带领下，修通了九湖岸边的道路，测度了九山，使得水上可行船，陆地可行车。这些功绩正是他目标专一、身体力行的结果。

患得患失、过分计较自己的利益将会成为我们获得成功的大碍。我们应当从后羿身上吸取教训，面临任何情况时都尽量保持平常心。

什么是患得患失？患得患失就是一味地担心得失，斤斤计较个人的得失。患得患失是人生的精神枷锁，是附在人身上的阴影，是浮躁的一个重要表现形式。

生活中往往有这样一些人，做什么事情之前都要反复考虑，做完之后又放心不下，对方方面面都考虑得尽量周到。如有不妥，就很担心把事情办砸并担心别人对自己的看法，并且极其注重个人的得失。他们被笼罩在患得患失的阴影之中，心灵被得失扰乱得没有一分安宁。

这些人，你给他10两银子，他会想象你肯定得了10两金子；单位发工资，他会把工资表翻个底朝天，生怕谁多拿了半分钱；领导们开个日常的工作会，他会费尽心机打听，看谁又要被提拔了；同事们聚会若少了他，他会猜想大家避开他肯定在搞什么鬼名堂。这些人整天神经兮兮，心中布满疑虑、惴惴不安，生活中当然不会有轻松与愉快。

4.“游刃有余”的前因后果

庖丁为文惠君解牛，手之所触，肩之所倚，足之所履，膝之所踦，砉然响然，奏刀騞然。莫不中音，合于《桑林》之舞，乃中《经首》之会。文惠君曰：“嘻，善哉！技盖至此乎？”庖丁释刀对曰：“臣之所好者，道也，进乎技矣。始臣之解牛之时，所见无非全牛者。三年之后，未尝见全牛也。方今之时，臣以神遇而不以目视，官知止而神欲行。依乎天理，批大郤，导大窾，因其固然。技经肯綮之未尝，而况大軱乎！良庖岁更刀，割也；族庖月更刀，折也；今臣之刀，十九年矣，所解数千牛矣，而刀刃若新发于硎。彼节者有间而刀刃者无厚，以无厚入有间，恢恢乎其于游刃必有余地矣。是以十九年而刀刃若新发于硎。虽然，每至于族，吾见其难为，怵然为戒，视为止，行为迟，动刀甚微，謋然已解，如土委地，提刀而立，为之四顾，为之踌躇满志，善刀而藏之。”

——《庄子·养生主》

《庄子·养生主》中有一篇特别精彩的故事，叫做《庖丁解牛》。

庖丁给文惠君宰杀牛牲，分解牛体时手接触的地方，肩靠着的地方，脚踩踏的地方，膝抵住的地方，都发出“砉砉”的声响，快速进刀时刷刷的声音，无不像美妙的音乐旋律，符合《桑林》舞曲的节奏，又合于《经首》乐曲的乐律。

文惠君说:“嘻，妙呀！技术怎么达到如此高超的地步呢？”

庖丁放下刀回答说:“我所喜好的是摸索事物的规律，比起一般的技术、技巧又进了一层。我开始分解牛体的时候，所看见的没有不是一头整牛的。三年之后，就不曾再看到整体的牛了。现在，我只用心神去接触而不必用眼睛去观察，身体的官能似乎停了下来而精神世界还在不停地运行。依照牛体自然的生理结构，劈击肌肉骨骼间大的缝隙，把刀导向那些骨节间大的空处，顺着牛体的天然结构去解剖；从不曾碰撞过经络结聚的部位和骨肉紧密连接的地方，何况那些大骨头呢！优秀的庖丁一年更换一把刀，因为他们是在用刀割肉；普通的庖丁一个月就更换一把刀，因为他们是在用刀砍骨头。如今我使用的这把刀已经19年了，所宰杀的牛牲上千头了，而刀刃锋利就像刚从磨刀石上磨过一样。牛的骨节乃至各个组合部位之间是有空隙的，而刀刃几乎没有什么厚度，用薄薄的刀刃插入有空隙的骨节和组合部位间，对于刀刃的运转和回旋来说那是多么宽绰而有余地呀。所以我的刀使用了19年，刀锋仍像刚从磨刀石上磨过一样。虽然这样，每当遇上筋腱、骨节聚结交错的地方，我看到难于下刀，为此而格外谨慎不敢大意，目光专注，动作迟缓，动刀十分轻微。牛体霍霍地全部分解开来，就像是一堆泥土堆放在地上。我于是提着刀站在那儿，为此而环顾四周，为此而踌躇满志，这才擦拭好刀收藏起来。"

在庄子的笔下，庖丁简直就像一个艺术家一样，达到了通神的境界。庖丁的游刃有余是凭空产生的吗？若不是，那从何而来？庖丁告诉我们说"我只用心神去接触而不必用眼睛去观察，身体的官能似乎停了下来而精神世界还在不停地运行"，并且"为此而格外谨慎不敢大意，目光专注，动作迟缓，动刀十分轻微"。看看，庖丁已经专注到了绝对忘我的境界，所以才能技通乎神、游刃有余。

法国作家蒙田说："灵魂如果没有确定的目标，它就会丧失自己，因为俗话说得好，无所不在等于无所在。"一个人无论学习什么技艺，从事什么事业，如果想达到"游刃有余"的境地，必须学会专注。

美国作家海明威的作品以其自然、清新和精练而享誉世界，他那极为简洁的对话有着"电报式"的美称。当记者问他简洁风格形成的秘诀时，他说："不停地写，站着写。"这不是幽默，而是事实。

海明威解释自己的写作习惯是："我不停地写，刚开始时写得不好，慢慢地就写得好了；我站着写，而且只用一只脚站着，采用这种姿势，使我处于一种紧张的状态，迫使我尽可能简短地表达我的思想。"他在多年的创作生涯中，艰苦地摸索，形成了自己独特的文风。后来，他的《老人与海》被授予诺贝尔文学奖。在他获得了如此高的殊荣之后，他仍然一如既往，辛勤笔耕，且从不自满。他不止一次地说道："我要学习写作，当个学徒，一直到死。"

有一幅漫画画了一个青年在找水，他不停地挖井，但总是患得患失，不能专注，不能坚持，结果挖了好多的浅井，也没挖出水。

其实，那找水的青年，只要他回到原地继续挖完那些未完成的井，或者到新地方后持之以恒地挖下去，就一定能找到水源。而在学习上、工作中，不管你是否犯过浅尝辄止的错误，只要你现在定下心来，认定一个正确的目标，专一而不懈地努力，你就一定会获得游刃有余的境界。

5. 呆若木鸡是凝神的最高境界

纪渻子为王养斗鸡。十日而问："鸡已乎？"曰："未也，方虚憍而恃气。"十日又问，曰："未也，犹应向景。"十日又问，曰："未也，犹疾视而盛气。"十日又问，曰："几矣。鸡虽有鸣者，已无变矣，望之似木鸡矣，其德全矣，异鸡无敢应者，反走矣。"

——《庄子·达生》

梁先生认为，庄子告诉了世人一种很直接而又实用的成功方法，那就是"凝神"，一个人如果在做事的时候能够达到"凝神"的境界，他就一定会获得成功。《庄子·达生》篇中有这样一则寓言：

纪渻子为周宣王驯养斗鸡。过了10天，周宣王问："鸡驯好了吗？"纪渻子回答说："不行，正虚浮骄矜自恃意气哩。"10天后周宣王又问，回答说："不行，还是听见响声就叫，看见影子就跳。"10天后周宣王又问，回答说："还是那么顾看迅疾，意气强盛。"又过了10天周宣王问，回答说："差不多了。别的鸡即使打鸣，它已不会有什么变化，看上去像木鸡一样，它的德行真可说是完备了，别的鸡没有敢于应战的，掉头就逃跑了。”

庄子所描述的斗鸡为什么会所向披靡，原因就在于它的“呆”。其实，斗鸡身上的“呆”正是专注和凝神的最高层次。蒲松龄说过：“性痴，则其志凝；故书痴者文必工，艺痴者技必良……世之落拓而无成者，皆自谓不痴者也。”一个人在做某件事时如果身上时常显露出呆气，它就离成功不太远了。

我国现代著名哲学家熊十力身上曾发生过这样的故事：

熊十力是治学之外一切都不顾的人，所以住所求安静，常常是一个院子只他一个人住。20世纪30年代初期，他住在北平沙滩银闸路西一个小院子里，门总是关着，门上贴一张大白纸，上写：近来常常有人来此找某某人，某某人以前确是在此院住，现在确是不在此院住。我确是不知道某某人在何处住，请不要再敲此门。看到的人都不禁失笑。50年代初期他住在银锭桥，夫人在上海，想到北京来住一个时期，顺便逛逛，他不答应。他的学生知道此事，婉转地说，师母来也好，这里可以有人照应，他毫不思索地说：“别说了，我说不成就是不成。”熊师母终于没有来。后来他移住上海，仍然是孤身住在外边。

不注意日常外表，熊十力也是第一位。衣服像是定做的，样子在僧与俗之间。袜子是白布的，高筒，十足的僧式。屋里木板床上面的被褥等都是破旧的。没有书柜，书放在破旧的书架上。只有两个箱子，一个是柳条编的，几乎朽烂了；另一个铁皮的，旧且不说，底和盖竟毫无联系。他回上海之前把这铁箱送了学生，返途嫌笨重，扔了。

享用是这样不在意，可是说起学问，熊十力就走向另一极端，过于认真。他自信心很强，简直近于顽固，在学术上绝不对任何人让步。40 年代晚期，冯文炳住在红楼后面，这位先生本来是搞新文学的，后来迷上哲学，尤其是佛学。熊十力是黄冈人，冯是黄梅人，他们都治佛学，又都相信自己最正确，可是所信不同，于是便有二道桥（熊先生 30 年代的一个寓所，在地安门内稍东）互不相让，以至于动手的故事。另有一次学生去找熊十力，听见他又在和冯文炳争论，熊先生说自己的意见最对，凡是不同的都是错误的。冯先生答："我的意见正确，是代表佛，你不同意就是反对佛。"对方争起来互不相让，学生只好忍着笑走了。

这场争论确实好笑，有点像小孩吵架，特认真，双方争执不下，还多少有点不讲理。也许人常说知识分子身上带点"呆气"，这就是了。

但是似乎"呆"有"呆"的好处，生活里没有繁杂的生活琐事，没有纷乱的人情事故，只有学术与信仰，如此单纯而精深的人生有什么不好？

你能够达到呆若木鸡的境界吗？如果不能，那你离成功还有一段距离；如果能，你离成功就不远了。

6. 凝神还需坚持

我有道也。五六月累丸二而不坠，则失者锱铢；累三而不坠，则失者十一；累五而不坠，犹掇之也。

——《庄子·达生》

庄子所说的"凝神"，用现在的话讲，就是专注精神。一个人明白了专注的意义，那专注是否就能为他带来美好的前程呢？那也未必，如果他总是“三天打鱼、两天晒网”，也不会获得成功。

之前我们曾讲过痀偻丈人承蜩的故事。这个老人说他的承蜩手艺是通过练习才获得的，并且是经过五六个月的练习，才能够做到在竿头累迭起两个丸子而不会坠落，之后，他又先后放上3个、4个、5个，由此可推断，他一定经过很长时间的努力，并且自己能够长期坚持，才达到精通这门手艺的境界的。我们现实生活中做任何事情都是如此，如果不能够坚持，三天打鱼两天晒网，怎么能够获得成功呢？

我国民国时期的学者王国维曾总结了学习的三个境界。其一为志存高远，“昨夜西风凋碧树，独上高楼，望断天涯路”；其二为持之以恒，“衣带渐宽终不悔，为伊消得人憔悴”；其三为成功境界，“蓦然回首，那人却在灯火阑珊处”。古代思想家荀况也说过：“锲而舍之，朽木不折；锲而不舍，金石可镂。”这些话都说明了目标专一和持之以恒才是成功的必由之路。

许多成功的例子证明了这确是一条必由之路。大科学家欧立希立志制出一种药剂，经过长期不懈的努力，在失败了几百次之后，终于制出了药剂六六六。我国数学家陈景润在少年时就立志摘下数学王冠的宝石——哥德巴赫猜想。他勤奋钻研，算纸用了几麻袋，历尽艰难困苦，终于获得了重大成果。这样的例子真是俯拾皆是，不胜枚举。

反之，学习或工作上的浅尝辄止，永远不会带来成功，只能浪费时间，白花气力，到头来“空悲切”一场。记得有个相声曾讽刺这种人，他们这山望着那山高，今天想当画家，明天想当音乐家，后天又想当军事家，最后只能当待在家里空发议论的“坐家”。

老子《道德经》中说:“合抱之木，生于毫末；九层之台，起于垒土；千里之行，始于足下。”世界上最简单的事情是你愿意去做，而最难的事情是你能够坚持去做。任何伟大的事业，常成于坚持不懈，毁于半途而废。因此，浅尝辄止的专注并不足取，只有坚持到底的专注才是真正的专注。

第十讲

蔡元培：变化才是真正的和谐

庄子之意，世所谓道德者，非有定实，常因实地而迁移。故曰："水行无若用舟，陆行无若用车。以舟之可行于水也，而推之于陆，则没世而不行寻常。"

——蔡元培《中国伦理学史》

大师简介：

蔡元培（1868—1940），字鹤卿，号孑民，浙江绍兴人。1892年进士及第，授翰林院编修。1898年戊戌变法失败后从事教育事业，1902年发起组织中国教育会，任会长，创办爱国学社。1907年赴德国留学，研究哲学、美学和心理学等。1912年回国后，任南京临时政府教育总长，提出以国民教育、实利主义教育、公民道德教育、世界观教育和美学教育五教育并举的教育方针。1917年任北京大学校长，对北大实行全面改革，提倡学术自由、兼容并包。代表作有《中国伦理学史》等。

1.“变”才是不变的真理

方生方死，方死方生，方可方不可，方不可方可。

——《庄子·齐物论》

我国近代著名教育家蔡元培先生从伦理学角度对《庄子》一书作出了其独到的见解，在他的著作《中国伦理学史》中，他这样写道：“庄子之意，世所谓道德者，非有定实，常因实地而迁移。故曰：‘水行无若用舟，陆行无若用车。以舟之可行于水也，而推之于陆，则没世而不行寻常。’”从蔡先生的论述中我们可以得出这样一个结论，那就是一个人绝对不能用僵化的眼光看待世界，一个眼光僵化的人绝对不会获得成功。

刘禹锡有这样一句诗：“沉舟侧畔千帆过，病树前头万木春。”从这句诗中我们就可以感受到万物变化的力量。现代物理学表明，事物每时每刻都在运动变化，没有停息的一刻，运动变化才是真正的和谐。

人们常常说：“计划赶不上变化。”的确如此，世界在不停地变化，社会在不停地变化，我们自己也在不停地变化。

“人事有代谢，往来成古今。”今天我们每个人只要回想一下10年前的自己，就不由得会感慨万千。面对世界如此巨大的变化，我们的计划能赶得上吗？难道我们真的可以像能掐会算的诸葛亮一样，把一切变化都计划在内吗？不，绝对不可能。

有这样一则幽默故事：

有一个人，昏睡多年，一觉醒来已是10年之后。他做的第一件事就是打电话给他的股票经纪人。经纪人告诉他："老弟，你的A股票已涨到500万美元，B股票涨到1000万美元。"

"我发财了！"这位老兄欢呼起来。

这时，电话接线员插话说："先生，3分钟已到，请付电话费100万美元。"

这个故事说明，一切都在变化，有时情况变化得令人不可思议，大大超出了人们的想象。

那么，我们怎样来应对周围发生的这一切变化呢？方法只有一个，就是变通。

一个著名人物在总结自己的成功经验时说："你可以超越任何障碍。如果它太高，你可以从底下穿过；如果它很矮，你可以从上面跨过去。总会有办法的。"所以，对于善于变通的人来说，世界上不存在困难，只存在暂时还没想到的方法。

千万不要低估了变通的力量，变通的力量能让人获得成功，同样也能给人类制造出许多麻烦，让人们防不胜防。中国有一句俗语，叫做："不怕贼偷，就怕贼惦记。"意思是说只要贼惦记住了你，他就会不停地琢磨你，即使你防范措施再严密，他也会想出一条你预想不到的变通之法。

老子说："天下之至柔，驰骋天下之至坚。"意思是说天下最柔弱的东西，可以变通穿行于最坚硬的东西之中。为什么会如此呢？因为柔弱的东西会变通，它善于改变自己。一个人必须善于改变自己，才能在人生长河中立于不败之地。

在某个小村落，下了一场非常大的雨，洪水开始淹没全村，一位神父在教堂里祈祷，眼看洪水已经淹到他跪着的膝盖了。 个救生员驾着舢板来到教堂，跟神父说：“神父，赶快上来！不然洪水会把你淹没的！”神父说：“不，我深信上帝会救我的，你先去救别人好了。”

过了不久，洪水已经淹过神父的胸口了，神父只好勉强站在祭坛上。这时，又有一个警察开着快艇过来，他跟神父说：“神父，快上来！不然你真的会被洪水淹死的！”神父说：“不！我要守着我的教堂，我相信我的上帝一定会来救我的。你还是先去救别人好了！”

又过了一会儿，洪水已经把教堂整个淹没了。神父只好紧紧抓着教堂顶端的十字架，一架直升机缓缓飞过来，丢下绳梯之后，飞行员大叫：“神父，快上来，这是最后的机会了，我们不想看到洪水把你淹死！”神父还是意志坚定地说：“不，我要守着教堂！上帝会来救我的！你赶快先去救别人，上帝会与我同在的！”

洪水滚滚而来，固执的神父终于被淹死了……神父上了天堂后，见到上帝，他很生气地质问：“主啊，我终生奉献自己，战战兢兢地侍奉您，为什么您不肯救我！”上帝说：“我怎么不肯救你！第一次，我派了舢板去找你，你不要，我以为你担心舢板危险；第二次，又派了一艘快艇去，你还是不上船；第三次，我以国宾的礼仪待你，再派一架直升机去救你，结果你还是不愿意接受。所以，我以为你是急着想要回到我身边来，可以好好陪我。”

当我们遇到困难的时候必须学会变通。因为客观的情况在不断地变化，我们必须随着客观情况的变化而不断变化。正如诸葛亮所说：“因天之时，因地之势，依人之利而所向无敌。”只有这样，我们才能克服各种困难获得成功。

对于善于变通的人来说，这个世界上不存在困难，只是暂时没有找到合适的办法而已，所以善于变通的人只有一个归宿，那就是成功。

人生在世，每个人的自身条件都不一样，每个人遇到的困难也不尽相同，但是有一点是一样的，那就是是否懂得变通将决定其是否能够取得成功。

英国剧作家萧伯纳说："聪明的人使自己适应世界，而不明智的人只会坚持要世界适应自己。"而我们今天要说："变通是天地间最大的智慧，是智慧中的智慧。变通是一种方法，是一种策略，更是一种艺术。"

让我们学会变通吧，让我们走向成功的大道吧。假如我们陷入困境，不要消沉，不要焦虑，有一条路可以绕开人生路上很多的坎坷，使我们走向成功，那就是变通。

让我们学习它，掌握它，运用它吧，只有这样，我们才能在人生长河中游刃有余。

2. 把思维停留在"变"字上

今之隐机者，非昔之隐机者也。

——《庄子·齐物论》

"今之隐机者，非昔之隐机者也。"意思是说：你今天靠在茶几上休息的这个状况，跟从前的情形完全两样。

当我们第一秒坐在这椅子上，第二秒已不是第一秒钟了，第三秒更不是第二秒了，每一分每一秒宇宙万物都在变化。这就是后面讲到的孔子告诉颜回的一句话："交彼臂过。"两个人走路，你过来我过去，两人对面走在一起，两个膀子刚刚在同一条横线同一个位置上时，两个膀子这么一碰，一刹那，已经过去了，你往这边走，我往那边去了。任何时间，任何地区，一切的事情，这一刹那之间都在变化，不会永恒存在的。两个手臂一碰，拉一下手，等再拉一次的时候，已经不是原来的了，中间已经有很多的变化了。当我们刚刚靠着一坐的时候，当下就过去了，就像佛法的一句话："刹那无常。"一弹指，"啪"，就是 60 个"刹那"。所以这里尽管是颜成子游在问，但庄子已经点题了："今之隐机者，非昔之隐机者也。"

因此，世间的一切都在不停的变化，一个人在面对这个世界的时候，一定要把思维停留在"变"字上，这样才能准确地看清这个世界。有一次，佛陀带着几位侍者出行。那时正值中午，天气非常地热，他觉得口渴，就告诉侍者阿难："我们不久前曾跨过一条小溪，你回去帮我取一些水来。"

阿难回头去找那条小溪，但小溪实在太小了，有一些车子经过，溪水被弄得很污浊，水不能喝了。于是阿难回去告诉佛陀："那小溪的水已变得很脏而不能喝了，请您允许我继续走，我知道有一条河离这里只有几里路。"

佛陀说："不，你回到同一条小溪那里。"阿难表面遵从，但内心并不服气，他认为水那么脏，只会浪费时间白跑一趟。他走到那里，发现水虽没有刚才浑浊了，但仍有许多泥沙，还是不可以喝的，又跑回来说："您为什么要坚持？"佛陀不加解释，仍然说："你再去。"阿难只好遵从。

当他再走到那条溪流时，那些溪水就像它原来那么清澈、纯净，泥沙已经沉到了河底。阿难笑了，赶快提着水回来，拜在佛陀脚下说："您给我上了伟大的一课，无论是林中的小溪还是生命中的河流，没有什么东西是永恒的。”

河水能够冲走泥沙与污浊，时间能够抹去人类的一切活动痕迹，事物是不断地运动变化着的，世间没有永恒不变的东西，就像世间没有绝对的真理，没有完美无瑕的事物一样。

宇宙间的万事万物时时刻刻都在变化，任何时间，任何地方，一切的事情，一刹那之间都在变化，不会永恒存在。因此，我们就需要用变化发展的眼光来看待万事万物。

《三国演义》里有一个有趣的故事。吴国的大将吕蒙，十几岁就从军打仗，由于英勇善战，屡建战功，三十多岁就升为中郎将。但他不好读书，常常闹出“张冠李戴”式的笑话。每逢给孙权上书，只能口述，让别人代笔。这样，有时难免词不达意，弄得孙权哭笑不得。所以，吴主孙权劝吕蒙抓紧时间读书，并用自己和别人的体会予以开导，批评他不应强调军务繁忙而不求进步。

吕蒙接受了孙权的教诲，开始发愤读书，而且进步很快。

后来，吴国军事统帅周瑜病死，鲁肃为吴国都督。鲁肃最初瞧不起吕蒙，认为他只是一介武夫。有一次，鲁肃路过吕蒙驻防的地方，看望吕蒙，故意为难他，提出了许多战略上的问题。他原以为吕蒙一问三不知。但出乎意料的是，吕蒙有问必答，且对答如流，特别是如何对付蜀国大将关羽，吕蒙讲了5条应敌之策，讲得很有见地，令鲁肃折服。

鲁肃大为惊喜，拍着吕蒙的肩膀说：“我原来认为你只有武略，是个粗莽武夫，今天同你谈话，才知道你是一个有学问、有见识的人，你已经不是当年的吴下阿蒙了！”

吕蒙回答说：“士别三日，即应刮目相看。”

切事物（包括人在内）都是不断地变化和发展的，我们也必须用变化发展的观点来对待一切事物，不仅要看到事物的现状，而且要看到事物的过去和将来，要使自己的思想适应变化了的情况。

在古代的楚国，一个人坐船过河的时候，不小心把一柄剑掉到河里，他便在剑落水处的船舷上刻了一道标记。等船停下来，他便在刻标记的地方下水摸剑，结果自然是白费力气。他却生气地说："明明在丢下的地方刻着记号，怎么就没有了呢？"这个人把前进着的船看成是静止不动的，因而闹出了笑话。

因此，我们在日常生活中要吸取类似的教训，不要因为取得一点成绩就沾沾自喜、骄傲自满，须知这样下去，会由进步变为落后；也不要因为遇到挫折和失败就灰心丧气，悲观绝望，须知失败乃成功之母，只要吸取教训，挫折会变顺利，失败会变成功。认识了事物变化发展的本质，用变化和发展的眼光看待一切事物，才不会偏离生活的轨道。

3. 因时随化，因地制宜

官知止而神欲行，依乎天理，批大隙，导大款，因其固然。

——《庄子·养生主》

庄子是一个非常聪明的人，在《庄子》一书中，他不止一次地用故事来说明这样一个道理：这个世界是瞬息万变的，一个人只有顺应外界的变化而变化，才能因时随化，因地制宜，获得真正的自由和幸福。在现实生活中也是如此，每个人都必须用一种发展变化的眼光和思维来对待生活中的万事万物。

孔圣人就是一名很善于因时随化，因地制宜的人。孔子周游列国时，曾被困在陈国与蔡国之间，整整10天没有饭吃，有时连野菜汤也喝不上，真是饿极了。学生子路偷来了一只煮熟的小猪，孔子不问肉的来路，拿起来就吃，子路又抢了别人的衣服换来了酒，孔子也不问酒的来路，端起来就喝。可是，等到鲁哀公迎接他时，孔子却显出正人君子的风度，席子摆不正不坐，肉类割不正不吃。子路便问："先生为啥现在与在陈、蔡受困时不一样了呀？"孔子答道："以前我那样做是为了偷生，今天我这样做是为了讲义呀！"

孔子不愧为圣人，他处理任何事情都显得那么从容，原因就在于他有着一颗变通的头脑。

我们在生活中如果也能做到随机应变，顺势而动，无疑会对我们适应生活，适应现实变化有很大的帮助。

在变化的时代，应当紧跟时代节拍，以变应变，寻找出路，不然你会处于被动地位。要成大事者必须能顺应时势，善于变化，及时调整自己的行动方案，而不因袭守旧，这是成大事者适应现实的一种方法。

当今社会，各种事物都是飞速发展变化的，因此深处其中的人，也应审时度势，顺势而变。只有这样，才能成就大事。在这里我们以曾国藩为例，虽然他并不处在我们这个时代，但从他的历史中，我们可以看到一个成大事者是如何适应变化，以变应变的。

曾国藩的处世之道，实际上是一种灵活应变的处世态度和方法。

作为一介儒生，曾国藩的思想之中最本质的部分是儒家思想，但是其中又夹杂了各家的学说。各家思想，几乎在他的每个时期都有体现。但是，随着形势、处境和地位的变化，各家学说在他思想中体现的强弱程度又有所不同，这些都表明曾国藩以变应变的能力。

曾国藩的同乡好友欧阳北熊也认为，曾国藩的思想一生有三变。早年在京城时信奉儒家，治理湘军、镇压太平天国时采用法家，晚年功成名就后则转向了老庄的道家。这个说法大体上描绘了曾国藩一生三个时期的重要思想。

曾国藩的儒家思想，形成于他在京做官时。他用程朱理学这块砖敲开了做官的大门之后，并没有把它丢在一边，而是对它进行深入研讨，同时曾国藩又得益于唐鉴、倭仁等理学大师的指点，这使他在理学素养上更是有了巨大的飞跃。他不仅对理学证纲名教和封建统治秩序的一整套伦理哲学，如性、命、理、诚、格、物、致、知等概念有深入的认识和理解，而且还进行了理学所重视的修身养性。这种修身养性在儒家是一种“内圣”的功夫，通过这种克己的“内圣”功夫，最终达到治国平天下的目的。他还发挥了儒家的“外王”之道，主张经世致用。唐鉴曾对他说，经济，即经世致用包括在义理之中，曾国藩完全赞成并大大地加以发挥。而且曾国藩还非常重视对现实问题的考察，重视研究解决的办法，提出了不少改革措施。曾国藩对儒学，尤其是程朱理学的深入研究，是他这个时期的重要思想特点，而对于这一套理论、方法的运用，则贯穿了他的一生。

为了镇压太平天国起义，曾国藩被任命回到湖南组建湘军。在对待起义军和管理湘军的问题上，他的一系列主张和措施表现了他对法家严刑峻法思想的极力推崇。他提出要“纯用重典”，认为非采取烈火般的手段不能为治。而且，他还向朝廷表示，湘军即使由此而得残忍严酷之名，也在所不辞。他确实也是这样做的。他设立审案局，对所捕农民严刑拷打，任意杀戮。他还规定，不纳粮者，一经抓获，就地正法。在他看来，儒家的“中庸”之道，在战争与治军上是行不通的。

曾国藩在为官方面，恪守的却是“清静无为”的老庄思想。他常表示，对于名利，须存退让之心。在太平天国败局已定，即将大功告成之时，他的这种思想愈加强烈，一种兔死狗烹的危机感时常萦绕在他的心头。天京攻陷之后，曾国藩便立即遣散湘军，并做功成身退的打算，以免除清政府的疑忌，这不失为明哲保身的高招。

不同的时期有不同的思想倾向，说明曾国藩善于从诸子百家中汲取养分以适应不同的情况。正是他的以变应变，才造就了他的功业。

无论我们身处逆境还是顺境，都要有一种积极健康的人生态度，学会应变便是其中之一。

在社会中寻求发展，形势的变化也相当复杂。要想做到积极应变，除了要顺应时代的潮流之外，还应当根据对手情况的变化而变化，也就是说“敌变我变”。

“敌变我变”是人们适应形势发展、不断调整自己思想与行为的基本策略。所谓“敌”不一定就是敌人，而是泛指对手、环境等，比如个人所存在的环境，生意人的行情，企业、厂家的同行等。因为大家都在求生存、求发展，都在想新招、出新点子。因此，时移则势易，势易则情变，情变则法不同，顺理成章。

生活中的你，如果还没有走向成功，那么不妨问问自己，你是否经常省察时代和自身呢？学会随时随地变化，将对你的人生产生至关重要的作用。

4. 庄子，我思我何在？

昔者庄周梦为胡蝶，栩栩然胡蝶也，自喻适志与，不知周也。俄然觉，则蘧蘧然周也。不知周之梦为胡蝶与？胡蝶之梦为周与？

——《庄子·齐物论》

“过去庄周梦见自己变成蝴蝶，欣然自得地飞舞着的一只蝴蝶，感到多么愉快和惬意啊！不知道自己原本是庄周。突然间醒来，惊惶不定之间方知原来是我庄周。不知是庄周梦中变成蝴蝶呢，还是蝴蝶梦见自己变成庄周呢？”

庄子说，我在哪里呢？这就是庄子，一个连自己的存在都不停追问的哲人。

庄子是一个很有怀疑精神的人，纵观《庄子》全书，到处充满庄子的奇谈怪论，到处都是他的精彩提问，到处都给人以智慧的启迪。我们在现实生活中，一定不要做一名人云亦云的追随者，而要时刻拥有一颗怀疑的心，这样一个人才能在生活中拥有一颗明智的慧眼，清明的心灵；才能不断获得智慧的启迪，不至于活得浑浑噩噩。

我国研究哲学的名家周国平曾说：“我偏爱具有怀疑论倾向的哲学家，例如笛卡儿、休谟，因为他们教我对一切貌似客观的绝对真理体系怀着戒心。”不错，笛卡儿和休谟已然成为怀疑精神的代名词。笛卡儿的哲学名言“我思故我在”更是成为名扬世界的怀疑精神的代名词。

笛卡儿生活的时代是新旧知识更迭的时代，他的哲学历程是一个异常艰难的历程。那时经院哲学体系正在衰落，新哲学体系的大厦尚未奠基，很需要有一个天才来开创近代哲学，而这个人正是笛卡儿自己。

他把哲学重新建立在思维的问题上，他的哲学追求的起点是对人类认知能力最根本、最彻底的怀疑。“一切迄今我以为最接近于真实的东西都来自感觉和对感觉的传达。但是，我发现，这些东西常常欺骗我们。因此，唯一明智的是再也不完全信赖那些哪怕仅仅欺骗过我们一次的东西。”然而仅仅这样是不足以建立哲学的基本原理的，寻找无可置疑的真理需要对一切知识和观念都采取普遍怀疑的态度，所以笛卡儿说：“如果我想要在科学上建立起某种坚定可靠、经久不变的东西的话，我就非得在我有生之日认真地把我历来信以为真的一切见解统统清除出去，再从根本上重新开始。”

周围的世界、我们的身体和数学观念在笛卡儿看来都属于可疑之列。在一种普遍怀疑之中，笛卡儿肯定了怀疑唯一不能怀疑的是自身——怀疑自身。笛卡儿认为“我在怀疑”之所以不能怀疑，是因为“我”对“我在怀疑”的怀疑恰恰证实了“我在怀疑”的真实性，也就是说怀疑必然有一个怀疑者在怀疑，否则“我在怀疑”无法进行，由此笛卡儿得出结论“我思故我在”。

怀疑精神是人进步的前提，是人获得幸福的一条康庄大路，一个科学家，只有具有怀疑精神，才能有所发现，有所发明；一个作家，只有具有怀疑精神，才能创造出全新的文学作品；一个普通商人，只有具有怀疑精神，才能找到生活中的财源；一个学生，只有具有怀疑精神，才能更好地掌握知识，更快地成才。由此可见，怀疑精神是成就一切的基础。

我们不妨再看一看庄子，他怀疑世间的每件事物，才能给予我们以这么深刻的启示。学会庄子的这种方法，而不仅仅记住他讲的故事，才是对我们最有益的。

5. 不断创新才是生命的本质

吐故纳新。

——《庄子·刻意》

“吐故纳新”是一个耳熟能详的成语，该成语就出自《庄子》一书，原指人体呼吸上的新陈代谢，后成为道家一种养生方法。现比喻扬弃旧的、不好的，吸收新的、好的。蔡元培先生认为庄子要求我们不要用僵化的目光去看待万物，也就是说万物是不断变化的，如果你一直停留在陈规旧习之中，就会目光僵化，被万物所淘汰。结合现实来说，我们可以得出这样一个结论，每个人在瞬息万变的世界中必须保持创新的意识，如果一个人始终停留在原来的自我中不求改变，那这个人必将会被社会所淘汰。

人最大的限制是脑海里的那个限制。循规守旧、一成不变是人性中的惰性所为。固守陈规让我们在既定的框架和模式中毫无作为。亚历山大就是敢于突破传统、打破常规，独辟蹊径地用简单的方法去解决看似复杂的问题，最终将困难化解于无形的人。

我们常常抱怨自己的生活黯淡无光、平淡无奇，那么，为什么还要去追寻陈旧的足迹呢？为什么不能用变化的眼光来看待生活中的悲与喜呢？眼光变了，这个世界也就变了。只有打破思维僵局，才能开启心门。

有这样一个故事：某个环境美化设计师喜好对称。他想在一个公园中种植 4 棵树，要求每一棵树离其他 3 棵树的距离都是相等的。

这个设计方案该怎么做呢？

通常，有人马上找到线索：让 3 棵树组成一个等边三角形，而另外一棵树处在这个三角形的中央。其实仔细想一想，就知道这个答案并不符合题意，因为 4 棵树相互之间的距离并不均等。

那么，到底该怎样安排这 4 棵树的布局呢？

或许可以将它们排成一个正方形，但是这也无法满足题目中的要求：4 棵树相互间的距离必须是相等的。那么将它们排成一排也不行。至此，在思维的原野上终于看到了一线光明，一个平面上栽种 4 棵树，无论怎样排列，都是无法满足题意的，思维的突破方向就是要打破平面这个自设的障碍。

新线索找到了，答案也就水到渠成了：让其中 3 棵树组成一个等边三角形，另外一棵树则种植在中间隆起的小山坡上。

这就是创新，它无时无刻不在我们周围发生。著名作家茅盾曾说过："从创新中得美。"创新是存在于世间的一种美丽的奇迹，它能化腐朽为神奇，变荒漠为绿洲，变沧海为桑田。创新是人类特有的素质，是人生的境界得以提升的一大要素。拥有创新能力的人，就会美丽如天神，他的思维就会焕发出灿烂的光辉。正如法国作家罗曼·罗兰所说的那样，"一切生命的意义就在于此——在于创造的刺激"。

对于想成功的人来说，必须明白，人们为了取得对尚未认识的事物的认识，总要探索前人没有运用过的思维方法，寻求没有先例的办法和措施去分析、认识事物，获得新的认识和方法，从而锻炼和提高人的认识能力。

在实践过程中，运用创新思维，提出一个又一个新的观念，形成一种又一种新的理论，做出一次又一次新的发明和创造，都将不断地提高一个人成就大业的能力。

成功的可贵之处在于创新思维。一个成大事的人只有通过创新，才能体会到人生的真正价值和真正幸福，并激励自己以更大的热情去继续从事创新性实践活动，实现人生的更大价值。

这就是《庄子》，它其中很多精华的内容并不是由外表的文字反映出来的，因此，阅读庄子，更是一种思考的过程，思考越深入，得到的越多。

第十一讲
陈鼓应：以柔的状态进入刚的境界

故君子不得已而临莅天下，莫若无为。无为也，而后安其性命之情。

——《庄子·在宥》

夫虚静恬淡寂漠无为者，万物之本也。

——《庄子·天道》

庄子认为，在世网之中，要赴之以“游”的心怀，不被名位所动。而且，和这样乖谬的统治者相处，态度应该是：“能够接纳你的意见就说，不能接纳你的意见就不说。”不必逞一时之气，强使其接纳。

——陈鼓应《庄子浅说》

1. 行走世间，必学“脚法”

孔子曰：凡人心险于山川，难于知天。天犹有春秋冬夏旦暮之期，人者厚貌深情。故有貌愿而益，有长若不肖，有慎儇而达，有坚而缦，有缓而焊。

——《庄子·列御寇》

为善无近名，为恶无近刑。缘督以为经，可以保身，可以全生，可以养亲，可以尽年。

——《庄子·养生主》

陈鼓应先生认为，《人间世》首先说尽了人世的艰难。其所以艰难，乃因世间的混浊，而混浊当然是由统治阶层所造成的。于是，庄子假借孔子和颜回师生两人的对话，揭露了当时统治者的黑暗面，如，统治者的一意孤行（“轻用其国，而不见其过”）；视民如草芥（“轻用民死，死者以国量，乎泽若焦”）和只要贤能的臣子有爱民的表现，就会招忌而猝遭陷害（“修其身以下伛拊人之民，以下拂其上者也，故人君因其修以挤之”）。

世路难行，一个人在初涉世事的时候，必须学会行走世间的“脚法”，否则，你将寸步难行。

有一个故事这样说：

有一头野猪，从一出生就被关在一个山洞里喂养。它的妈妈十分宠爱它，平常舍不得放它出去锻炼锻炼，直到野猪长大了，牙齿长得又长又尖，妈妈才放它出山洞，让它去自谋生路。因而这头野猪直到出山洞时，还不知道别的动物是什么长相，又都有些什么本事。

这只刚出道的野猪，刚开始碰到的恰好都是些力气比它小的动物，理所当然地这些小动物也就成了野猪的“阶下囚”，野猪为此洋洋得意，它错误地认为这世上所有的动物都不如它。

隔了几天，这只野猪碰见了一只狼，它扑上去就把狼咬死了，这一下，野猪更加得意、更加自信，行为也就更加放肆。随后它看见鹿，又扑上去乱咬一气，鹿挣扎了几下，就死于野猪的“钢牙”

下。野猪的自信心上升到了极点，它决定要凭着自己的本领“雄霸天下”。

一天，这只野猪正在森林里散步，一头大象走了过来，野猪自言自语地说：“这家伙个头儿真大，但看样子并不灵活，我要在它面前显示一下我的力量，征服它，让它以后听从我的指挥。”野猪带着必胜的信心，毫不犹豫地朝大象冲了过去。

大象毫不惊慌，它伸出长长的鼻子把野猪卷了起来，高高举起，然后狠狠地摔到地上，几脚就把这只狂妄自大的野猪踩死了。

这头野猪之所以惨死，就因为它对世路的难行认识得不够，最终栽倒在半途之中。

在《庄子》一书中，庄子假托颜回前后提出了3种对应的态度：一是“端虚勉一”——外貌端肃而内心谦虚，勉力行事而意志专一；二是“内直外曲”——心里耿直而外表恭敬；三是“成而上比”——谏诤时引用古人的成语。可是，庄子又借孔子的嘴，肯定统治者是积重难返，不可感化的！孔子乂提出要“心斋”。“心斋”之道，乃要人做到“虚”——不要对外界的东西耿耿于怀，要能泰然处之。达到这种心境以后，才可进一步谈处世之道的要诀：若能入游其樊，而无感其名，入则鸣，不入则止……绝迹易，无行地难。

因此，一个人若想在这个世间走得更顺畅，更完美，必须学会“端虚勉一”、“内直外曲”、“成而上比”，更应该学会“心斋”，这样不但能保全自己，更能达到游世的境界。

庄子只是为我们提供了一种在人世生存的可能的途径，无论如何，一个人必须学会怎样做人，才能在这个艰难的世间立于不败之地。

2. 庄子的“护己学”

吴王浮于江，登乎狙之山，众狙见之，恂然弃而走，逃于深蓁。有一狙焉，委蛇攫搔，见巧乎王。王射之，敏给搏捷矢。王命相者趋射之，狙执死。王顾谓其友颜不疑曰："之狙也，伐其巧、恃其便以敖予，以至此殛也。戒之哉！嗟乎！无以汝色骄人哉！”颜不疑归而师董梧，以锄其色，去乐辞显，三年而国人称之。

——《庄子·徐无鬼》

《庄子》杂篇《徐无鬼》中有这样一则寓言：

吴王渡过长江，登上猕猴聚居的山岭。猴群看见吴王打猎的队伍，惊惶地四散奔逃，躲进了荆棘丛林的深处。有一只猴子留下了，它从容不迫地腾身而起抓住树枝跳来跳去，在吴王面前显示它的灵巧。吴王用箭射它，他敏捷地接过飞速射来的利箭。吴王命令左右随从打猎的人一起上前射箭，猴子躲避不及抱树而死。

吴王回身对他的朋友颜不疑说：“这只猴子夸耀它的灵巧，仗恃它的便捷而蔑视于我，以至受到这样的惩罚而死去！要以此为戒啊！唉，不要用傲气对待他人啊！”颜不疑回来后便拜贤士董梧为师，以铲除自己的傲气，弃绝淫乐，辞别尊显，三年以后，全国的人个个都称赞他。

猴子之所以有那样的悲惨结局，原因就在于它太喜欢在众人面前夸耀自己。所以颜不疑深有感触，回去拜师学艺，三年之后，获得“国人称之”的成果。

为人处世，必须学会收敛自己，收敛锋芒才能更好地保护自己。因为你的优势往往成为你致命的弱点，学会收敛锋芒，才是保护自己的最佳方法。

唐朝诗人刘禹锡，学富五车，为人爽直，但有时做人不够圆通，惹来不少麻烦。

当时有个风俗，举子在考试前都要将自己的得意之作送给朝廷有名望的官员，请他们看后为自己说几句好话，以提高自己的声誉，称之为“行卷”。襄甲有位才子牛僧孺这年到京城赴试，便带着自己的得意之作，来见很有名望的刘禹锡。刘禹锡很客气地招待了他。听说他来行卷，便打开他的大作，毫不客气地当面修改他的文章。不料，牛僧孺是个非常自负的人，从此便记恨于心。后来，由于政治上的原因，刘禹锡仕途一直不很得意，到牛僧孺成为唐朝宰相时，刘禹锡还只是个小小的地方官。

一次偶然的机会，刘禹锡与牛僧孺相遇在官道上，两个人便一起投店，喝酒畅谈。酒酣之际，牛写下一首诗，其中有“莫嫌恃酒轻言语，憎把文章逼后尘”之语，显然是对当年刘禹锡当面改其大作一事耿耿于怀。刘见诗大惊，方悟前事，赶紧和诗一首，以示悔意，才解前怨。

刘禹锡后来感叹道：“我当年一心一意想扶植后人，谁料适得其反，差点惹来大祸。”

刘禹锡当初的心直口快，倒成为自己日后惨痛遭遇的祸根，他是用了几十年的教训才得以参透这门学问的啊。

在《庄子·山木》中，庄子向我们讲述了这样一则故事：

庄子行走于山中，看见一棵大树枝叶十分茂盛，伐木的人停留在树旁却不去动手砍伐。问他们是什么原因，说：“没有什么用处。”庄子说：“这棵树就是因为不成材而能够终享天年啊！”庄子走出山来，留宿在朋友家中。朋友高兴，叫童仆杀鹅款待他。童仆问主人：“一只能叫，一只不能叫，请问杀哪一只呢？”主人说：“杀那只不能叫的。”第二天，弟子问庄子：“昨日遇见山中的大树，因为不成材而能终享天年，如今主人的鹅，因为不成材而被杀掉，先生你将怎样看待呢？”

庄子笑道：“我将处于成材与不成材之间。处于成材与不成材之间，好像合于大道却并非真正与大道相合，所以这样还不能免于拘束与劳累。假如能顺应自然而自由自在地游乐就不是这样。没有赞誉没有诋毁，时而像龙一样腾飞，时而像蛇一样蛰伏，跟随时间的推移而变化，而不愿偏滞于某一方面；时而进取，时而退缩，一切以顺和作为度量，优游自得地生活在万物的初始状态，役使外物，却不被外物所役使，那么，怎么会受到外物的拘束和劳累呢？这就是神农、黄帝的处世原则。至于说到万物的真情，人类的传习，就不是这样的。有聚合也就有离析，有成功也就有毁败；棱角锐利就会受到挫折，尊显就会受到倾覆，有为就会受到亏损，贤能就会受到谋算，而无能也会受到欺侮，怎么可以一定要偏滞于某一方面呢！可悲啊！弟子们记住了，恐怕还只有归向于自然吧！”

3. 由来才命两相妨

汝不知夫螳螂乎，怒其臂以当车辙，不知其不胜任也，是其才之美者也。

——《庄子·人间世》

庖丁解牛虽然近于神乎其技，可是他每次碰上筋骨交错的地方，就特别小心谨慎。在《人间世》内，庄子也一再提醒人不要像“志大才疏”的螳螂一样，自恃本事大，“怒其臂以当车辙”，结果遭殃的还是自己。其实，那只螳螂还是有一定的才华的，但是，他太狂妄，太不知道自敛，太喜欢卖弄自己，最终死于非命。

唐代诗人杜牧的一首诗说得好：“中路因循我所长，由来才命两相妨，劝君莫更添蛇足，一盏醇醪不得尝。”

一个人，特别是一个很有才华的人，往往会招致别人的嫉恨。那些阴险的小人为了自己的切身利益，往往会想尽各种办法谋害才华横溢的人。因此，一个人，即使很有才华，也不要让自己的才华太外露，不然就将会使自己陷入不利的处境，甚至丢掉性命。在这个社会中，一个人需要崭露锋芒是正常的，但应认清形势，不要不分场合、地点及其他客观形式，一味锋芒毕露，要懂得适时隐藏。不凡是一种高雅的境界，但如果总是自命不凡，就是一种孤立自己的愚蠢行为。

东汉末期祢衡的遭遇最能说明“才”对“命”的负面作用。

祢衡年少才高，目空一切。建安初年，二十出头的祢衡初到许昌。当时许昌是汉王朝的都城，名流云集，司空掾、陈群、司马朗、赵稚长等人都是当世名士。有人劝祢衡结交陈群、司马朗。祢衡说：“我怎能跟杀猪、卖酒的在一起？”劝其参拜赵稚长，他回答道：“荀某白长一副好相貌，如果吊丧，可借他的面孔用一下；赵某是酒囊饭袋，只好叫他看厨房了。”这位才子唯独与少府孔融、主簿杨修意气相投，对人说：“孔文举是我大儿，杨德祖是我小儿，其余碌碌之辈，不值一提。”由此可见他是何等狂傲。

献帝年间，孔融上书荐举祢衡，大将军曹操有召见之意。祢衡看不起曹操，抱病不往，还口出不逊之言。曹操后来给他封了个击鼓小吏的官，借以羞辱他。一天，曹操大会宾客，命祢衡穿戴鼓吏衣帽当众击鼓为乐，祢衡竟在大庭广众之下脱光衣服，赤身露体，使宾主讨了个没趣。

曹操恨祢衡入骨，但又不愿因杀他而坏了自己的名声，便把祢衡送给荆州的刘表。祢衡替刘表掌管文书，颇为卖力，但不久便因倨傲无礼而得罪众人。刘表也聪明，把他打发到江夏太守黄祖那里去。祢衡为黄祖掌书记，起初干得也不错，后来黄祖在战船上设宴，祢衡说话无礼受到黄祖呵斥，祢衡竟顶嘴对骂。黄祖性子急，盛怒之下把他杀了。其时，祢衡仅 26 岁。“由来才命两相妨”，祢衡文才颇高，他恃一点文墨才气便轻看天下。殊不知，一介文人，在世上并非有什么不得了，赏则如宝，不赏则如败履，不足左右他人也。祢衡似乎不知道这些，他孤身居于权柄高握之虎狼群中，不知自保，反而放浪形骸，无端冲撞权势人物，最后因狂纵而被人杀害。

人常常因自己的才华而狂妄自大，喜欢处处崭露锋芒。然而，霜打露头草，枪打出头鸟。一个人即使是天才，若丝毫不懂收敛，必将成为别人斗争的对象，由此为自己带来不必要的麻烦。心直口快有时往往陷自己于不利之地。

在生活中，人们可以容忍平庸的大多数，却常把少数优秀者视为异己。“木秀于林，风必摧之”，反映的就是一种阴暗的人性。也许你会有委屈，会心有不甘，但这却是被无数次证明了的道理。事实一次又一次地告诉我们，你可以优秀，但不可以总出风头。优秀的品质可以为你赢得别人的敬佩与羡慕，但是，如果你不懂得韬光养晦之道，你的优秀反倒成了别人嫉妒的根源。如果你成为众矢之的，恐怕你的单薄之身将难以招架。

世事如庭前花，花开亦有花落，趋炎虽暖，但暖后会更觉严寒之威。古人云："勿睹天际彩云，常疑好事皆虚事；再观山中古木，方信闲人是福人。"木秀于林，风必摧之，斧必伐之，只有藏于深山之中，自生自长，无人利用，最后倒成了一株珍稀的古木。学会隐藏自己的才华，学会保护自己，就能少一些人间的伤害，多一分悠然的心情。楚王请庄子做官，庄子推辞不去，正说明他对"木秀于林"的理解是多么深刻。

4."宁为瓦全"才是上策

且鸟高飞以避缯弋之害，鼷鼠深穴乎神丘之下，以避薰凿之患。

——《庄子·应帝王》

《庄子·人间世》中让我们领略了世路难行，一个人在这个社会上生存，往往要面对各种各样的人群，争强好胜正是祸患的起源，从某种意义上说，"退一步"不是胆怯与懦弱，它会带给你"海阔天空"的境界。

"退一步海阔天空"，很多人都知道这个道理，可又有几人能将其真正实践？争强好胜的斗争本性使我们总想与对方一决高低，谁也不愿后退一步，认为后退是懦弱，是胆怯。可不恰当的争强好胜又能带给我们什么呢？只能是两败俱伤。当事情发展到紧急关头时，我们该怎么办？"杀身成仁"是儒家的选择，但庄子教给我们的是另外一种智慧，即"宁为瓦全"才是做人的上策。

蔡锷早年留学日本，回国后参加编练新军。1911年初至云南，任新军第十九镇三十七协协统，与同盟会会员多有联络。武昌起义后，与李根源等发动新军起义，初任总指挥和云南军政府都督兼民政长，曾协助贵州和四川进行护国独立运动。民国初年参与组织统一共和党，并对省政有所兴革。

袁世凯镇压了革命党人的“二次革命”之后，开始做起了皇帝梦，要在中国恢复帝制。他复辟帝制的倒行逆施激起了全国人民的无比愤慨，全国人民群起讨伐。其中最早举行大规模武装讨伐的就是蔡锷等领导的护国起义军。为了组织和发动这场倒袁的起义斗争，蔡锷与袁世凯斗智斗勇，充分体现了他在处世上的韬晦谋略。

二次革命期间，蔡锷对交战双方表示中立，还曾拟联合黔、桂两省作为中间人，主张两方停战，凭据法理解决。对蔡锷的这些举动，袁世凯深为嫉恨，就将蔡锷召入北京，实际上是牵虎入笼。

蔡锷明白袁世凯的意图，自从入京以后，他自敛锋芒。

袁世凯依然不放心，想把蔡锷困在京城，便委蔡锷以“重任”，先任将军府将军，再任全国经界局督办，并选为政院参政。

蔡锷不动声色，这样一来，倒弄得袁世凯莫名其妙。

一日，袁世凯召蔡锷到总统府，议论恢复帝制一事。蔡锷道：“我原先是赞成共和的，但是二次革命以后我才知道，这么大的中国，没有一个皇帝是统治不住的。现在总统有这个意向，那是太好了，我第一个表示赞成。”

狡猾的袁世凯反问道：“你说的当真吗？为什么南京、江西变乱时，你却要做调解人，帮他们讲话呢？”

蔡锷立即回答道：“此一时、彼一时，那时我远驻云南，离北京太远，长江一带又多是国民党势力范围，恐投鼠忌器，不得不违心地做中间人，还请总统原谅。”

蔡锷解释得合情合理，袁世凯听了，十分满意。

从此以后，蔡锷为了保全自身便主动与那些为帝制摇旗呐喊的大小人物打成一片，宣扬帝制。

一天，蔡锷与一帮乌合之众又谈起帝制。蔡锷附和道：“共和两字，并非不良，但我国国情、人情，却不适合共和。”

宣扬帝制的筹安会的大头目杨度立刻应道：“蔡锷兄，你今日方知‘共和’二字的利害吗？”

蔡锷不敢怠慢，赶紧道：“俗话说得好：‘事非经过不知难。’杨大人还不肯谅解蔡某人吗？”

杨度不甘罢休道：“你是梁启超的高足，他最近做了一篇文章驳斥帝制，你却来赞成帝制，岂不是背师叛道吗？”

蔡锷笑道：“师生也是人各有志。以前杨大人与梁启超同是保皇派的，为什么他驳斥帝制，你偏又办起筹安会？今天你诘责我，我倒要问问老兄，谁是谁非？”杨度讨了个没趣。

杨度不甘心，红着脸拿出一张纸，递给蔡锷道：“你既然赞成帝制，就应该参加请愿，何不签个大名？”

蔡锷十分爽快：“我在总统面前已请过愿了，我签个名儿，有何不可？”遂提起毛笔，信手一挥。

大家见他这般爽直，疑心荡然无存，个个拍手叫好。

而此时，蔡锷正寻找着虎口脱身的机会。

为了能让袁世凯消除对他的疑心，蔡锷脱掉他那身戎装，去妓院寻花问柳。想不到，蔡锷在妓院结识了有胆有识、闻名京城的小凤仙。

为了把戏演得更真，蔡锷特地让小凤仙备了一桌酒菜，邀请了袁世凯的爪牙喝酒。几杯酒过后，蔡锷扬言要与妻子离婚，娶小凤仙为妻。那些人对蔡锷深信不疑，纷纷报告袁世凯。

再看蔡锷，整天在小凤仙那儿转来转去，一副神魂颠倒的模样。

为了让袁世凯彻底放松警惕，蔡锷与夫人上演了一场假离婚风波。

一日清晨，蔡锷趁袁世凯还没有起身就赶到总统府，要求见袁世凯，待侍官说总统未起，他又故作懊恼状道："总统起来后，请立即打电话给我。"说完便回家去了。

袁世凯起来之后，听说蔡将军在家中与夫人殴打，摔坏了好多东西。袁世凯立即派人前去调解。只见蔡夫人披头散发、泪流满面地躺在地上，被摔坏的东西乱七八糟散了一地。蔡锷在一旁自顾自地骂着。袁世凯的手下进行了一番劝解，蔡锷似火上浇油，骂得更凶。哪知蔡夫人也是毫不示弱，当即回娘家去了。

袁世凯闻之，终于彻底放心，与儿子袁克定道："我看蔡锷有才有干，可办大事，谁知他尚不能治家呢！我可高枕无忧了。"

蔡锷见袁世凯放松了对他的监视，于是暗中与梁启超策划反袁，寻机脱身。

1915 年 11 月初，蔡锷以去天津看病为由，在小凤仙的巧妙配合之下，设法躲过了北洋警探的跟踪，绕道日本、台湾岛、香港、越南等地区，于 12 月 21 日偕同戴勘等人秘密到达昆明。

蔡锷终于虎口脱险，不久即和唐继尧组织护国军讨袁。

袁世凯生性狡猾，蔡锷蒙住了袁世凯的眼睛，保护了自己，而且以此求得了反击的机会和时间，一旦时机成熟，蔡锷便进行了反扑，完成了自己的护国运动。

生存之道，屈伸交替。软虫的收缩，是为了求得伸展；龙蛇的蛰伏，是为了保全自身。当你身处困境时，一定要先学会保全自己，因为只有性命存在，才有无限的发展可能。

5. 嘴巴闭关，舌头收箭

故法言曰："传其常情，无传其溢言，则几乎全。"

——《庄子·人间世》

道隐于小成，言隐于荣华。

——《庄子·齐物论》

在《人间世》一篇中有这样一段话："孔子说，外交官和翻译官在传达两方面意见的时候，'传其常情，无传其溢言'，即过分的话不能传，好坏都不能加一点，你能够做到这样，就能保全自己，也能够完成使命。"

这虽然是一段讲外交官修养，做外交哲学的话，但也同样告诉我们了做人的道理，应该怎么做，不应该怎么做。因此，管好自己的舌头，学会说话对于处世很重要。

徐文远是名门之后，他幼年跟随父亲被抓到了长安，那时候生活十分困难，难以自给。他勤奋好学，通读经书，后来官居隋朝的国子监博士，越王杨侗还请他担任祭酒一职。隋朝末年，洛阳一带发生了饥荒，徐文远只好外出打柴维持生计，凑巧碰上李密，于是被李密请进了自己的军队。李密曾是徐文远的学生，他请徐文远坐在朝南的上座，自己则率领手下兵士向他参拜行礼，请求他为自己效力。徐文远对李密说："如果将军你决心效仿伊尹、霍光，在危险之际辅佐皇室，那我虽然年迈，仍然希望能为你尽心尽力。但如果你要学王莽、董卓，在皇室遭遇危难的时刻，趁机篡位夺权，那我这个年迈体衰之人就不能帮你什么了。”李密答谢说：“我敬听您的教诲。”

后来李密战败，徐文远归属了王世充。王世充也曾是徐文远的学生，他见到徐文远十分高兴，赐给他锦衣玉食。徐文远每次见到王世充，总要十分谦恭地对他行礼。有人问他：“听说您对李密十分倨傲，对王世充却恭敬万分，这是为什么呢？”徐文远回答说：“李密是个谦谦君子，所以像郦生对待刘邦那样用狂傲的方式对待他，他也能够接受；王世充却是个阴险小人，即使是老朋友也可能会被他杀死，所以我必须小心谨慎地与他相处。我察看时机而采取相应的对策，难道不应该如此吗？”等到王世充也归顺唐朝后，徐文远又被任命为国子监博士，很受唐太宗李世民的重用。

徐文远之所以能在隋唐之际的乱世保全自己，屡被重用，就是因为他针对不同的人有不同的应对之法，懂得灵活处世，懂得管好自己的嘴巴。

到哪山唱哪歌。掌握说话的技巧，把话说活了，做事就能达到意想不到的效果。

愚者常常暴露出自己的愚昧，贤者却总是隐藏自己的知性。因为善于听取，往往是智慧的表现；而喜欢表现自我、喋喋不休的人，通常都是些傻瓜。请记住这么一句忠言：“假如你想活得更幸福、更快乐的话，就应该从鼻子里充分吸进新鲜空气，而始终关闭你的嘴巴。”

平常做人就是如此，你说过分的话，结果倒霉的是你。当你时时意识到这个问题，不说闲话也就成了一种习惯，并进而改变了自己的心态，从耻笑别人转为审视自己。

警惕自己的舌头，如同慎重地对待珍宝一样，使自己的舌头保持沉默，人生将会得到很大的好处。人之所以有两个耳朵、一张嘴巴，是为了让人多听少说，听的分量要有说的两倍。于是，那些懂得此理的人总是让人尊敬，而那些喋喋不休之人只能让人更厌恶。

6. 内直外曲≠胆小怕事

然则我内直而外曲，成而上比。

——《庄子·人间世》

在《人间世》一篇中，庄子假托孔子与其弟子颜回对话来讲述为人处世的道理。

颜回被孔子当场一骂，有点领悟了，说道："然则我内直而外曲，成而上比。"

内直外曲，这是颜回所能想到的一种折中的方法，意思是一个人的内心中自有自己坚持的方正原则，但是在外表上却可以圆滑一点。这样既能保全自己，也能完成自己想要做的事，不失为一种高超的做人方法。虽然颜回所说的这种方法最后还是被孔子否决了，但是，在现实生活中，如果一个人能够真正做到"内直外曲"，就能够很好地处理人际关系，立于不败之地。

在《资治通鉴》中有这样一个故事：

魏王攻陷了一座城池，大宴群臣。宴席之上，魏王问文武百官："你们说我是明君呢，还是昏君呢？"百官多是趋炎附势之徒，纷纷说:“大王是一代明君。”正当魏王飘飘然时，问到任座，正直的任座却说:“大王是昏君。”魏王如被泼了一盆冷水，问:“何以见得？”任座说:“大王取得了城池，没有按顺序分给您的弟弟，而是分给了您的儿子，可见您是昏君。”魏王恼羞成怒，令手下把任座赶了出去，听候发落。接着问下一个臣子，这位大臣说:“大王是明君。”魏王心中暗喜，忙问:“何以见得？”这位大臣说:“臣曾听说明君手下多出直臣。现在大王手下有像任座这样的直臣，可见大王是明君！”听罢，魏王赶快把任座重新请进来赴宴。

故事中，那些趋炎附势的大臣说魏王是明君，完全是出于保全自己与升官发财的私心，是圆滑，起到的作用只能是使魏王更加昏庸。任座敢于不畏权势，直言进谏，非常了不起，可是因为不能包容魏王作为君王的颜面心理，不但没起到作用，反而被赶出去。而后一位大臣显然有更大的智慧。他心里能够明辨是非，非常清楚魏王是昏君，但为了使魏王能够纳谏，他顺从了魏王的心态，先说他是明君。因为这位大臣的本意是为了帮助魏王的，所以他说出这句话与那些趋炎附势之徒有本质区别，起到的作用也就不同。然后他在解释中婉转地告诉了魏王他就是个昏君，明君应该如何做。结果起到的作用不但使魏王纠正了昏君的所为，而且还解救了任座。

这位大臣对问题的认识已经跳出了事情表面的真与假，而更看重要使其人其事向什么方向去发展。他并不急于宣泄自己的认识，而是考虑到对方的接受能力。虽然魏王当时不是明君，但这位大臣说他是明君，并告诉他明君是什么样，就把对的东西、明君的作为在魏王面前确立了下来，起到了劝善的作用，引发了魏王真正向善的心，于是魏王自然就变好了。这也就是圆容的力量。

古代的钱币总是内方外圆。就像钱币一样，一个人也必须秉持这种做人的原则。方在内圆在外，“内”表示我们自己的内心，“外”表示我们待人接物为人处世；外圆表示我们为人处世要圆融一些、方便别人，而我们自己要有原则，但原则在内心中，不必处处示人。此外内方外圆也表示刚柔相济、内刚外柔的处世哲学。若是方在外，必然处处碰壁，因为棱角分明必然会与周围人发生摩擦、是非、碰撞。

内直外曲，并不是胆小怕事，而是面对这个世界的尖锐时不得不用的一种智慧。

7. 进亦乐，退亦乐

以刑为体，以礼为翼，以知为时，以德为循。

——《庄子·大宗师》

“以刑为体，以礼为翼”，这两句的意思合起来就是，仅仅自己管理得很严格是不够的，必须要了解“礼”的精神。即一个人应做到随时随地没有杂念，没有恶念，没有妄念，无论何时何地都抱着虔诚恭敬的态度待人接物，不管做什么，都对自己很严谨，慎独自敬，自尊自重。

看起来他好像在想什么东西一样，但实际上没有想，因为他随时在入定的状态。人的心境做到了永远在定中，在清静无为的状态中，根本不需要自己管理自己，不需要像刑法一样来管理自己的念头。所以，光是“以刑为体”还不够，还必须“以礼为翼”，以真正的定慧精神辅助自己，才能学会处世之道。

"知"即智慧的成就，"以知为时"引用《易经·系辞》中所讲的"进退存亡之机"来讲，一个人，天下大事也好，个人做事也罢，要了解自己什么时候该进一步，什么时候该退一步，随时随地知道自处之道。"以德为循"，随时在道德的行为上，知道自己人生的方向和路径。

人贵自知，进退自如，方能智慧处世。你是谁？你在做什么？你要如何生活？你希望达到什么高度？"这世界退立一方，让任何知道自己要往何处的人通过"，人生犹如一张地图，必须找到目前你所在的准确位置并确定最终的目的地所在，才能描绘出一道清晰的生命轨迹。

面对人生的波澜，应做到"猝然临之而不惊，无故加之而不怒"。但是，很多人通常陷入人生的陷阱，不能自拔，仿佛可怜的北极熊，因嗜血的习性，因不知进退，而成为别人手中的猎物。

金熙宗天眷二年（1139年），石琚考中进士，任邢台县令。当时官场腐败，贪污成风，邢台守吏更是贪婪恶暴，强夺民财。在此环境之下，石琚却保持着清醒的头脑，他不仅不贪不占，还多次告诫别人不要贪取不义之财，他常对人说："君子求财，取之有道，怎么能利令智昏，干下不仁不义之事呢？人们都知钱财的妙处，却不闻不问不义之财所带来的隐患，这是许多人最后遭祸的根源啊。"

有人对石琚的劝告置之一笑，还嘲笑他说："世事如此，你一个人能改变得了吗？你的这些高论说来动听，实际上却全无用处，你何苦自守清贫，不识时务呢？要知无财才是大祸，你身在祸中，尚且不知，岂不遭人耻笑？切不可再言此事了。"

石琚又气又怒，他当面对邢台守吏规劝说："一个人到了见利不见害的地步，他就要大祸临头了。你敛财无度，不计利害，自以为计，在我看来却是愚蠢至极。回头是岸，我实不忍见到你东窗事发的那一天。”

邢台守吏拒不认错，私下竟反咬一口，向朝廷上书诬陷他贪赃枉法。结果，邢台守吏终因贪污受到严惩，其他违法官吏也一一治罪，石琚因清廉无私，虽多受诬陷却平安无事。

石琚官职屡屡升迁，有人便私下向他讨教升官的秘诀，石琚总是一笑说：“我不想升迁，凡事凭良心无私，这个人人都能做到，只是他们不屑做罢了。”

来讨教的人不信此说，认为石琚是在敷衍自己，心怀怨气，石琚见此又是一笑道：“人们过分相信智慧之说，却轻视不用智慧的功效，这就是所谓的偏见吧。”

金世宗时，世宗任命石琚为参知政事，万不想石琚却百般推辞，金世宗十分惊异，私下对他说：“如此高位，人人朝思暮想，你却不思谢恩，这是何故？”

石琚以才德不堪作答，金世宗仍不改初衷。石琚的亲朋好友力劝石琚，他们惶急道：“这是天下的喜事，只有傻瓜才会避之再三。你一生聪明过人，怎会这样愚钝呢？万一惹恼了皇上，我们家族都要受到牵连，天下人更会笑你不识好歹。”

石琚面对责难，一言不发。他见众亲友喋喋不休，最后长叹说：“俗话说，身不由己，看来我是不能坚持己见了。”

石琚无奈接受了朝廷的任命，私下却对妻子忧虑地说：“树大招风，位高多难，我是担心无妄之灾啊。”

他的妻子不以为然，说道：“你不贪不占，正义无私，皇上又宠信于你，你还怕什么呢？”

石琚苦笑道：“身处高位，便是众矢之的，无端被害者比比皆是，岂是有罪与无罪那么简单？再说皇上的宠信也是多变的，看不透这一点，就是不智啊。”

石琚在任太子少师之时，曾奏请皇上让太子熟习政事，嫉恨他的人便就此事攻击他别有用心，想借此赢取太子的恩宠。金世宗听后十分生气，后细心观察，才认定石琚不是这样的人。

金世宗把别人诬陷他的话对石琚说了，石琚所受的震撼十分强烈，他趁此坚辞太子少师之位，再不敢轻易进言。

大定十八年，石琚升任右丞相，位极人臣，前来贺喜的人络绎不绝。石琚表面上虚与委蛇，私下却决心辞官归居。他开导不解的家人故旧说：“我一生勤勉，所幸得此高位，这都是皇上的恩典，心愿已足。人生在世，祸在当止不止。”

他一次又一次地上书辞官，金世宗见挽留不住，只好答应了他的请求。世人对此事议论纷纷，金世宗却感叹说：“石琚大智若愚，这样的大才天下再无二人了，凡夫俗子怎知他的心意呢？”

石琚可谓深谙进退之道，能进能退，把握得极其有度，所以才能在官场混迹多年而屹然不倒。

唐朝一位名叫布袋和尚的僧人写过这样一首诗：

手把青秧插满田，低头便见水中天。

心地清净方为道，退步原来是向前。

这首诗告诉我们：从近处可以看到远处，退步也可以当做进步。常人有一种倾向，看高不看低，求远不求近。譬如，某人学问比我渊博，就尊重他；某人钱财比我富足，就巴结他。如果此人条件比我差，就不予理会，却不知道“登高必自卑，行远必自迩”的道理。禅师们观看这个世界与常人就有显著的不同，譬如诗中说“低头便见水中天”，就是要我们虚怀若谷低下头来，才能真正地认识自己，认识世界。

一般人总以为人生向前走，才是进步风光的，而这首诗却告诉我们退步也是向前的，退步的人更是向前，更是风光的。古人说“以退为进”，又说“万事无如退步好”，在功名富贵之前退让一步，是何等的安然自在！在人我是非之前忍耐三分，是何等的悠然自得！这种谦恭中的忍让才是真正的进步，这种时时照顾脚下，脚踏实地地向前才至真至贵。人生不能只是往前直冲，有的时候，若能退一步思量，所谓“回头是岸”，往往能有海阔天空的乐观场面出现。

世事如棋，一个人需要懂得进退的道理。一个只知道前进的人，往往会撞到一堵厚厚的墙，只有那些时不时后退一下，等待时机前进的人，才能抓住机会，保全自己。

8. 以柔的状态进入刚的境界

东海有鸟焉，其名曰意怠。其为鸟也，翂翂翐翐，而似无能；引援而飞，迫胁而栖；进不敢为前，退不敢为后；食不敢先尝，必取其绪。

——《庄子·山木》

《庄子·山木》中说有一种名叫“意怠”的鸟，总是挤在鸟群中苟生，飞行时不敢在前边，也不敢在后边；饮食不争先，只拣残剩食物，所以它既不受鸟群以外的东西伤害，也不引起鸟群中的排斥，保身远祸。倘若它要“意”不怠，肯定不会采取此种生存方式。

“守柔不争”在庄子这里，原意就是明哲保身，全身远祸。我们今天借用它，反其意而用之，用作“大度”讲，但同时我们也还要想到既谦下，又当仁不让，顺其自然，当柔则柔，该争则争。一味地“守柔”、谦下，不是虚伪，就是“窝囊废”。我们一面讲要做个“守柔不争”的谦下君子，一面也要提倡当仁不让。有竞争意识的人都很善于利用各种机会，毛遂自荐、自我推销，这就是当仁不让。不过当仁不让，不是“忽悠”，拿不出真招儿，在当仁不让时，也需要策略化、艺术化。这就是以柔克刚，不争则已，争则胜之。

一颗小火焰在温热的炉灰里隐隐地闪出几丝红光。它不想在瓦灰色的炉灰中无声无息地熄灭，就尽量往炉灰的深处钻，以减少身上能量的释放。

到了吃饭的时间，人们又把一些干树枝和劈柴塞进了渐渐冷却的炉子里。

火柴一划，盛着热汤的生铁锅底下冒出了火焰，快要熄灭的小火焰又复活了。

炉子里一下子又填进这么多干柴，火焰这下可高兴了。它越烧越旺，把不流动的空气渐渐地从炉子里赶出去。顽皮的火焰不停地逗着木柴玩耍，它淘气地跳上跳下，燃烧得更加起劲了。

火舌顽强地穿透劈柴，喷射出许多焰火似的小星星。厨房里的暗影快活地跳起舞来，不停地在地上转来转去。调皮的火焰兴高采烈地发出呼呼声，它努力想穿过炉盖跑出来。炉子很快就呜呜地响了起来，忽而活泼地吹几声口哨，忽而豪迈地发出一阵呼啸，歌儿唱得和谐而动听，使原来幽暗寒冷的厨房一下子变得既明亮又暖和了。

火焰看到劈柴已乖乖地听从自己的指挥和调度，就得意忘形起来，狂妄自大的念头胀满了它的脑子，它不愿再待在炉子里，只觉得这地方太小又太挤了，再也容不下它这个了不起的人物了。

于是，骄傲自大的火焰发出了吱吱的威胁声，它把刺眼的小火星狠狠地射向炉膛四壁，企图冲出那讨厌的炉膛，到外面去展现一下自己的本事和才能。火焰东冲西撞，好不容易找到了一个缝隙，它兴奋异常，趾高气扬地向外冲去。

结果是可想而知，狂妄自大的火焰化做一缕青烟，消失得无影无踪了。可怜的火焰至死也不明白，离开了劈柴的帮助，它将一事无成。

有时，我们就像这火焰一样，取得些许成就便狂妄自大起来，不自量力地认为自己无所不知、无所不能。殊不知，你能有这样的成就集结了多少人的力量与智慧。离开了他们的帮扶与协助，任你有三头六臂也断然是无法成功的。遗憾的是，我们往往在遭受了失败之后也无法明白这个道理。

“守柔不争”是修身的原则之一。为人不可气太盛，“老聃贵柔”，道家倡导“守柔不争”的“谦德”。并且用“意怠”鸟的生存方式解释这种“谦德”。《老子》书中说：“天之道，其犹张弓欤！高者抑之，下者举之；有余者损之，不足者补之。天之道，损有余而补不足。”天地宇宙对于谦下者总是采取保护措施的，而不是“丰有余损不足”。所谓“争则不足，让则有余”就是谦让的好处。如果大家都能做到“守柔不争”，在条件、名额、好处有限的情况下，事情就好办得多。即使那好处、名利真的理应属于你，因某种情况你没有得到，又能怎样？超脱一点，心胸开阔些，甚至甘愿承认自己是弱者，会死吗？不但不会，反而容易排解不快情绪，有益安定团结，也有利于养生。所以，要做到“守柔不争”，当个“谦谦君子”，就要把功名利禄看淡些。

人生在世，争的是什么？无非是争两样东西，一是争气，一是争利。争气，值得，但不可太盛；争利，不值得，也为人瞧不起。要守得住“柔”，就得像古人说得那样：“处利让利，处名让名。”名也好，利也罢，一切都不过是身外之物，生不带来，死不带走，索性就做个“赤条条来去无牵挂”的好汉，该有多潇洒。

第十二讲

冯友兰：相对幸福和绝对幸福

万物的自然本性不同，其自然能力也各不相同。可是有一点是共同的，就是在它们充分而自由地发挥其自然能力的时候，它们将是同等地幸福。《逍遥游》里讲了一个大鸟和小鸟的故事。两只鸟的能力完全不一样。大鸟能飞九万里，小鸟从这棵树飞不到那棵树。可是只要它们都做到了它们能做的，爱做的，它们都同样地幸福。

——冯友兰《中国哲学史》

大师简介：

冯友兰（1895—1990），字芝生，河南唐河人，著名的哲学家、哲学史家、教育家，曾以“三史（《中国哲学史》、《中国哲学简史》、《中国哲学史新编》）释今古，六书（《新理学》、《新事论》、《新世训》、《新原人》、《新原道》、《新知言》）纪贞元”总结了一生的学术成就。他继承和阐发了程朱理学的传统，重建了自己独特的哲学思想体系，自觉地运用了西方近现代哲学所取得的成就，对中国传统哲学进行发掘和阐述，在传统的基础上创建了新体系，推动中国哲学从传统进入现代，并面向世界，开创了中国传统哲学现代化的新局面，使中西哲学交融，为中国当代哲学的发展增添了新的篇章，在国内外享有盛誉，成为一代哲学宗师。他的主要论著收入《三松堂全集》。

1. 相对幸福和绝对幸福

马，蹄可以践霜雪，毛可以御风寒，龁草饮水，翘足而陆，此马之真性也。

——《庄子·马蹄》

冯友兰先生在《中国哲学简史》一书中这样解读《庄子》：

《庄子》第一篇题为《逍遥游》，这篇文章纯粹是一些解人疑惑的故事。这些故事所含的思想是，获得幸福有不同等级。自由发展我们的自然本性，可以使我们得到一种相对幸福，而绝对幸福是通过对事物的自然本性有更高一层的理解而得到的。

这些必要条件的第一条是自由发展我们的自然本性，为了实现这一条，必须充分自由发挥我们自然的能力，这种能力就是我们的“德”。我们的这个“德”，即自然能力，充分而自由地发挥了，也就是我们的自然本性充分而自由地发展了，这个时候我们就是幸福的。

从冯友兰的解析中我们可以看出，每一个人都可以获得幸福，只不过这幸福分为相对幸福和绝对幸福两种类型。怎样获得相对幸福呢？冯老这样说，只要我们充分而自由地发挥了我们的自然能力，也就是我们的自然本性充分而自由地发展了，这个时候我们就是幸福的。一个人生活在世间，只要不受外力的强迫，是自由的，能顺应自己的天性自由而充分地发展，就能获得相对幸福。

在《庄子·马蹄》篇开篇，就这样讲马：

马这种动物，蹄子可以用来践踏霜雪，毛可以用来抵御风寒，饿了吃草，渴了喝水，性起时扬起蹄脚奋力跳跃，这就是马的天性。即使有高台正殿，对马来说也没有什么用处。等到世上出了伯乐，说："我善于管理马。"于是用烧红的铁器灼炙马毛，用剪刀修剔马鬃，凿削马蹄甲，烙制马印记，用络头和绊绳来拴连它们，用马槽和马床来编排它们，这样一来马便死掉十分之二三了。饿了不给吃，渴了不给喝，让它们快速驱驰，让它们急骤奔跑，让它们步伐整齐，让它们行动划一，前有马口横木和马络装饰的限制，后有皮鞭和竹条的威逼，这样一来马就死了一半了。

一匹马，当它在天地之间自由驰骋，没有被人类驯化的时候，它就是幸福的，一旦有伯乐想要驯化它，那马就不会再有幸福了。没有被驯化的马的幸福就是冯友兰所说的相对幸福。

但冯友兰并没有停留在相对幸福的层次，他认为一个人还可以获得比相对幸福层次更高一层的幸福，那就是"绝对幸福"。怎样才能获得绝对幸福呢？

冯先生认为，道家思想还有另一个方向，它强调万物自然本性的相对性，以及人与宇宙的同一。要达到这种同一，人需要更高层次的知识和理解。由这种同一所得到的幸福才是真正的绝对幸福。

在《庄子·逍遥游》中，庄子讲了这样一个不食人间烟火的神仙。

在遥远的姑射山上，住着一位神人，皮肤润白像冰雪，体态柔美如处女，不食五谷，吸清风饮甘露，乘云气驾飞龙，遨游于四海之外。他的神情那么专注，使得世间万物不受病害，年年五谷丰登。

这样的神仙，正是冯友兰所说的得到了绝对幸福、绝对自由的人，也就是真正得“道”的人。

通过阅读《庄子》一书，我们就可以知道，庄子告诉我们，人生有相对幸福和绝对幸福。在这个世界上，一个人可能没有各种各样的权利，但每个人都有追求幸福的权利，每个人也都有幸福的可能，只要你愿意。幸福离你并不遥远，只要你能够顺应本性去生活，少一些机巧之心，多一些安逸自由，你就是幸福的。甚至连绝对幸福，只要你肯去追求，也不是可望而不可即的。

2. 幸福没有特权

物得以生谓之德。

——《庄子·天地》

冯友兰先生在其著作《中国哲学简史》中，通过对《庄子》的解读认为，人可以获得幸福，这幸福包括相对幸福和绝对幸福两个层次。

上天对每个人都是平等的，世上的每个人，只要你愿意，就能获得幸福，这就是庄子在《逍遥游》中给予我们的启示。

人性的一个弱点，便是总觉得他人拥有的比自己手中的要好，别人那样才是幸福，因此要努力追求像别人那样。殊不知你的幸福远在天边，近在眼前。

从前，有一个国王闲来无事，便微服走出宫门，走到一个补鞋的老头面前，一时兴起就问老头：“一国之中谁是最快乐的人？”老头答："当然是国王最快乐了。"

国王问："为什么？"

老头说："你想，有百官差遣，平民供奉，想要什么就有什么，这还不快乐吗？"

国王答："希望如你所说吧。"于是国王与老头一起共饮葡萄美酒，直到老头醉得不省人事，国王便命人把他抬回宫中，对王妃说："这个老头说，国王是最快乐的，我现在戏弄一下他，给他穿上国王的衣服，让他理理国政，你们大家不要害怕。"王妃答："遵命。"

等到那老头醒了，宫女便假装说："大王您喝醉了，现在有很多事情要等您处理。"于是这老头被拥出临朝，众人都催促他快些处理事情，他却懵懵懂懂，什么也不知道。这时，旁边有史官记其所言所行，大臣公卿们与之商讨议论，一直坐了一整天，弄得这老头腰酸背痛，疲惫不堪。这样过了几天，老头吃不好睡不香，就瘦了下来。

宫女又假装说："大王您这样憔悴，是为什么啊？"

老头回答说："我梦见自己是一个补鞋的老头，辛苦求食，生活很是艰难，因此就瘦成这样了。"

众人私下里偷着笑。这老头到了晚上，翻来覆去睡不着，道："我是补鞋子的，还是国王呢？若真是国王，皮肤为什么又这样粗糙呢？若是补鞋子的，又为什么会在王宫里呢？唉，我的心很慌，眼睛也花了啊。"他竟真的分不清自己到底是谁了。

王妃假装问："大王这样不高兴，让歌伎们来给您取乐吧。"于是老头喝起葡萄美酒，又醉得不省人事了。后来，宫女们又让老头穿上旧衣服，把他送回简陋的床上。老头酒醒后，看见自己的破房、粗布衣服，一切都是原来的样子，却浑身酸痛，好像被棍子打过了一样。

过了几天，国王又来到他这里。老头对国王说："上次喝酒，是我糊涂无知，现在我才明白过来啊。我梦见自己当了国王，要审核百官，又有国史记对记错，众大臣要来商量讨论国事，心里便总是忧心不安，弄得浑身都痛，好像被鞭子打了一样。在梦里尚且如此，若是真的当了国王，还不更痛苦啊？前几天跟你说的话，实在是不对的啊。"

这个故事中的老头实在是糊涂，因为他不知道，幸福并不是要去做别人，顺应自己的本性，自然就会幸福快乐。不然，即使让你去做国王又能怎么样呢！

幸福没有特权，每个人都能够获得幸福，幸福不在万物之中，它存在于你看待万物的自身态度之中。如果你接受幸福的态度不正确，即使置身于幸福的环境中，你也会离幸福越来越遥远。

3. 是非欲念，见易别难

物无非彼，物无非是。自彼则不见，自知则知之。故曰：彼出于是，是亦因彼。

——《庄子·齐物论》

唐代著名诗人白居易曾写过《问刘十九》这样一首小诗：

绿蚁新醅酒，红泥小火炉。

晚来天欲雪，能饮一杯无？

这首诗不但是一首很精彩的请柬，更是作者一种无欲无求，追求恬淡、诗意、自然生活的人生境界的写照。

现实生活中，每个人都在欲望的道路上奔走，把赚钱和获取地位当做自己的毕生追求和首要目标，欲罢不能，早就忘记了诗人所说的那种境界。“请神容易送神难”，是非欲念就是这样，在心中产生很容易，但当你想把它们祛除时，却困难了。

在阿尔及利亚有一种猴子，它们非常喜欢偷吃农民的玉米。尤其是晚上的时候，农民们没有时间照看，玉米常常会被洗劫一空。起初农民们拿它们没办法，后来他们发现猴子都有贪得无厌的习性，于是他们根据这种习性发明了一种捕捉猴子的巧妙方法。

农民们把一只只葫芦形的细颈瓶子固定好，然后把它们拴在一棵大树下，再在瓶子中放入猴子们最爱吃的玉米，然后就等着猴子们上钩了。

到了晚上，猴子们来到树下，见到瓶中的玉米，十分高兴，就把爪子伸进瓶子去抓玉米。这瓶子的妙处就在于猴子的爪子刚刚能够伸进去，等它抓到一把玉米时，爪子却怎么也拿不出来了。而这些猴子十分贪婪，绝不可能放下已到手的玉米，就这样，它们的爪子也就一直抽不出来，于是只能死死地守在瓶子旁边了。

到了第二天早晨，农民们抓住它们的时候，它们依然抓着玉米不放，直到把玉米送入嘴中。

这些可怜的猴子，因为自己的贪婪而丧失了自由，甚至丢掉性命。其实，在生活当中，也有不少人，为了永无休止的欲望而无谓地失去很多东西。为了生存，我们透支着体力和精力；为了爱情，我们透支着青春和情感；为了财富和地位，我们失去了健康和快乐，甚至丢掉性命。

财富也好，情感也罢，或是其他方面的索求，都应把握有度，适可而止。贪婪，乃失败之根本。有多少人由贪而变贫，由贪而服法，由贪而寝食难安。

生活中，我们想要这个或那个。如果不能得到我们想要的，我们就不停地去想我们所没有的，并且保持一种不满足感。如果我们已经得到想要的，我们仅仅是在新的环境中重新创造同样的想法，因此，尽管得到了我们所想要的，我们仍旧不高兴。当我们充满新的欲望时，是得不到幸福的。

一位心理学家指出，最普遍的和最具破坏性的倾向之一就是集中精力于我们所想要的，而不是我们所拥有的。这对于我们拥有多少似乎没有什么不同，我们仅仅不断地扩充我们的欲望名单，这就导致了我们的不满足感。你的心理机制说："当这项欲望得到满足时，我就会快乐起来。"可是一旦欲望得到满足后，这种心理作用却不断重复。

幸运的是，有个可以快乐起来的方法，那就是改变我们思考的重心，从我们所想要的转而想到我们所拥有的。不是期望你的爱人是别人，而是试着去想她美好的品质；不是抱怨你的薪水，而是感激你拥有一份工作；不是期望你能去夏威夷度假，而是想到你居所附近亦有乐趣，这有多高兴。

别勉强自己去做别人，不要看到别人住别墅豪宅就想要别墅豪宅；看见别人开宝马香车就渴望拥有宝马香车；甚至看见别人的女友漂亮、妻子贤惠，就想把自己的女友、妻子换掉，但世界上哪有完美的事物、完美的人呢？这样你就一刻也不能拥有幸福的感觉，你就会在欲望之路上越走越远。

4. 勉强自己，庸人自扰

凫胫虽短，续之则忧。鹤胫虽长，断之则悲。故性长非所断，性短非所续，无所去忧也。

——《庄子·骈拇》

在《庄子·骈拇》篇中，庄子说凫的腿虽然很短，但如果你把它接长，凫就会很痛苦；鹤的腿虽然很长，要把它截断，鹤也会很悲伤。所以，本性长的不要折断，本性短的不要接长，这样就没有什么可忧愁的了。

俗话说："强扭的瓜不甜。"无论做任何事，都不要勉强为之，否则只会平生痛苦。

有这样一则故事：

三伏天，禅院的草地枯黄了一大片。"快撒点草籽吧！好难看哪！"小和尚说。

"等天凉了……"师父挥挥手，"随时！"

中秋，师父买了一包草籽，叫小和尚去播种。秋风起，草籽边撒边飘。"不好了！好多种子都被吹跑了。"小和尚喊。

"没关系，吹走的多半是空的，撒下去也发不了芽。"师父说，"随性！"

撒完种子，跟着就飞来几只小鸟啄食。"要命了！种子都被鸟吃了！"小和尚急得跳脚。

"没关系！种子多，吃不完！"师父说，"随遇！"

半夜一阵骤雨，小和尚一早冲进禅房：“师父！这下真完了！好多草籽被雨水冲走了！”

“冲到哪儿，就在哪儿发芽。”师父说，“随缘！”

一个星期过去了，原本光秃秃的地面，居然长出许多青翠的草苗，一些原来没播种的角落，也泛出了绿意。小和尚高兴得直拍手。

师父点头，“随喜！”

一切顺其自然。“随”不是随便，是顺其自然，不怨怼、不躁进、不过度、不强求；“随”不是随便，是把握机缘，不悲观、不刻板、不慌乱、不忘形。

“随”也可以理解成顺其自然。当你顺其自然地做某件事的时候，就会有些意外而又有趣的事来临，我们经常会从中获得一些有益的经验，若是拘泥于计划就永远得不到那些经验。你可以向自己提出一些问题：你能否顺其自然？你是不是总是拘泥于自己每天的计划？你是否经常抛开计划，做些不一样的事？

顺其自然的另外一个意思，就是让自己有更多的选择。你自己的世界选择愈多，你的创意就会变得愈有趣。让更多的人进入你的生活，和他们沟通，尤其是当他们的观点不同于你的时候，你便会有意想不到的收获。

《庄子·人间世》中讲到了这样一则寓言：

你不了解那养虎的人吗？他从不敢用活物去喂养老虎，因为他担心扑杀活物会激起老虎凶残的怒气；他也从不敢用整个的动物去喂养老虎，因为他担心撕裂动物也会诱发老虎凶残的怒气。知道老虎饥饱的时刻，通晓老虎暴戾凶残的秉性。老虎与人不同类却向饲养人摇尾乞怜，原因就是养老虎的人能顺应老虎的性子；而那些遭到虐杀的人，是因为触犯了老虎的性情。

爱马的人，以精细的竹筐装马粪，用珍贵的蛤壳接马尿。刚巧一只牛虻叮在马身上，爱马之人出于爱惜随手拍击，没想到马儿受惊便咬断勒口、挣断辔头、弄坏胸络。意在爱马却失其所爱，正是做事不谨慎造成的啊！

只要懂得顺应习性，养虎也不会受到伤害；如果违逆了习性，即使是温顺的马，也会对你发怒。

风靡欧美的《简单生活》一书的作者丽莎指出："………每天都给自己一段独处的时间，好好问问自己，到底想过什么样的生活？什么是可有可无的？什么是必须去不懈追求的，这样的追问可以一直延续下去。还可以把每天的想法记录下来，这样你会看到，随着生活阅历的增加，思考的深入，你的回答也不断成熟。只要我们不再一味追求外界的认可，疲惫无奈地生活在他人的注视之下，我们就会真诚生活，成为自己命运的主宰者。"这里，简单生活的法则和庄子的观点不谋而合。

5. 止水澄波，悟道须静

平者，水停之盛也。其可以为法也，内保之而外不荡也。

——《庄子·德充符》

庄子认为，一个人要想获得幸福，必须学会悟道。但怎样才能悟道呢？庄子说一个人必须学会保持自己内心的安静，只有内心安静了，才能在静中映出自己的真实木性，保持木性，获得幸福。

在《庄子·在宥》篇中，庄子讲述了黄帝向广成子问道的故事，故事这样说：

黄帝做了 19 年天子，诏令通行天下，听说广成子通晓至道，特意前往拜见他。

黄帝见到广成子后说：“我听说先生已经通晓至道，冒昧地请教至道的精华。我一心想获取天地的灵气，用来帮助五谷生长，用来养育百姓。我又希望能主宰阴阳，从而使众多生灵遂心地成长，对此我将怎么办？”

广成子回答说：“你所想问的，是万事万物的根本；你所想主宰的，是万事万物的残留。自从你治理天下，天上的云气不等到聚集就下起雨来，地上的草木不等到枯黄就飘落凋零，太阳和月亮的光亮也渐渐地晦暗下来。然而谗谄的小人心地是那么褊狭和恶劣，又怎么能够谈论大道！”

黄帝听了这一席话便退了回来，弃置朝政，筑起清心寂智的静室，铺着洁白的茅草，谢绝交往独居 3 月，再次前往求教。

广成子头朝南地躺着，黄帝则顺着下方，双膝着地匍匐向前，叩头着地行了大礼后问道：“听说先生已经通晓至道，冒昧地请教，修养自身怎么样才能活得长久？”

广成子急速地挺身而起，说：“问得好啊！来，我告诉给你至道。至道的精髓，幽深邈远；至道的至极，晦暗沉寂。什么也不看，什么也不听，持守精神保持宁静，形体自然顺应正道。一定要保持宁寂和清静，不要使身形疲累劳苦，不要使精神动荡恍惚，这样就可以长生。眼睛什么也没看见，耳朵什么也没听到，内心什么也不知晓，这样你的精神定能持守你的形体，形体也就长生。小心谨慎地摒除一切思虑，封闭起对外的一切感官，智巧太盛定然招致败亡。

我帮助你达到最光明的境地，直达那阳气的本原。我帮助你进入幽深渺远的大门，直达那阴气的本原。天和地都各有主宰，阴和阳都各有府藏，谨慎地守护你的身形，万物将会自然地成长。我持守着浑一的大道而又处于阴阳二气调谐的境界，所以我修身至今已经一千二百年，而我的身形还从不曾有过衰老。”

黄帝再次行了大礼，叩头至地说：“先生真可说是跟自然混而为一了！”

开始时广成子不愿向黄帝说道，黄帝放弃天下，斋戒 3 个月以后，广成子才向黄帝说了以下的话：“你问得好啊！来，我告诉你至道是什么。至道的精华，幽深而无状；至道的极致，蒙昧而无声。不听不看，让精神安静，形体就自然端正。一定要安静，一定要清静，不要劳累形体，不要耗费精力，这样就能长生。”广成子主要说的是怎样才能求得道，我们却可以从中体悟到“静”的作用，每个人想要得到幸福，都要保持自己心灵的平静。如果你的生命一直处于烦躁、嘈杂的状态之中，怎能找到自己的心灵呢？内心的平静是智慧的珍宝，是长久努力自律的成果，它呈现出丰富的经验与不凡的真知灼见。一个人即使身处闹市，也要保持“静”的状态。

人们认为自己的想法愈益成熟而愈变得沉稳，要有这样的体认必须了解别人亦是如此。他若有正确的体认，借着因果道理愈来愈透彻明白事物的关联性，便不再惊慌失措、焦虑悲伤，而是稳重镇定、从容沉着。

一个安静的人，因为学会自制，知道如何配合别人，而别人相对地也会敬重他的风范，从中学习并仰赖他。一个人的心愈是静，他的成就、影响力愈大，力量愈持久。头脑普通的生意人若能更自制与沉着，会发觉自己的生意日益兴隆，道理就在于一般人喜欢与看来稳重的人交易买卖。

坚强、冷静的人永远受人爱戴，他就像干涸土地上遮阳的大树，暴风雨中遮蔽风雨的大石头。谁不想个性沉稳、脾气温和、生活有规律呢？不论境遇如何，不论有何改变，对性情沉稳的人而言，都没有关系。

这种从容沉着的高尚个性是修身养性最难的课题，也是生命的花朵、心灵的成果，它与智慧同样珍贵，比黄金更令人垂涎——没错，上等黄金也比不上它。与恬静的生活——在扰攘俗世中，安身立命于真理之中，获得永恒的平静相比，汲汲营营于赚钱显得多么微不足道啊！

获得自由与平静的不二法门便是自制、自治与自清。若受自己的性情支配，则会感到自己受缚、不悦，而且毫无用武之地。若能克服束缚自己的琐碎好恶、任性爱恨、愤怒、怀疑、妒忌，以及种种善变的情绪，成功挑战这项任务，便能将幸福与成功的金丝织入生活的罗网中。

若你受内心多变的情绪左右，则你需要他人或外力协助你踏稳生活的步伐。一旦自行踏稳了步伐且稍有成就时，则需学习克服并面对诸多干扰和妨碍。每天都应该练习修养心灵，亦即所谓的“进入静谧”。此方法能排除烦忧，换来平静，且化弱为强。若非做到这点，你无法成功地以心灵力量直捣问题核心并经营生活。

一个人要想获得幸福，关键在于如何将自身涣散的力量导向汇集的方向。这好比将四处流窜的溪水引至一条挖掘好的渠道，化贫瘠为沼泽地，为金黄玉米田或丰收的果园注入养料一样。因此，镇定平静之人，若能制服内心的杂念，不论在精神上或生活上，两者皆受益良多。

宁静是福，生活在喧嚣吵闹的都市中的人们，可能更懂得平静的弥足珍贵。与宁静的生活相比，追逐名利的生活是多么不值得一提。宁静的生活存在于真理的海洋中，激流波涛之下，它不受风暴的侵扰，可以保持永恒的安宁。

王维诗云：

人闲桂花落，夜静春山空。
月出惊山鸟，时鸣春涧中。

很多人都认为王维只是在写自然界景物的美丽，其实那写出来的诗已经不是自然界的美丽了，而是诗人生命的美。诗人为什么能够体验到生命的美？就在于他的静。如果一个人在喧闹的都市中，仍保持一颗清静无为的心，就能像王维那样体验到生命中蕴含着的花落、月出、鸟鸣的美丽，就能拥有一个诗意的幸福人生。

6. 幸福在哪里

古之真人，其寝不梦，其觉无忧，其食不甘，其息深深。

——《庄子·大宗师》

泉涸，鱼相与处于陆，相呴以湿，相濡以沫，不如相忘于江湖。

——《庄子·大宗师》

泉水干了，坑洼里的小鱼相互吐着唾液维系生命，这样的活法是没有希望的。以庄子的见解，与其如此勉强地活在一起，还不如自由自在地随流到海里，彼此相忘于江湖。

很多人在生活中总是处心积虑地追求幸福，结果往往追逐了一辈子，还是没有找到幸福的所在。既然庄子告诉我们，每个人都能获得幸福，那幸福到底在哪里呢？其实幸福本来就不远，幸福就在你身边。

有个人不知什么是幸福，他发誓要寻找到幸福。他先从知识里寻找，得到的是幻灭；从旅行里找，得到的是疲劳；从财富里找，得到的只是争斗和忧愁；从写作中找，得到的只是劳累。

难道知识、旅行、财富、写作与幸福快乐绝缘吗？显然不是。

在火车站里，他看到一位中年男子走下列车后，径直来到一辆汽车旁，先吻了一下车内的妻子，又轻轻地吻了一下妻子怀中熟睡的婴儿——生怕把他惊醒。然后，一家人就开车离开了。

他由此感慨到：生活的每一正常活动都带有某种幸福的成分。

对于某个人来讲，他可能是幸福的、满足的，也可能是不幸福的。

人生的目的是幸福。幸福大多是主观的，它原本就深植于人们心中，在生存需求的满足中，因而，幸福无所不在。

幸福是拥有一些熟悉、不需客套的朋友，能够相互分担、分享彼此的烦恼、快乐，尽管观点有所差异，却永远相互尊重。

幸福是拥有一个舒适的工作间，书架上列满了各式各样自己喜欢，对自己有助益、启发的书，笔筒里都是自己珍爱的文具，四周有绿色植物芳馨围绕，还有一把坐再久也能觉得舒适的坐椅。

幸福有时就是一种简单。幸福就是现在。

一个富人和一个穷人在一起谈论什么是幸福。

穷人说："幸福就是现在。"

富人望着穷人漏风的茅舍、破旧的衣着，轻蔑地说："这怎么能叫幸福呢？我的幸福可是百间豪宅、千名奴仆啊。"

一场大火把富人的百间豪宅烧得片瓦不留，奴仆们各奔东西。一夜之间，富人沦为乞丐。

一个炎热的夏天，汗流浃背的乞丐路过穷人的茅舍，想讨口水喝。穷人端来一大碗清凉的水，问他："你现在认为什么是幸福？"

乞丐眼巴巴地说："幸福就是此时你手中的这碗水。"

很多人不知道自己从哪里来，也不知道自己要往哪里去，就像一阵风一样流浪四方，直到生命停息的那一刻才会停止。这样的人生，何谈幸福？

一位少妇，回家向母亲倾诉，说婚姻很是糟糕，丈夫既没有很多的钱，也没有好的职业，生活总是周而复始，单调无味。母亲笑着问，"你们在一起的时间多吗？"女儿说："太多了。"母亲说："当年，你父亲上战场，我每日期盼的，是他能早日从战场上胜利凯旋，与他整日厮守，可惜——他在一次战斗中牺牲了，再也没有能够回来。我真羡慕你们能够朝夕相处。"母亲沧桑的老泪一滴滴掉下来，渐渐地，女儿仿佛明白了什么。

一位盲人，在剧院欣赏一场音乐会，交响乐时而凝重低缓，时而明快热烈，时而浓云蔽日，时而云开雾散。盲人惊喜地拉着身边的人说，我看见了，看见了山川，看见了花草，看见了光明的世界和七彩的人生。

一位病人，医生郑重地告诉他，手术成功，化验结果出来了，从他腹腔内摘除的肿瘤只是一般的良性肿瘤，经过一段时间的疗养便可康复出院，并不危及生命。他顿时满面春风，双目有神，紧紧地握着医生的手，激动地说："谢谢，谢谢，是你们给了我第二次生命。"

幸福在哪里？带着这样的问题，芸芸众生，茫茫人海，我们在努力寻找答案。其实，幸福是一个多元化的命题，我们在追求着幸福，幸福也时刻伴随着我们。只不过，很多时候，我们身处幸福的山中，从远近高低的角度看到的总是别人的幸福风景，往往没有悉心感受自己所拥有的幸福天地。

第十三讲

徐复观：生死何茫茫

庄子之“以死生为一条”(《德充符》)，大概可以分作三点来说。一是出于无可奈何的心情……二是他似乎有精神不灭的观念，此即它所说的“薪尽而火传”……三是来自他的“物化”的观念。……所以《天道》篇说“其死也物化”。

——徐复观《中国艺术精神》

大师简介：

徐复观（1903—1982），原名秉常，字佛观，后由熊十力更名为复观。湖北浠水人。徐复观在抗战时期曾师事熊十力，接受熊十力“欲救中国，必须先救学术”的思想，从此下决心去政从学。其在先秦两汉思想史研究方面颇有建树。

徐复观的主要著作有:《中国人性论史》、《两汉思想史》、《中国思想史论集》、《公孙龙子讲疏》、《儒家政治思想与民主自由人权》、《周官成立之时代及其思想性格》、《中国经学史基础》、《中国艺术精神》、《石涛研究》、《中国文学论集》等。

在《中国人性论史》、《中国艺术精神》等著作中，徐复观先生对《庄子》进行了深入浅出的解析。

1. 何处来？何处去？

死生，命也，其有夜旦之常，天也。

——《庄子·大宗师》

生死是人在这个世界上要面对的首要大事，谈论生死、解析生死是任何一位思想家都逃脱不了的命题。庄子对生死问题有他独到的看法。

徐复观先生认为，庄子对生死的观念可以用一句话来概括，那就是“以死生为一条”。庄子认为人的生命是由于气之聚；人的死亡是由于气之散，他这番道理，姑且不论其真实程度，就以他对生死的态度来说，便远在常人之上。他摆脱了鬼神对于人类生死命运的摆布，只把生死视为一种自然现象，认为生死的过程不过是像四时的运行一样。

据《庄子·列御寇》载，庄子生命垂危时，其弟子们商量如何为其厚葬。庄子得知，对弟子说：“我视蓝天为自己的棺椁，把光辉的太阳和皎洁的月亮看做相连的宝玉，天上的星星是珍贵的珍珠，把天下万物当做自己的殉葬品。这还不够齐备吗？何必还搞什么厚葬？”当他的弟子解释说，怕他的遗体为乌鸦啄食时，庄子说，“放在地面上为乌鸦老鹰啄食，埋到地下则会被蝼蚁啃食，你们不让乌鸦和老鹰食，一定要给蝼蚁食，这不是偏心吗？”这个故事反映了庄子把死看得很淡。人既然已经死了，就等于回归了宇宙自然之中，暴尸或深葬，为鸟啄，为蚁食，反正都一样，何必那么在意？承认生命的自然属性，当生则生，不当生则不生。生则好好生活，死则超然以对。生命遏不住，死神更难扼。何况从宏观上看，生生死死，死死生生，这就是人类的新陈代谢。有新陈代谢，历史长河才源远流长。

对于死生的态度，庄子能这般旷达洒脱，乃是出于自然。在他想来，死生不过是一场梦罢了！

万物有生也有死，这是生命的自然规律。对生和死的态度，形成了每个人的生死观，生死观是一个人世界观的重要内容。有什么样的人生观，就有什么样的处世哲学、生活态度。

庄子在《大宗师》中把生和死看成一种自然现象，指出："死生，命也，其有夜旦之常，天也。"就是说，人的生和死是不可避免的，就像有白天和黑夜一样平常，并且认为"其生也天行，其死也物化"（《庄子·天道》），"其生若浮，其死若休"（《庄子·刻意》）。一个人的降生是依循着自然界的运动而生，一个人的死亡也只是事物转化的结果；生若浮游天地之间，死若休息于宇宙怀抱，一切都没什么大惊小怪，生也好，死也罢，平平常常，没什么可怕的。

独来独往的庄子，仍然逃不掉家室之累。不过话又说回来，家室他是有的，但是否成为他的"累"，则不得而知。关于他家室的情形，我们无从知晓。据《庄子·至乐》记载，庄子的妻子死了，惠子前去吊唁，见庄子不但没有哭泣，反而两腿平伸岔开地坐在那里，边敲着两腿中间的瓦盆，边大声唱着歌。惠子不解，问庄子："与人居，长子、老、身死，不哭亦足矣，又鼓盆而歌，不亦甚乎！"庄子曰："不然，是其始死也，我独何能无慨！然察其始而本无生；非徒无生也，而本无形；非徒无形也，而本无气。杂乎芒芴之间，变而有气，气变而有形，形变而有生，今又变而之死。是想与为春秋冬夏四时行也。人且偃然寝于巨室，而我噭噭然随而哭之，自以为不通命，故止也。”这段对话大意是惠子对庄子不太满意，说：“你妻子和你生活在一起那么久，为你生儿育女，现在她老死了，你不哭也就罢了，又敲盆唱歌，是不是太过分了！”庄子的回答是：“不像你说的那样。她刚死时，我也难过，哀伤。后来，仔细一想，从根上说，她当初本来没有生命，而且也没有形体；不但没有形体，连生命的气息也没有。起始，她仅仅是处在恍恍惚惚、若有若无的状态中，而后才有了生命的气息；这种气息变成形体，形体再变就有了生命，现在又变为死。这就好像春夏秋冬四季循环运行一样。她平静地躺在宇宙这间巨大的居室里，而我却在身边大哭，我认为那就是没有彻悟生命的本质，后来就不再哭了。”

从这则“鼓盆而歌”的故事，可见庄子对生死看得很透彻。即使庄子自已临死时，也表现出看得透、放得下的超然态度。

《庄子·至乐》中讲道：

物类千变万化源起于微细状态的“几”，“几”有了水的滋养便会逐步相继而生，处于陆地和水面的交接处就形成青苔，生长在山陵高地就成了车前草，车前草获得粪土的滋养长成乌足，乌足的根变化成土蚕，乌足的叶子变化成蝴蝶。蝴蝶很快又变化成为虫，生活在灶下，那样子就像是蜕皮，它的名字叫做鸲掇。鸲掇一千天以后变化成为鸟，它的名字叫做干余骨。干余骨的唾沫长出虫子斯弥，斯弥又生出蠛蠓。颐辂从蠛蠓中形成，黄軦从九猷中长出；蠓子则产生于萤火虫。羊奚草跟不长笋的老竹相结合，老竹又生出青宁虫；青宁虫生出豹子，豹子生出马，马生出人，而人又返归造化之初的混沌中。万物都产生于自然的造化，又全都回返到自然的造化。

生命就是一种不断转化的过程，用庄子的话来说就是“物化”，人生来自造化，又复归造化，大自然就是这样生生不息。因此，一个人生活在这个世界上，一定要使自已的生命有一个灿烂的旅程。

2. 生如夏花之灿烂

夫大块载我以形，劳我以生，佚我以老，息我以死。故善吾生者，乃所以善吾死也。

——《庄子·大宗师》

庄子说：“夫大块载我以形，劳我以生，佚我以老，息我以死。故善吾生者，乃所以善吾死也。”这是庄子参透生死问题后所讲的道。天地造化赋予人一个生命的形体，让我们劳碌度过一生，到了生命的最后才让人休息，而死亡就是最后的安顿，这就是人一生的描述。善待自己生的人，也一定会善待自己的死。

“善吾生者，乃所以善吾死也。”这是一个重要的结论。生命是虚无而又短暂的，它在于一呼一吸之间，如流水般消逝，永远不复回。一个人只有真正认清了生命的意义，生命的方向，好好地活着，将生命演绎得无比灿烂、无比美丽，才是真正懂得善待死亡的人。

生命究竟是什么？有一天，如来佛祖把弟子们叫到法堂前，问道："你们说说，你们天天托钵乞食，究竟是为了什么？"

"世尊，这是为了滋养身体，保全生命啊。"弟子们几乎不假思索。

"那么，肉体生命到底能维持多久？"佛祖接着问。

"有情众生的生命平均起来大约有几十年吧。"一个弟子迫不及待地回答。

"你并没有明白生命的真相到底是什么。"佛祖听后摇了摇头。

另外一个弟子想了想又说："人的生命在春夏秋冬之间，春夏萌发，秋冬凋零。"

佛祖还是笑着摇了摇头："你觉察到了生命的短暂，但只是看到生命的表象而已。"

"世尊，我想起来了，人的生命在于饮食间，所以才要托钵乞食呀！"又一个弟子一脸欣喜地答道。

"不对，不对。人活着不只是为了乞食呀！"佛祖又加以否定。

弟子们面面相觑，一脸茫然，又都在思索另外的答案。这时一个烧火的小弟子怯生生地说道："依我看，人的生命恐怕是在一呼一吸之间吧！"佛祖听后连连点头微笑。

故事中各位弟子的不同回答反映了不同的人性侧面。人是惜命的，希望生命能够长久，才会有那么多的帝王将相苦练长生之道，却无法改变生命是短暂的这一事实；人是有贪欲的又是有惰性的，才会有那么多的"鸟为食亡"的悲剧发生；而人又是争上游的，所以才会有那么多的"只争朝夕"，从不松懈。

生命之旅，无论短如小花，还是长如人类，都应当珍惜这仅有一次的生存权利。让生命更精彩，我们理应在有限的时间里，绽放生命的花朵。南怀瑾先生说，生死是人生的一个大学问。一个真正善其身的人，能够主宰自己的生命，所以才能够善其死。

有一个年轻的护士，很多时间都是在病房里度过，病人床头的花开花谢让她深刻地感受到生命的脆弱。有时候，她甚至觉得病人床头大朵绽放的花仿佛浑然不知死亡的存在，冰冷的花蕊就像一只只嘲弄的眼睛。因此，她一点也不喜欢花。

一天，病房里一个新来的男孩送给她一盆花，她竟然没有拒绝。也许是为了他的稚气、孩子一般的笑容，也许是怕伤害对方的心。从搬进来的第一天起，她就知道他再没有机会离开这间病房了。

那次，他趁她不注意的时候偷偷地溜达到外面玩了，回来的时候正好碰见了她。他像一个做错事的孩子站在她面前，低着头一声不吭。到了傍晚，她的桌上多了一盆三色堇，紫、黄、红，斑斓交错，像蝴蝶展翅，又像一张顽皮的鬼脸，旁边还附上一张小条子："想知道你不高兴的样子像什么吗？"她忍俊不禁。第二天她就收到了他送的一盆太阳花，小小圆圆的红花，每一朵都是一个灿烂的微笑："想知道你笑的样子像什么吗？"

后来，他带她到附近的小花店闲逛，她这才惊奇地知道，世上居然有这么多种花，玫瑰深红，康乃馨粉黄，马蹄莲幼弱婉转，郁金香艳异咄咄，栀子香得动人魂，而七里香更是摄人心魄。她也惊奇于他谈起花时燃烧的眼睛，仿佛在那里面燃烧着生命的光芒。

他问："你爱花吗？"

"花是无情的，不懂得生命的可贵。"她答道。

他微笑着告诉她："懂得花的人，才会明白花的可敬。"

一个烈日炎炎的中午。她远远看见他在住院部的花园里站呆了，她刚要喊一声，他听到了脚步，急切回身，食指掩唇："嘘——"

那是一株矮矮的灌木，缀满红色灯笼的小花，此时每一朵花囊都在爆裂，无数花籽四周飞溅，仿佛一场密集的流星雨。他们默默地站着，见证了一种生命最辉煌的历程。

第二天，他送给她一个花盆，盆里只有满满的黑土。他微笑着说："我把昨天捡回来的花籽种在盆里了，一个月后就会开花。"

3天后，深夜，他床头的急救铃声突然响起。她第一时间冲到病人的身边，在家属的眼泪中，她知道一切都已经太晚了。在生命的最后时刻，他始终保持奇异的清醒，对身边的每一个人露出了一个灿烂的笑容，像刚刚展翅便遭遇风雪的花朵，渐渐冻凝成化石。

她并没有哭，每天给那一盆花光秃秃的土浇水。后来，她到外地出差一个星期，回来后，发现那盆花不见了。同屋的女伴看见里面什么都没有种，就把它扔到窗外了。

又过了一段时间，她打开桌前久闭的窗，整个人惊呆了——

窗户下，一个摔成两半的花盆里长出了一株瘦瘦的嫩苗，青翠欲滴，还有一个羞涩的含苞，好像一盏燃起的生命之灯。这时，她忽然懂得了生命的真谛。

易朽的是生命，似那转瞬即谢的花朵；然而永存的，是对生的激情。每一朵勇敢开放的花，都是一个面对死亡的灿烂微笑。死是生的结束，也是另一个生的开始。一个人看透了生死的意义，看清了生命的价值，就会将生命演绎得更美丽，更灿烂，这才是对死亡最好的回答。

3.“死”字当头，活着悲哀

人生天地之间，若白驹之过郤，忽然而已。注然勃然，莫不出焉；油然漻然，莫不入焉。已化而生，又化而死。生物哀之，人类悲之。解其天弢，堕其天袠。纷乎宛乎，魂魄将往，乃身从之。乃大归乎！

——《庄子·知北游》

庄子对人生的短暂有着深刻的认识，他说：

“人生于天地之间，就像骏马穿过一个狭窄的通道，瞬间而过罢了。自然而然地，全都蓬勃而生；自然而然地，全都顺应变化而死。业已变化而生长于世间，又会变化而死离人世，活着的东西为之哀叹，人们为之悲悯。”但是面对终将到来的死亡，庄子并不是陷入悲观绝望，而是达观地看待这一切，他说：“可是人的死亡，也只是解脱了自然的捆束，毁坏了自然的拘括，纷纷扰扰地，魂魄必将消逝，于是身形也将随之而去，这就是最终归向宗本啊！”既然死亡只是为了回归本原，还有什么好悲哀的呢？庄子的意思是既然你思考这个问题得不到解决，那就换一种角度去面对他吧。

晋朝大书法家王羲之在他的《兰亭集序》中曾这样写：

夫人之相与，俯仰一世，或取诸怀抱，晤言一室之内；或因寄所托，放浪形骸之外。虽取舍万殊，静躁不同，当其欣于所遇，暂得于己，快然自足，不知老之将至。及其所之既倦，情随事迁，感慨系之矣。向之所欣，俯仰之间，已为陈迹，犹不能不以之兴怀。

况修短随化，终期于尽。古人云:“死生亦大矣。”岂不痛哉!

用现在的话来说，就是：人们彼此相处，一生很快就度过。有的人喜欢讲自己的志趣抱负，在室内和朋友面对面地交谈；有的人就自己所爱好的事物寄托情怀，不受任何约束，放纵地生活。尽管人们的爱好千差万别，或好静，或好动，也不相同，可是他们都会有这样相同的体验：当他们对所接触的事物感到高兴时，一时间很自得，快乐而自足，竟不觉得衰老即将到来；待到对于自己所喜爱的事物感到厌倦，心情随着当前的境况而变化，感慨油然而生，以前感到欢快的事顷刻之间变为陈迹了，仍然不能不因此感慨不已，何况人寿的长短随着造化而定，最后一切都化为乌有。古人说:“死和生也是件大事啊！”怎能不悲痛呢?

可是一个人如果总是将目光局限于“死”字上，还怎么能够好好地生活呢？人生七十古来稀，生命在世不过百年，如果一个人总是将眼光执著于“死”字上，就会陷入悲观、空虚的绝境中不能自拔。

从前在杞国，有一个胆子很小，而且有点神经质的人，他常会想到一些奇怪的问题，而让人觉得莫名其妙。

有一天，他吃过晚饭以后，拿了一把大蒲扇，坐在门前乘凉，并且自言自语地说:“假如有一天，天塌了下来，那该怎么办呢？我们岂不是无路可逃，都将活活地被压死，这不就太冤枉了吗？”

从此以后，他几乎每天为这个问题发愁、烦恼。朋友见他终日精神恍惚，脸色憔悴，都很替他担心，但是，当大家知道原因后，都跑来劝他说:“老兄啊！你何必为这件事自寻烦恼呢？天怎么会塌下来呢？再说即使真的塌下来，那也不是你一个人忧虑发愁就可以解决的啊，想开点吧！”

可是，无论人家怎么说，他都不相信，仍然时常为这个不必要的问题担忧。

后来的人就根据上面这个故事，引申成“杞人忧天”这句成语，它的主要意义在于唤醒人们不要为一些不切实际的事情而忧愁。它与“庸人自扰”的意义大致相同。

西方哲学家蓝姆·达斯曾讲了一个真实的故事。一个因病而仅剩下数周生命的妇人，一直将所有的精力都用来思考和谈论死亡有多恐怖。

以安慰垂死之人著称的蓝姆·达斯当时便直截了当地对她说：“你是不是可以不要花那么多时间去想死，而把这些时间用来活呢？”

他刚对她这么说时，那妇人觉得非常不快。但当她看出蓝姆·达斯眼中的真诚时，便慢慢地领悟到他话中的诚意。

“说得对！”她说，“我一直忙着想死，完全忘了该怎么活了。”

一个星期之后，那妇人还是过世了。她在死前充满感激地对蓝姆·达斯说：“过去一个星期，我活得要比前一阵子丰富多了。”

不要被死亡遮住生的视线，你就能体验到生命的快乐。妇人不再把死放在心上，她就收获了人生中最丰富的一周的生命。

生命是宝贵的，重生乐生，在有限的生命岁月，创造更多更高的人生价值，使生命更有意义，才不枉来世上走一趟。世间的事情永远不可能是十全十美的，也许正因为这样，才会有人一辈子都去追求完美的东西。歌德有句名言：生活在理想的世界，就是要把不能的东西当做仿佛是可能的东西来处理。别总是面对死亡而悲观，既然活着，就应该好好歌唱，活着就应该笑。因为只有笑，才是苦难最好的归宿。“笑对生活”就是乐生重生，顺其自然，追求高，看得透，想得开，活得既有意思、有价值，又比较轻松。

不要总把死亡放在心上，这样就能轻松一点，自在一点。享受明月清风，坐看水流云动，享受生命的大自在，何乐而不为?

4. 死亡就是一次“快乐旅行”

万物一府，死生同状。

——《庄子·天地》

古之真人，不知说生，不知恶死；其出不䜣，其入不距；翛然而往，翛然而来而已矣。

——《庄子·大宗师》

上古得道的人，没有觉得活得很痛快，也没有认为死很痛苦，生死已不存在于心中。大禹有一句名言点透生死：“生者寄也，死者归也。”活着是寄宿，死了是回家。孔子在《易经·系辞》中说：“通乎昼夜之道而知”，明白了黑白交替的道理，就懂得了生死。生命如同夜荷花，开放收拢，不过如此。

上古得道的真人，当尧舜也没有什么高兴的，当周公也没有什么了不起，万古留名，封侯拜相，乃至成就帝主霸业，也不觉得什么了不起。“其入不距”，也没有觉得同外界有了距离。嬉笑怒骂均与他无干，“翛然而往，翛然而来”，对待生死，怡然自得。

徐先生认为庄子将死亡看成一种物化，“物化的境界，完全是物我一体的艺术境界”。一个人如果能够把自己和万物看成一体，那么就不会为死亡而悲伤了，就会以悠然的态度把死亡看做一次旅行。

《庄子·至乐》篇中写了一则关于庄子和骷髅的寓言故事：

庄子到楚国去，途中见到一个骷髅，枯骨突露呈现出原形。庄子用马鞭从侧旁敲了敲。于是问道："先生是贪求生命、失却真理，因而成了这样呢？抑或你遇上了亡国的大事，遭受到刀斧的砍杀，因而成了这样呢？抑或有了不好的行为，担心给父母、妻儿子女留下耻辱、羞愧而死成了这样呢？抑或你遭受寒冷与饥饿的灾祸而成了这样呢？抑或你享尽天年而死去成了这样呢？"

庄子说罢，拿过骷髅，用做枕头而睡去。

到了半夜，骷髅给庄子显梦说："你先前谈话的情况真像一个善于辩论的人。看你所说的那些话，全属于活人的拘累，人死了就没有上述的忧患了。你愿意听听人死后的有关情况和道理吗？"

庄子说："好。"

骷髅说："人一旦死了，在上没有国君的统治，在下没有官吏的管辖；也没有四季的操劳，从容安逸地把天地的长久看做是时令的流逝，即使南面为王的快乐，也不可能超过。"

庄子不相信，说："我让主管生命的神来恢复你的形体，为你重新长出骨肉肌肤，返回到你的父母、妻子儿女、左右邻里和朋友故交中去，你希望这样做吗？"

骷髅皱眉蹙额，深感忧虑地说："我怎么能抛弃南面称王的快乐而再次经历人世的劳苦呢？"

相传六祖慧能禅师弥留之际，众弟子痛哭，依依不舍，大家都将他视为再生父母。六祖气若游丝地说："你们不用伤心难过，我另有去处。"

"另有去处"这4个字，发人深省。慧能把死当做换了一段新的旅程，这想法不但豁达、开朗，而且把生命在时间、空间的价值继续延伸，远远胜过一些虽然活着，却只有华美装饰的躯壳，而无真我风采的人！

有生必有死，有得必有失，生死是人生必经的旅程，不要把死看做是个终结，也可以同慧能一样，走向“另一个去处”。

庄子借孔子之口讲过这样一段话：

“我怎么知道贪恋活在世上不是困惑呢？我又怎么知道厌恶死亡不是年幼流落他乡而老大还不知回归呢？丽姬是艾地封疆守土之人的女儿，晋国征伐丽戎时俘获了她，她当时哭得泪水浸透了衣襟。等她到晋国进入王宫，跟晋侯同睡一床而被宠为夫人，吃上美味珍馐，也就后悔当初不该那么伤心地哭泣了。我又怎么知道那些死去的人不会后悔当初的求生呢？睡梦里饮酒作乐的人，天亮醒来后很可能痛哭饮泣；睡梦中痛哭饮泣的人，天亮醒来后又可能在欢快地逐围打猎。正当他在做梦的时候，他并不知道自己是在做梦。睡梦中还会卜问所做之梦的吉凶，醒来以后方知是在做梦。人在最为清醒的时候方才知道他自身也是一场大梦，而愚昧的人则自以为清醒，好像什么都知晓什么都明了。君尊牧卑，这种看法实在是浅薄鄙陋呀！我孔丘和你都是在做梦，我说你们在做梦，其实我也在做梦。上面讲的这番话，它的名字可以叫做奇特和怪异。万世之后假若一朝遇上一位大圣人，悟出上述一番话的道理，这恐怕也是偶尔遇上的吧！”

人生如梦，也许死亡才是梦醒时分也未可知呀。那你现在贪恋生命，不愿死亡，不是很愚蠢的一件事情吗？

一沙一世界，一叶一菩提，生命的收与放，本质都是一样的。面对生死，悠然自得，便是真正懂得了生命。正如丘吉尔谈及死亡，他说，酒吧关门的时候我就离开。

用一种超脱、达观的态度去面对死亡，把死亡当做一次快乐旅行，就能减轻生的压力，活得逍遥自在。

5. 灿烂平息，生生不息

道行之而成，物谓之然。

——《庄子·齐物论》

老聃死，秦失吊之，三号而出，弟子曰："非夫子之友邪？"曰："然。""然则吊焉若此，可乎？"曰："然。始也吾以为其人也，而今非也。向吾入而吊焉，有老者哭之，如哭其子，少者哭之，如哭其母。彼其所以会之，必有不蕲言而言，不蕲哭而哭者，是遁天倍情，忘其所受，古者谓之遁天之刑。适来，夫子时也；适去，夫子顺也。安时而处顺，哀乐不能入也。古者谓是帝之县解。"

指穷于为薪，火传也，不知其尽也。

——《庄子·养生主》

《庄子·大宗师》中记载了这样一则故事：

子祀、子舆、子犁、子来 4 个人在一起谈话，说："谁能够把无当做头，把生当做脊柱，把死当做尻尾，谁能够通晓生死存亡浑然一体的道理，我们就可以跟他交朋友。"4 个人都会心地相视而笑，心心相契却不说话，于是相互交往成为朋友。

不久子舆生了病，子祀前去探望他。子舆说："伟大啊，造物者！把我变成如此曲屈不伸的样子！腰弯背驼，五脏穴口朝上，下巴隐藏在肚脐之下，肩部高过头顶，弯曲的颈椎形如赘瘤朝天隆起。”阴阳二气不和酿成如此灾害，可是子舆的心里却十分闲逸，好像没有生病似的，蹒跚地来到井边对着井水照看自己，说：“哎呀，造物者竟把我变成如此曲屈不伸！”

子祀说：“你讨厌这曲屈不伸的样子吗？”子舆回答：“没有，我怎么会讨厌这副样子！假令造物者逐渐把我的左臂变成公鸡，我便用它来报晓；假令造物者逐渐把我的右臂变成弹弓，我便用它来打斑鸠烤熟了吃。假令造物者把我的臀部变化成为车轮，把我的精神变化成骏马，我就用来乘坐，难道还要更换别的车马吗？至于生命的获得，是因为适时，生命的丧失，是因为顺应；安于适时而处之顺应，悲哀和欢乐都不会侵入心房。这就是古人所说的解脱了倒悬之苦，然而不能自我解脱的原因，则是受到了外物的束缚。况且事物的变化不能超越自然的力量已经很久很久，我又怎么能厌恶自己现在的变化呢？”

不久子来也生了病，气息急促将要死去，他的妻子、儿女围在床前哭泣。子犁前往探望，说：“嘿，走开！不要惊扰他由生而死的变化！”子犁靠着门跟子来说话：“伟大啊，造物者！又将把你变成什么，把你送到何方？把你变化成老鼠的肝脏吗？把你变化成虫蚁的臂膀吗？”

子来说：“子女对于父母，无论东西南北，他们都只能听从吩咐差遣。自然的变化对于人，则不啻于父母；它使我靠拢死亡而我却不听从，那么我就太蛮横了，而它有什么过错呢！大地把我的形体托载，用生存来劳苦我，用衰老来闲适我，用死亡来安息我。所以把我的存在看做是好事，也因此可以把我的死亡看做是好事。现在如果有一个高超的冶炼工匠铸造金属器皿，金属熔解后跃起说‘我将必须成为良剑莫邪’，冶炼工匠必定认为这是不吉祥的金属。如今人一旦承受了人的外形，便说‘成人了，成人了’，造物者一定会认为这是不吉祥的人。如今把整个浑一的天地当做大熔炉，把造物者当做高超的冶炼工匠，用什么方法来驱遣我而不可以呢？”于是安闲熟睡似的离开人世，又好像惊喜地醒过来而回到人间。

这 4 个人真是奇人异士，这个故事也很奇异而耐人寻味。从中我们可以看出庄子对生死的态度是何等超然，境界是何等开阔。

生与死是人生旅途中的一个大转折，庄子说，生死齐一，有着看透生死的勇气，就等于把人生中的生死问题彻底解决了。

造化给了我们一个了不起的生命，就是让我们学会面对生命中的一切，包括生与死的重大问题。如果不给我们这个生命，连死的机会都没有，现在总算给我们一个死的机会，多可贵呀！这就是看透生死的勇气。

在这个世界上，每一个人最后都不可避免地走向生命的尽头，有的人走得快，有的人走得慢。走得快的人，看透了生死，反而活出了精彩的人生。而走得慢的人，总是想着自己还有足够的时间去实现自己的人生目标，一拖再拖，直到最后仍然没有完成，碌碌无为地度过了自己平庸的一生。这不能不说是生命的一种悲哀。

春暖时节，花开正艳，生命的灿烂一览无余，但花开之后就有凋谢的那一天，就像生命必有终结之时一样。可是生命的灿烂平息之时，生命并不会停止，就像庄子所说的那样，“指穷于为薪，火传也，不知其尽也”，生命会继续生生不息地存在下去。正如白居易的一首诗所写得那样：

离离原上草，一岁一枯荣。

野火烧不尽，春风吹又生。

庄子告诉我们，人死了以后并没有到哪里去，真正的生命的光辉，永远是亮着的。

第十四讲
徐复观：庄子的第二条人生道路

夫欲免为形者，莫如弃世。弃世则无累，无累则正平，正平则与彼更生，更生则几矣！

——《庄子·达生》

说而不休，多而无已，犹以为寡，益之以怪，以反人为实，而欲以胜人为名，是以与众不适也。

——《庄子·天下》

在现实生活中，无一不互相对立，互相牵连，互相困扰，这如何能“独”？于是庄子提出“忘”的观念、“化”的观念，以说明由虚静之心所达到的效验；在“忘”与“化”的效验之上，自然能独，亦自己能得到绝对的自由。

——徐复观《中国人性论史》

1. 庄子的第二条人生道路

是自埋于民，自藏于畔。其声销，其志无穷，其口虽言，其心未尝言。方且与世违，而心不屑与之俱。是陆沉者也。

——《庄子·则阳》

在评价自己的书时，庄子说自己的书都是一些“谬悠之说，荒唐之言，无端崖之辞”，但是，透过字里行间，我们还是能够感受到隐藏在文字樊篱之内的庄子的那颗热切的心。有人说，庄子的眼睛很冷，看穿了这个世间。其实，庄子正是通过那颗外冷内热的心，想为那些生活在这个世间的人找一条更好的、能够获得更多幸福的路来。

徐复观先生在他的《中国人性论史》一书中，这样描述庄子的思想形成过程：“形成庄子思想的人生和社会背景，乃是在畏惧、压迫的束缚中，想求得精神上的自由解放。庄子认为在战国时代的人生，受各种束缚压迫的情形，有如用绳子吊起来，或用枷锁锁起来一样。”正是因为这样的“不自由”现实，庄子才要教众人走一条通向自由的道路。

其实，在今天的社会中，一个人身上不也有各种各样的重重叠叠的枷锁吗？如何使自己在这个社会中摆脱各种各样的枷锁，如何能够获得自由，庄子在为我们指出一条道路。

人的天性就是不喜欢束缚，是崇尚自由的，如果没有自由，一个人的生命很快就会萎缩，甚至走向死亡。

有这么一则小故事：

戴晋生是个很有才学的人，魏王听说后，便把他请到王宫中面谈。谈话间，魏王见他气度不凡，是经国济世之才，于是产生了要留戴晋生在宫中做官，赐给上大夫的优裕地位和俸禄的想法。

戴晋生却拒绝了，他说：“您见过那沼泽荒地中的野鸡吗？它没有人用现成的食物喂养，全靠自己辛勤觅食，总要走好几步才能啄到一口食，常常是用整天的劳动才能吃饱肚子。可是，它的羽毛却长得十分丰满，光泽闪亮，能和天上的日月相辉映；它奋翅飞翔，引吭长鸣，那叫声弥漫在整个荒野和山陵。您说，为什么会这样呢？因为野鸡能按自己的意志自由自在地生活，它不停地活动，无拘无束地来往在广阔的天地之中。现在如果把它捉回家，喂养在粮仓里，使它不费力气就能吃得饱饱的。它必然会失去原来的朝气与活力，羽毛会失去原有的光润，精神衰退，垂头丧气，叫声也不洪亮了。”

“您知道这是什么原因吗？是不是喂给它的食物不好呢？当然不是。只是因为它失去了往日的自由，禁锢了它的志趣，它怎么会有生气呢！”自由是比任何物质的享受还要珍贵得多的东西。野鸡尚且如此，更不用说人了。

从故事中我们可以体会到，自由对一个人来说是多么可贵。自由是珍贵的，对于一个渴望自由的人来说，选择做一只自由游走的野鸡远比选择做困在樊笼里的孔雀要明智，因为自由永远都是无价的。

从前，有一只生活在树林中的小鸟，虽然生活的空间不人，也有些孤独，但不愁吃喝，也没有什么太大的危险，它舒舒服服地过了几年。直到一天，有一个人拎着一个鸟笼子停在它的“家”边休息，它趁赶路人休息的空闲，悄悄飞到鸟笼旁和笼中鸟聊天。笼中鸟告诉他，在笼子中生活可自在了，不用自己辛苦找吃的，没有任何危险，生活真是太惬意了。这只鸟动心了，它决心也要过这只笼中鸟那样的天堂般的生活。

于是，它就围绕在那睡梦中的赶路人周围努力唱着醉人的歌，歌声吵醒了赶路人，这只想入笼子的鸟就主动飞到他的手上卖力地唱，赶路人很轻易地就把它抓住了。回家以后，就把它放在另一个精致的笼子中。

开始的时候，这只鸟还感觉很惬意，但没过几天，它就开始怀念原来的生活了。原来笼中的生活是这样索然无味，外面的天空那么美，可惜它已经飞不出去了，每天都要卖力地唱歌以换取食物。

没多久，这只鸟就死掉了。

人类和这只小鸟一样，一旦失去了自由，生命也会陷入停滞。

在生活中，自由的内涵是丰富的。对于一个身陷囹圄的人来说，想去哪就去哪就是自由；对于一个疾病缠身的人来说，拥有健康就是自由；对于一个为高考埋头苦读的学生来说，不再有考试就是自由；对于一个得养家糊口的人来说，拥有钱就是自由……

匈牙利诗人裴多菲曾这样说："生命诚可贵，爱情价更高。若为自由故，二者皆可抛。"追求人生的自由，这就是庄子给我们这些芸芸众生指出的第二条人生道路。

2. 精神自由才是真的自由

瞻彼阕者，虚室生白，吉祥止止，夫且不止，是之谓坐驰。

——《庄子·人间世》

庄子告诉我们，一个人要从重重束缚中解脱出来，达到自由的境界。这自由是怎样的自由，如何获得自由？徐复观先生认为，庄子告诉我们的自由方式是精神的自由，一个人人身的自由算不上自由，只有精神的自由才是真正的自由。在《中国人性论史》一书中，徐复观先生特意讲到了庄子对于精神自由的祈向，他说："庄子对精神自由的祈向，首表现于《逍遥游》，《逍遥游》可以说是《庄》书的总论。”只要精神自由了，就能获得心灵的解脱，获得生命的超越，达到自由的大境界，庄子谓之为“游”，亦即开宗明义的“逍遥游”。

无论如何，一个人都要有自己的自由精神，否则，就只能拾人牙慧，成为别人的精神附庸，永远活不出真实的自己，又何谈自由？

世界著名教育家蒙特梭利讲了一个故事。有一个小女孩，到外婆家玩，外婆家小花园的草地上有用于浇花的喷头。小女孩很想玩水，却又不敢去打开喷头，十分犹豫。外婆看到后，鼓励她说：“不用怕，你可以开。”但是小女孩却说：“不，我不能开。因为我的保姆告诉我不可以玩水。”外婆说：“她不在呀，外婆让你开。”小女孩竟然说：“不，那也不行。”在这件事情上，她心灵的主人不再是自己，而被她的保姆代替了，她的心灵已经变成保姆的奴隶了。

这个孩子以后会怎么样？她的心灵如果长久地受到压抑——自己压抑自己，将对人格发展和能力发展会有非常严重的负面影响。她也将成为一名毫无主见、随波逐流的人。

没有自由的心灵，就如笼中的小鸟；没有自由的心灵，就不会有独立的品格。

普鲁斯特是法国著名作家，他所开创的意识流写作方法已成为现代小说一大奇观。

普鲁斯特是一个家境富裕、体弱多病然而有才华的年轻人，他酷爱书籍和绘画，经常出入巴黎社交场合。他在一次疗养过程中爱上了一个叫阿尔贝蒂娜的姑娘，初时遭到拒绝，后来姑娘态度有所改变，他更狂热地爱恋着她，想将她迎娶回家，但是那位姑娘却不告而别。他到处找寻，最后得知她已突然死去。

普鲁斯特深感绝望，在深感绝望之中，他决定从事文学创作，写出一生经历的悲欢苦乐。由于他身患疾病，所以他几乎足不出户，一生都幽居在他的病榻之上，连阳光都极少见。但是他凭借着自己的思想在精神领地上自由驰骋，在他的病榻上开创了意识流的写作方法。20世纪最伟大的意识流派文学作品——《追忆似水年华》就这样在病榻上写就的。

普鲁斯特因疾病困在病榻之上，从来不能自由行走在繁华的世界中，但是普鲁斯特有一颗自由驰骋的心灵，所以他就能够依靠心灵在世间飞驰。

庄子曾经用一个非常动感的词来描述精神自由：坐驰。怎样才能坐驰呢？坐在那里，身子不动，心灵在宇宙之间自由飞翔驰骋。一个人的肉体是可以被羁绊的，但是一定不要给你的心灵戴上枷锁。一个人如果能够保持心灵的自由飞翔驰骋，那他在人间就获得了真正的自由。

3.“道”是悟出来的

自本自根，未有天地，自古以固存。神鬼神帝，生天生地。在太极之先而不为高，在六极之下而不为深，先天地生而不为久，长于上古而不为老。

——《庄子·大宗师》

道究竟从何而来，自本自根。道在哪里，道就在你自己那里，这是自己本来就有的，只不过没有悟出来而已。

明师传道，不过是由别人把他的经验告诉你而已，你依据其教授的经验去做，找出所求的道。人生是一所大学，生活本身是老师，它可以教你很多东西，但学习的过程却是漫长而艰辛的，或许终其一生也未必能真正领悟。只有当人生经历过一定的情感变化、世事变迁、人情冷暖，才能体会出个中滋味。

禅宗典籍中有这样一则小故事：

有一位小沙弥问禅师说："我们寺内，千百年以来出了数不尽的得道高僧，佛堂内化育过无数众生，可是，我们佛桌上那只木鱼听过那么多经书，受过如此多佛号，为什么至今仍是只木鱼而不能成佛呢？"

禅师微微一笑问他："你来这里多久了？"

小沙弥说："已经两年了。"

禅师问："那你懂不懂得念经？"

小沙弥说："懂。"

禅师问："懂不懂得礼佛？"

小沙弥说："懂。"

禅师问："懂不懂得修持？"

小沙弥说："懂。"

禅师笑了起来，说道："你看你自己说了那么多'懂、懂、懂'，那你成佛了没有？"小沙弥脸红地说："还没有。"禅师语重心长地说："这就对了，那只木鱼说了无数声的'咚、咚、咚'，毕竟永远是只木鱼，因为佛法不是说出来的，而是悟出来的。

人生道理、处世经验、做事心得，都不是简简单单能够学到的，"道"是悟出来的，大多数人要用一生的时间来领悟。

奈德·兰塞姆是美国纽约州最著名的牧师，无论是在富人区还是贫民窟都享有极高的威望，他一生一万多次亲临临终者的床前，聆听临终者的忏悔。他的献身精神不知感化过多少人。

1967 年，84 岁的兰塞姆由于年龄的关系，已无法走近需要他的人。他躺在教堂的一间阁楼里，打算用生命的最后几年写一本书，把自己对生命、生活和死亡的认识告诉世人。他多次动笔，几易其稿，都感觉到没有说出他想表达的东西。

一天，一位老妇人来敲他的门，说自己的丈夫快不行了，临终前很想见见他。兰塞姆不愿让这位远道而来的妇人失望，更不愿让她的丈夫失望，在别人的搀扶下，他去了。临终者是位布店老板，已 72 岁，年轻时曾和著名音乐指挥家卡拉杨一起学吹小号。他说他非常喜欢音乐，当时他的成绩远在卡拉杨之上，老师也非常看好他的前程，可惜 20 岁时，他迷上了赛马，结果把音乐荒废了，要不他可能是一个相当不错的音乐家。现在生命快要结束了，一生庸碌，他感到非常遗憾。他告诉兰塞姆，到另一个世界里，他绝不会做这样的傻事，他请求上帝原谅他，再给他一次学习音乐的机会。兰塞姆很体谅他的心情，尽力安抚他，答应回去后为他祈祷。

兰塞姆回到教堂，拿出他的六十多本日记，决定把一些人的临终忏悔编成一本书，他认为无论他如何论述生死，都不如这些话更能给人们以启迪。他给书起了名字《最后的话》，书的内容也从日记中圈出。可是在芝加哥麦金利影印公司承印该书时，芝加哥发生了大地震，兰塞姆的 63 本日记毁于一旦。

1972 年，《基督教真理箴言报》非常痛惜地报道了这件事，把它称之为基督教世界的“芝加哥大地震”。兰塞姆也深感痛心，他知道风烛残年的他是不可能再回忆出这些东西的，那一年他已是 90 岁高龄的老人。1975 年，兰塞姆去世。临终前，他对身边的人说，圣基督画像的后面有一只牛皮信封，那里面有他留给世人“最后的话”。兰塞姆去世后，葬在新圣保罗大教堂，他的墓碑上工工整整地刻着他的手迹：“假如时光可以倒流，世上将有一半的人成为伟人……”另据《基督教真理箴言报》报道，这块墓碑也是世界上唯一一块带有省略号的墓碑！

如果人们将临终反思提前 50 年、40 年、30 年，那么世界上会有一半的人可以成为伟人。每个人最后的反思，不到那最后一刻，谁也不知道。人之将死，其言也善，人们总是在临终的那一刻才感悟出了一些深刻的意义。自本自根，在自己的生活中发掘“道”的含义，不要等到青丝变成白发才开始悔悟人生。要学会在浓缩的人生经历中思考生命的真谛，让生命的内涵不断丰富，在积淀的人生中找寻生命的意义。

4. 放下即逍遥

且举世誉之而不加劝，举世非之而不加沮。定乎内外之分，辨乎荣辱之境，斯已矣。彼其于世，未数数然也，虽然，犹有未树也。夫列子御风而行，泠然善也，旬有五日而后反。彼于致福者，未数数然也。此虽免乎行，犹有所待者也。若夫乘天地之正，而御六气之辩，以游无穷者，彼且恶乎待哉！故曰：至人无己，神人无功，圣人无名。

——《庄子·逍遥游》

一个人为什么不能够得到逍遥，他的精神为什么不能获得自由呢？徐复观先生通过对《庄子》一书分析认为，庄子找到的原因是：一个人之所以不能获得自由，就是因为自己不能支配自己，而须受外力的牵连。受外力的牵连，即会受到外力的限制甚至支配。这种牵连，庄子称之为“待”。

现实生活中，我们每天都渴望获得自由，一个人要想获得人生的自由，必须超越“待”字，摆脱外力的牵连，才能真正达到“逍遥游”的境界。这就是我们联想到的禅宗所说的“放下”，一个人能够学会放下，就会达到逍遥的境界。

有一则逸事，即在告诫人们过分执著是多么愚蠢的事情。

那是马祖和尚和南岳和尚正在修行时所发生的事情。一天，南岳和尚来拜访马祖和尚说：“马祖，你最近在做什么？”

“我每天都在坐禅。”

“哦，原来如此，你坐禅的目的是什么？”

“当然为了成佛呀！”

坐禅是为了观照真正的自我，而悟道成佛，这是一般人对坐禅的认识，马祖也这么认为。

可是，南岳和尚一听到马祖的话，竟然拿来一枚瓦片，默默地磨了起来，觉得不可思议的马祖便开口问：“你究竟想干什么啊？”

南岳平静地回答：“你没有看到我在磨瓦吗？”

“你磨瓦做什么？”

“做镜子。”

“大师，瓦片是没法磨成镜子的。”

“马祖啊，坐禅也是不能成佛的。”

南岳和尚用瓦片不能磨成镜子的道理来告诉马祖，坐禅不能成佛的原因，这段对话的内容看似骗小孩子，有点滑稽，实际上意义非常深远。

如前所述，一般人都认为坐禅是悟道成佛的唯一方法。因此在修行时，非常重视坐禅，主张彻底地去做；不过，南岳看到马祖天天坐禅的生活，却予以否定的评价。

为什么呢？南岳言外之意的目的是想告诉马祖，他过分执著坐禅的形式和手段。虽然坐禅很有意义，可是如果被坐禅束缚，心的自由就会受到制约、控制，也就无法悟道成佛了。因此，坐禅的方法虽然是禅最重视的，一旦过分执著其中，反而需要予以否定了。

如此这般，以禅的立场来看，执著必须全被否定，否则一旦陷入执著，就什么东西也得不到了。

人们常常执著于一些东西来过日子，可是一旦持有固执的心，就无法真正自由地生活，也无法用禅性的想法来谋求自我实现。

《庄子·田子方》中记载了这样一则寓言：

列御寇为伯昏无人表演射箭的本领，他拉满弓弦，又放置一杯水在手肘上，发出第一支箭，箭还未至靶的，紧接着又搭上了一支箭，刚射出第二支箭而另一支又搭上了弓弦。在这个时候，列御寇的神情真像是一动也不动的木偶人似的。伯昏无人看后说："这只是有心射箭的射法，还不是无心射箭的射法。我想跟你登上高山，脚踏危石，面对百丈的深渊，那时你还能射箭吗？"

于是伯昏无人便登上高山，脚踏危石，身临百丈深渊，然后再背转身来慢慢往悬崖退步，直到部分脚掌悬空，这才拱手恭请列御寇跟上来射箭。列御寇伏在地上，吓得汗水直流到脚后跟。伯昏无人说："一个修养高尚的'至人'，上能窥测青天，下能潜入黄泉，精神自由奔放达于宇宙八方，神情始终不会改变。如今你胆战心惊有了眼花恐惧的念头，你要射中靶的不就很困难了吗？”

一个人如果不懂得放下，就会执著于外物，就会在做事的时候有所分心，这样的人就不会获得最后的成功，更何谈精神的自由呢？

因此，一个人不但要学会执著，更要学会放下，就像庄子所说的，如果能够遵循宇宙万物的规律，把握“六气”的变化，遨游于无穷无尽的境域，他还仰赖什么呢！一个人不再依赖外物的时刻，就是获得自由的时刻！

5. 坐忘无迹

至人无己，神人无功，圣人无名。

——《庄子·逍遥游》

堕肢体，黜聪明，离形去知，同于大通。此谓坐忘。

——《庄子·大宗师》

庄子认为一个人想要达到绝对的精神自由，必须不再执著于“物”，达到忘记自己，忘记功利，忘记名声的境界，那通过什么样的方式达到这一境界呢？庄子通过一则寓言告诉我们“坐忘”的方法。

有一天，颜回说：“我进步了。”孔子问道：“你的进步指的是什么？”颜回说：“我已经忘却仁义了。”孔子说：“好哇，不过还不够。”过了几天颜回再次拜见孔子，说：“我又进步了。”孔子问：“你的进步指的是什么？”颜回说：“我忘却礼乐了。”孔子说：“好哇，不过还不够。”过了几天颜回又再次拜见孔子，说：“我又进步了。”孔子问：“你的进步指的是什么？”颜回说：“我‘坐忘’了。”孔子惊奇不安地问：“什么叫‘坐忘’？”颜回答道：“毁废了强健的肢体，退除了灵敏的听觉和清晰的视力，脱离了身躯并抛弃了智慧，从而与大道混同相通为一体，这就叫静坐心空、物我两忘的‘坐忘’。”孔子说：“与万物同一就没有偏好，顺应变化就不执滞常理。你果真成了贤人啊！我作为老师也希望能跟随学习而步你的后尘。”

庄子认为，一个人要想获得自由，达到“游”的境界，必须有“坐忘”的功夫。其实，在现实生活中，如果我们能够不执著于仁义礼乐，不贪念于功名利禄，也可以获得自由的境界。

有一则佛教故事这么说：

智通法师自诩神通广大，他来到慧明禅师面前，想与他验证一下。

慧明谦和地问：“早就听说你能够看透人的心迹，不知是不是真的？”

智通法师答道：“只是些小伎俩而已！”

慧明禅师于是想了一件事，问道：“请看老僧现在身在何处？”

智通法师运用神通，查看了一番，答道：“高山仰止，小河流水。”

慧明禅师微笑着点头，将心念一转，又问：“请看老僧现在身在何处？”

智通法师又运用神通，查看了一番，笑着说：“禅师怎么去和山中猴子玩耍了？”

“果然了得！”慧明禅师面露嘉许之色，称赞过后，随即将风行雨散的心念收起，反视内照，进入禅定的境界，无我相、无人相、无世界相、无动静相，这才笑吟吟地问："请看老僧如今在什么地方？"

智通法师神通过处，只见青空无云、水潭无月、人间无踪、明镜无影。

智通法师使尽了浑身解数，天上地下彻照，全不见慧明心迹，一时惘然不知所措。

慧明禅师缓缓出定，含着笑对智通说："阁下有通心之神力，能知道他人一切去处，好极！好极！可是却不能探察我的心迹，你知道这是为什么吗？"

智通摇摇头，满脸迷惑。

慧明禅师笑着说："因为我现在没有心迹，既然没有，你怎么能够探察到？"

忘是一种方法，更是一种境界，正如故事中所说，如果你没有心迹了，还有什么可以牵绊你呢？

一个人，只要你还有心迹存在，无论你隐藏得多深，别人还是可以影响到你，还是可以体察到你，你就不能获得最后的自由。只有真正忘记一切，做到心无外物，才能真正体察到精神的自由。

6. 一龙一蛇，与时俱化

若夫乘道德而浮游则不然，无誉无訾，一龙一蛇，与时俱化，而无肯专为。一上一下，以和为量，浮游乎万物之祖。物物而不物于物，则胡可得而累邪！此神农、黄帝之法则也。

——《庄子·山木》

《庄子·山木》篇中，庄子曾经对他的弟子说过这样的话：

没有赞誉没有诋毁，时而像龙一样腾飞，时而像蛇一样蛰伏，跟随时间的推移而变化，而不愿偏滞于某一方面；时而进取，时而退缩，一切以顺和作为度量，悠游自得地生活在万物的初始状态，役使外物，却不被外物所役使，那么，怎么会受到外物的拘束和劳累呢？这就是神农、黄帝的处世原则。

徐复观先生认为，一个人只有“游乎万物之祖”即“道”，主宰自己，顺应万物的变化时，才能达到真正的自由。一个人身处竞争激烈的现代社会，只有学会顺应万物的变化而变化，才能获得自由。

在《庄子·知北游》篇中，庄子假托孔子和其弟子颜渊对话，阐释“外化内不化”的道理。

颜渊问孔子说：“我曾听先生说过，‘不要有所送，也不要有所迎。’请问先生，一个人应该怎样居处与闲游？”

孔子说：“古时候的人，外表适应环境变化但内心世界却持守凝寂，现在的人，内心世界不能持守凝寂而外表又不能适应环境的变化。随应外物变化的人，必定内心纯一凝寂而不离散游移。对于变化与不变化都能安然听任，安闲自得地跟外在环境相顺应，必定会与外物一道变化而不有所偏移。韦氏的苑囿，黄帝的果林，虞舜的宫室，商汤、周武王的房舍，都是他们养心任物的好处所。那些称做君子的人，如像儒家、墨家之流，以是非好坏来相互诋毁，何况现时的人呢！圣人与外物相处却不损伤外物。不伤害外物的人，外物也不会伤害他。正因为无所伤害，因而能够与他人自然相送或相迎。山林呢，还是旷野呢？这都使我感到无限欢乐啊！可是欢乐还未消逝，悲哀又接着到来。悲哀与欢乐的到来，我无法阻挡，悲哀与欢乐的离去，我也不可能制止。可悲啊，世上的人们只不过是外物临时栖息的旅舍罢了。人们知道遇上了什么却不知道遇不上什么，能够做自身能力所及却不能做自身能力所不及的事。不知道与不能够，本来就是人们所不可回避的，一定要避开自己所不能避开的事，难道不可悲吗！最好的言论是什么也没说，最好的行动是什么也没做。要想把每个人所知道的各种认识全都等同起来，那就实在是浅陋了。”

每个人都是一个独立的个体，但同时每个人也都是社会的一员。个体的幸福与社会的利益之间必然会有冲突，如何解决这个冲突呢？庄子在他的书中提出一种独特的人生价值观，在《知北游》篇中，庄子假托孔子之口说：“仲尼曰：古之人外化而内不化，今之人内化而外不化。”这两句话如何理解呢？

“外化而内不化”，从字面上理解就是说，外表随着事物的变化而变化，而内心有所坚持，坚守不变。一个人在社会上生存，必然会被社会上的各种规则，各种法度所制约，在这时，一个人需要遵守这些外在的东西，这就做到了庄子所说的“外化”。但同时，一个人之所以是一个独特的个体，必然有他与众不同的地方，这时一个人需要坚持自己的独特个性，坚守自己的内心禀赋，这就是庄子所谓的“内不化”。一个人要想在这个社会上很快乐，很顺利地生存下去，必须做到这一点。

如果一个人能够在这个社会之中做到“外化而内不化”，就能体验到生命操之在我的快感了，也就能体验到真正的人生大自由。

进入信息时代，世界每天都瞬息万变，我们的社会每天都在出现新情况，提出新规则，这对每一个人都是一种新的要求、新的考验。如果一个人食古不化，总是坚持自己的保守的、墨守成规的准则，就会陷入被动，在社会上没有立锥之地。因此，一个人应该学会顺应外界的变化，接受各种各样的新知识，同时又坚守自己的心灵，保持一颗纯净的心灵。在顺应外界和保持真我之间灵活应付，就能够达到“一龙一蛇，与时俱化”，就能体验到真正的人生大自由。

第十五讲

南怀瑾：真正的伟大与平凡

然则我内直而外曲，成而上比。

——《庄子·人间世》

内直者，与天为徒。与天为徒者，知天子之与己，皆天之所子，而独以己言蕲乎而人善之，蕲乎而人不善之邪？

外曲者，与人之为徒也。擎跽曲拳，人臣之礼也。人皆为之，吾敢不为邪？为人之所为者，人亦无疵焉，是之谓与人为徒。

——《庄子·人间世》

那么我修道的功夫，修到不表现出来的程度，内在方直而外面曲成，这就中儒家所讲的“外圆内方”，外面圆融一点，和人家接触和蔼一点，里头还是修我的道。

——南怀瑾《庄子讲记》

1. 三千弱水，只饮一瓢

夫藏舟于壑，藏山于泽，谓之固矣。然而夜半有力者负之而走，昧者不知也。

——《庄子·大宗师》

南怀瑾先生解释说，这里的“藏”字，只能借用一个名称来讲，就是佛学中所说的执著，抓得很牢。一个人对生命之中的一切，都想把握得很牢，其实生命永远都不会给你完全把握的。想牢牢把握人生，就是这里所说的“藏舟于壑，藏山于泽”，把船藏在山谷里面，把山藏在海洋里面。如此隐藏，在普通人看来，的确十分牢固。人们往往不知道，虽然我们认为藏得很好，但是有个大力士，半夜三更不知不觉地把山和海都背走了。南先生认为，中国古籍中的“天圆地方”，是指地有方位，曾子就曾讲过地球是圆的，且一直在旋转，所谓“天道左旋，地道右旋”的观念，由来已久。这里庄子是说，一般人不懂得，以为自己坐在地球上很稳当，实际上地球一直在转动，仿佛山和海在夜里悄悄被人搬走似的。

人生不可能完全被掌控，正所谓“谋事在人，成事在天”，生命中总有些难以预料的事情，有时无需太过执著，正如感情，感情是一捧细沙，握得越紧，越容易流失。自以为，一切尽在掌握中，一切藏得严严实实，其实却十分不牢靠。

有一条河流从遥远的高山上流下来，流过了很多个村庄与森林，最后它来到了一片沙漠。它想：“我已经越过了重重的障碍，这次应该也可以越过这个沙漠吧！”当它决定越过这片沙漠的时候，它发现它的河水渐渐消失在泥沙之中，它试了一次又一次，总是徒劳无功，于是，它灰心了，“也许这就是我的命运了，我永远也到不了传说中那个浩瀚的大海”，它颓废地自言自语。

这时候，四周响起了一阵低沉的声音：“如果微风可以跨越沙漠，那么河流也可以。”原来这是沙漠发出的声音。小河流很不服气地回答说：“那是因为微风可以飞过沙漠，可是我却不可以。”“因为你坚持你原来的样子，所以你永远无法跨越这个沙漠。你必须让微风带着你飞过这个沙漠，到达你的目的地。你只要愿意放弃你现在的样子，让自己蒸发到微风中。”沙漠用它低沉的声音这样说。

小河流从来不知道有这样的事情，“放弃我现在的样子，然后消失在微风中？不！不！”小河流无法接受这样的事情，毕竟它从未有这样的经验，叫它放弃自己现在的样子，那么不等于是自我毁灭了吗？“我怎么知道这是真的？”小河流这么问。“微风可以把水汽包含在它之中，然后飘过沙漠，等到了适当的地点，它就把这些水汽释放出来，于是就变成了雨水。然后，这些雨水又会形成河流，继续向前进。”沙漠很有耐心地回答。

“那我还是原来的河流吗？”小河流问。“可以说是，也可以说不是。”沙漠回答，“不管你是一条河流或是看不见的水蒸气，你内在的本质从来没有改变。你之所以会坚持你是一条河流，因为你从来不知道自己内在的本质。”此时小河流的心中，隐隐约约地想起了自己在变成河流之前，似乎也是由微风带着自己，飞到内陆某座高山的半山腰，然后变成雨水落下，才变成今日的河流的。于是，小河流终于鼓起勇气，投入微风张开的双臂，消失在微风之中，让微风带着它，奔向它生命中某个阶段的归宿。

2. 祸福只在一念间

故解之以牛之白颡者，与豚之亢鼻者，与人有痔病者，不可以适河。此皆巫祝以知之矣，所以为不祥也。此乃神人之所以为大祥也。

——《庄子·人间世》

这段话的意思是，古人祈祷神灵消除灾害，总不把白色额头的牛、高鼻折额的猪以及患有痔疮疾病的人沉入河中去用做祭奠。这些情况巫师全都了解，认为他们都是很不吉祥的。不过这正是“神人”所认为的世上最大的吉祥。

这是一段庄子式的滑稽幽默，却把人生之道看得十分透彻。庄子引用古代人的迷信来说明一般人认为不吉利的东西，但“神人”却认为这种“不吉利”反而有益无害。比如说，一匹头上有白毛的马没人敢骑，反而因此免去了一辈子的奴役；一头鼻子高高翘起的猪不会被杀掉做祭祀，才会好好地活到老。所以，世人认为不吉利的，在上天看来却是大吉大利。南先生说，任何事情都有它的两面性，关键是看你如何从不利的一面当中看到有利的那一面。

从前有一个国王，除了打猎以外，最喜欢与宰相微服私访。宰相除了处理国务以外，就是陪着国王下乡巡视，他最常挂在嘴边的一句话就是：“一切都是最好的安排。”

有一次，国王兴高采烈地到大草原打猎，他射伤了一只花豹。国王一时失去戒心，居然在随从尚未赶上时，就下马检视花豹。谁想到，花豹突然跳起来，将国王的小手指咬掉小半截。

回宫以后，国王越想越不痛快，就找了宰相来饮酒解愁。宰相知道了这事后，一边举酒敬国王，一边微笑着说：“大王啊！少了一小块肉总比少了一条命来得好吧！想开　点，一切都是最好的安排！”

国王听了很是生气："你真是大胆！你真的认为一切都是最好的安排吗？"

"是的，大王，一切都是最好的安排。"

国王说："如果我把你关进监狱，难道这也是最好的安排？"

宰相微笑说："如果是这样，我也深信这是最好的安排。"

国王大手一挥，两名侍卫就架着宰相走出去了。

过了一个月，国王养好伤，又找了一个近臣出游了。谁知路上碰到一群野蛮人，他们把国王抓住用来祭神。就在最后关键时刻，大祭司发现国王的左手小指头少了小半截，他忍痛下令说："把这个废物赶走，另外再找一个！"因为祭神要用"完美"的祭品，大祭司就把陪伴国王一起出游的近臣抓来代替。脱困的国王欣喜若狂，飞奔回宫，立刻叫人将宰相释放了，在御花园设宴，为自己保住一命，也为宰相重获自由而庆祝。

国王向宰相敬酒说："宰相，你说的真是一点也不错，如果不是被花豹咬一口，今天连命都没了。可我不明白，你被关监狱一个月，怎么也是最好的安排呢？"

宰相慢慢地说："大王您想想看，如果我不是在监狱里，那么陪伴您微服私巡的人，不是我还会是谁呢？等到蛮人发现国王不适合拿来祭祀时，谁会被丢进大锅中烹煮呢？不是我还有谁呢？所以，我要为大王将我关进监狱而向您敬酒，您也救了我一命啊！"

宰相是一个明智的人，他能从事物的不利中看到有利的一面，并始终认为一切都是最好的安排，这无疑是一种积极的人生态度。

南先生认为，正是因为有些人不能正确地看待自己的"利"与"不利"，没有正确认清自己的价值，没有好好地活在这个世界里，才会自己给自己找麻烦。人生中难免遭遇一些利害得失，学会辩证地看待事物的两面，就会少一些挫折感，你的人生也才能轻松愉快。

3. 永远保持一颗“初心”

是以十九年而刀刃若新发于硎。

——《庄子·养生主》

在庖丁解牛的故事中，庖丁说了这样一句话：“因此这把刀我用了 19 年还没换过，它和刚刚出炉的刀一样新。”南怀瑾先生认为，这一句话是重点。我们做人做事，要永远保持着刚刚出来的那个心情。譬如年轻人刚出学校，是满怀希望，满怀抱负。但是入世久了，挫折受多了，艰难困苦经历了，或者心染污了，变坏了；或者本来很爽直的，变得不敢说话了；或者本来很坦白的，变得很歪曲了；本来有抱负的，最后变得很窝囊了。我们一般认为，这是社会与环境影响了一个人。其实懂了庄子讲的这个故事的道理，就知道社会与环境不足以影响人。所以我们自己要有独立的造诣，独立的修养。如果自己独立修养的精神超神入化，那么在任何复杂的世界，任何复杂的时代，任何复杂的环境里头，“恢恢乎其于游刃必有余地矣”，都可以永远保持最初时的心理状况。这是最高的修养，这在中国传统文化中叫做“初心”。人能够永远保持“初心”，不受外界环境影响，不受外界环境污染，永远保持光明磊落，坦白纯洁，就像《老子》上所讲的“能婴儿乎”，那么，就会如庄子所说，这一把刀，“刀刃若新发于硎”，永远不会坏，永远如新。

同时，我们要了解，生命的修养也是这个道理。人为什么会苍老呢？受了情绪的变化和一切外界的影响，使我们慢慢由青年到中年再到老年。所以修道与处世，就是庖丁解牛的道理。虽然处于很复杂的世间，“批大郤，导大窾”，处理大关键，把握大要点，始终保持着自己的头脑清醒，保持着自己的初心坦白，像这把刀刚出炉一样，不硬砍，不硬剁，不硬来，那么就可以永远使生命保持健康与青春。

南先生认为，社会与环境不足以影响人。每一个人要有独立的修养，不受外界环境影响，永远保持一颗光明磊落、纯洁质朴的心。这才是做人的最高修养。

著名作家沈从文可谓是一个没有学历而有学问的学者。他怀着梦想刚来到北京闯荡时，一边在北大做旁听生，一边阅读大量书籍，并与诸多大师结识，不断成长。后来，他带着一身泥土气闯入十里洋场的上海，时间不长，即以一手灵气飘逸的散文而震惊文坛。

1928 年，时年 26 岁的沈从文被当时任中国公学校长的胡适聘为该校讲师。

在此之前，沈从文以行云流水的文笔描写真实的情感，赢得了一大批读者，在文坛享有很高的声望，但他给大学生讲课却是头一回。为了讲好第一堂课，他进行了认真准备，精心编定了讲义。尽管如此，第一天走上讲台，看见台下黑压压地坐满了学生，他心里仍不免发虚。

面对台下坐着的众多学子，沈从文竟整整呆了 10 分钟，一句话也说不出。后来开始讲课了，由于心情紧张，他只顾低着头念讲稿，事先设计在中间插讲的内容全都忘得一干二净。结果，原先准备的一堂课，10 分钟就讲完了。接下来的几十分钟怎么打发？他心慌意乱，冷汗顺着脊背直淌。这样的尴尬场面，他以前可从来没有经历过。

后来，沈从文没有用天南地北地瞎扯来硬撑“面子”，而是老老实实拿起粉笔在黑板上写道：“今天是我第一次上课，人很多，我害怕了！”于是，这老实可爱的坦言“害怕”，引起全堂一阵善意的笑声……

胡适深知沈从文的学识、潜力和为人，在听说这次讲课的经过后，不仅没有批评，反而不失幽默地说：“沈从文的第一次上课成功了！”后来，一位当时听过这堂课的学生在文章中写道，沈先生的坦率赤诚令人钦佩，这是我有生以来听过的最有意义的一堂课。

此后，沈从文曾先后在西南联大师范学院和北大任教。正因为不是“科班”出身，他不墨守成规，而代之以别开生面的言传身教的文学教育，获得了成功。而他那“成功”的第一课，则在学生之中不断流传，成为他率直人生的真实写照。

莎士比亚曾经说过，老老实实最能打动人心。一句“我害怕了”，袒露了一代文学巨匠的内心。面对失败不敷衍，不做作，不逃避，能老实可爱地袒露内心的人，必然会得到别人的谅解。

南先生说，人之所以苍老是由于受一切外界环境和自己情绪变化的影响，而怀着自己的“初心”和一颗质朴的童心，可以让生命永远保持健康，让生命永远保持青春。

而生活在世俗纷扰的世界里，尔虞我诈让我们多了一些虚伪，钩心斗角让我们多了一些狡诈，世态炎凉让我们多了一些冷漠……走过的岁月愈多，累积的足印愈深，我们愈想抓住回眸的无邪。于是，我们从心底渴望回归，回归生活的原始本色。

拥抱最真实的赤子情怀，保持心灵的纯净与天然，在质朴中处世，在质朴中做人。时刻保留一份孩子般的天真和无邪吧，人生本来就可以这么简单。

4. 做一只容易满足的鼹鼠

鹪鹩巢于深林，不过一枝；偃鼠饮河，不过满腹。

——《庄子·逍遥游》

小鸟在森林里，只要有一条树枝给它立足就很高兴了。风一吹过来，一摇一摇的，鸟在那里又唱又闹，两个眼睛滴溜溜到处转，它觉得整个天地都是属于自己的，非常自由自在。青年同学联考过后，出了考场，到山里头找一块大石头躺下来，那个时候，爸爸妈妈都看不到，谁也不过问，就会觉得整个天地都是我的，很伟大，跟这个小鸟一样的，不过一进课堂就要命了。“偃鼠”是田里的老鼠。“偃鼠”口干了跑去喝水，它只要喝一点点水，肚子就胀了。这个比喻是说小人物，小境界，只要自己觉得满足就可以了，再找一个环境去满足是不必要的。

托尔斯泰说过，欲望越小，人生就越幸福。他给身边的人讲了一个发人深省的小故事。有一个人想得到一块土地，地主就对他说，你清早从这里往外跑，跑一段就插个旗杆，只要你在太阳落山前赶回来，插上旗杆的地都归你。那人就不要命地跑，太阳偏西了还不知足。太阳落山前，他是跑回来了，但已精疲力竭，摔个跟头就再没起来。于是有人挖了个坑，就地埋了他。牧师在给这个人做祈祷的时候说："一个人要多少土地呢？就这么大。"

其实，我们每一个人所拥有的财物，无论是有形的，还是无形的，没有一样是属于自己的。那些东西不过是暂时寄托于你，有的让你暂时使用，有的让你暂时保管而已，到了最后，物归何主，都未可知。南先生认为，智者则把这些财富统统视为身外之物。

有位国王，天下尽在手中，照理，应该满足了吧，但事实并非如此。

国王自己也纳闷，为什么对自己的生活还不满意，尽管他也有意识地参加一些有意思的晚宴和聚会，但都无济于事，总觉得缺点什么。

一天，国王起个大早，决定在王宫中四处转转。当国王走到御膳房时，他听到有人在快乐地哼着小曲。循着声音，国王看到是一个厨子在唱歌，脸上洋溢着幸福和快乐。

国王甚是奇怪，他问厨子为什么如此快乐？厨子答道："陛下，我虽然只不过是个厨子，但我一直尽我所能让我的妻小快乐，我们所需不多，头顶有间草屋，肚里不缺暖食，便够了。我的妻子和孩子是我的精神支柱，而我带回家哪怕一件小东西都能让他们满足。我之所以天天如此快乐，是因为我的家人天天都快乐。"

听到这里，国王让厨子先退下，然后向宰相咨询此事，宰相答道："陛下，我相信这个厨子还没有成为99一族。"

国王诧异地问道："99一族？什么是99一族？"

宰相答道："陛下，想确切地知道什么是99一族，请您先做这样一件事情，在一个包里，放进去99枚金币，然后把这个包放在那个厨子的家门口，您很快就会明白什么是99一族了。"

国王按照宰相所言，令人将装了99枚金币的布包放在了那个快乐的厨子家门前。

厨子回家的时候发现了门前的布包，好奇心让他将包拿到房间里，当他打开包，先是惊诧，然后狂喜。金币！全是金币！这么多的金币！厨子将包里的金币全部倒在桌上，开始查点金币，99 枚，厨子认为不应该是这个数，于是他数了一遍又一遍，的确是 99 枚。他开始纳闷：没理由只有 99 枚啊？没有人会只装 99 枚啊？那么那一枚金币哪里去了？厨子开始寻找，他找遍了整个房间，又找遍了整个院子，直到筋疲力尽，他才彻底绝望了，心中沮丧到了极点。

他决定从明天起，加倍努力工作，早日挣回一枚金币，以使他的财富达到 100 枚金币。

由于晚上找金币太辛苦，第二天早上他起来得有点晚，情绪也极坏，对妻子和孩子大吼大叫，责怪他们没有及时叫醒他，影响了他早日挣到一枚金币这一宏伟目标的实现。

他匆匆来到御膳房，不再像往日那样兴高采烈，既不哼小曲也不吹口哨了，只是埋头拼命地干活，一点也没有注意到国王正悄悄地观察着他。看到厨子心绪变化如此巨大，国王大为不解，得到那么多的金币应该欣喜若狂才对啊。他再次询问宰相。

宰相答道："陛下，这个厨子现在已经正式加入 99 一族了。99 一族是这样一类人，他们拥有很多，但从来不会满足，他们拼命工作，为了额外的那个'1'，他们苦苦努力，渴望尽早实现'100'。原本生活中那么多值得高兴和满足的事情，因为忽然出现了凑足 100 的可能性，一切都被打破了，他竭力去追求那个并无实质意义的'1'，不惜付出失去所有快乐的代价，这就是 99 一族。"

"人心不足蛇吞象"，它形象表明了人的欲望是永远不知满足的，要想真正享受人生的乐趣，就需要知足常乐的心。

知足是一种境界，知足的人总是微笑着面对生活，在知足的人眼里，世界上没有解决不了的问题，没有过不去的河，他们会为自己寻找合适的台阶，而绝不会庸人自扰；知足是一种大度，大“肚”能容天下事，在知足者的眼里，一切过分的纷争和索取都显得多余，在他们的天平上，没有比知足更容易求得心理平衡的了。

知足常乐。做一只容易满足的“鼹鼠”吧，幸福从今天开始。

5. 生命，各自有各自的快乐

朝菌不知晦朔，蟪蛄不知春秋，此小年也。

——《庄子·逍遥游》

往矣！吾将曳尾于涂中。

——《庄子·秋水》

庄子阐释了生物界寿命的长短，说明生命境界的不同感受。树根上的小蘑菇寿命不到一个月，因此它不理解一个月的时间是多长；蝉的寿命很短，生于夏天，死于冬末，它们不知道一年当中有春天和秋天。它们的生命都是短暂的，一般人觉得它们可怜。然而，南先生却不这样认为。他说，那些生命即使活了几秒钟也觉得自己活了一辈子，因为它们有它们的快乐。感受的境界各自不同，生命也各有各的快乐。

龙王与青蛙一天在海滨相遇，打过招呼后，青蛙问龙王：“大王，你的住处是什么样的？”

“珍珠砌筑的宫殿，贝壳筑成的阙楼，屋檐华丽而有气派，厅柱坚实而又漂亮。”龙王反问了一句，“你呢？你的住处如何？”

青蛙说：“我的住处绿藓似毡，娇草如茵，清泉潺潺。”

说完，青蛙又向龙王提了一个问题：“大王，你高兴时如何？发怒时又怎样？”

龙王说：“我若高兴，就普降甘露，让大地滋润，使五谷丰登；若发怒，则先吹风暴，再发霹雳，继而打闪放电，叫千里以内寸草不留。那么，你呢？青蛙！”

青蛙说：“我高兴时，就面对清风朗月，呱呱叫上一通；发怒时，先瞪眼睛，再鼓肚皮，最后气消肚瘪，万事了结。”

人活在世上都要扮演一定的社会角色，或者是“龙王”，或者是“青蛙”。龙王有龙王的活法，青蛙有青蛙的活法，不要一味地羡慕别人，“青蛙”们也有自己的生活乐趣，而这些乐趣“龙王”们不一定具备呢！或许你的生活很简单，但是你也会有自己的乐趣。人生的真正快乐，就在于最简单的满足。

富翁到海边的一个小渔村度假。傍晚，他来到海边散步，看见一个渔民满载而归。富翁与渔民闲聊了起来，看着他捕的鱼，问他为什么不再多捕一些呢？

“这些鱼已经足够我一家人生活所需。”

“那么你一天剩下那么多时间都在干什么？”

渔民满足地说：“我呀？我每天回来后跟孩子们玩一玩，黄昏时晃到村子里喝点小酒，跟哥们儿玩玩吉他，我的日子可过得充实又忙碌呢！”

富翁不以为然，帮他出主意：“我倒是可以帮你忙！你应该每天多花一些时间去抓鱼，到时候你就有钱去买条大一点的船。然后你可以捕更多的鱼，再买更多渔船，拥有一个渔船队。到时候你就不必把鱼卖给鱼贩子，而是直接卖给加工厂。接着你自己开一家罐头工厂，离开这个小渔村，搬到洛杉矶，最后到纽约，在那里经营你不断扩充的企业。”

“这要花多少时间呢？”

“15 到 20 年。”

“然后呢？”

富翁大笑着说：“然后你就可以在家当富翁啦！时机一到，你就可以宣布股票上市，把你公司的股份卖给投资大众。到时候你就发啦！你可以几亿几亿地赚！”

“然后呢？”

富翁说：“到那个时候你就可以退休啦！你可以搬到海边的小渔村去住。每天出海随便捕几条鱼，跟孩子们玩一玩，黄昏时晃到村子里喝点小酒，跟哥们玩玩吉他！”

渔夫一脸自得地说：“我现在不就达到这样的生活目标了吗？”

人来到这个世界后，一开始无忧无虑，因为需求的东西少，负担少，所以得到的快乐也就多。随着自己想要得到的东西不断地增加，要求不断地提高，各种各样的负担和烦恼也由此而生，除了苦苦挣扎得到想要得到的一切之外，再也没有时间去想自己是不是过得快乐。到了最后，等到终于明白了这个问题，生命的守护神已经开始远离你而去了，等待你的就是生命的衰落、灭亡。

“木末芙蓉花，山中发红萼，涧户寂无人，纷纷开自落。”那山中的芙蓉花并不因生在深山而黯然销魂，春来秋去，它依然绽放自己生命的美丽，灿烂地活在世上，体验生命的大快乐。

心理学家马修·杰波博士说：“快乐纯粹是内发的，它的产生不是由于外物，而是由于不受环境拘束的个人举动所产生的观念、思想与态度。”生命各有各的快乐，寻找属于你自己的快乐，才是最大的快乐。

第十六讲
朱谦之：因由看破自逍遥

物无非彼，物无非是。自彼则不见，自知则知之。故曰：彼出于是，是亦因彼。

——《庄子·齐物论》

古之真人，其寝不梦，其觉无忧，其食不甘，其息深深。

——《庄子·大宗师》

在《天下》篇，庄子说他自己的理想生活是："独与天地精神往来，而不敖倪于万物。不谴是非，以与世俗处……上与造物者游，而下与外死生、无终始者为友。"这就是纯艺术的人生观，一种逍遥自得的人生观。

——朱谦之《庄子哲学》

1. 生命的价值和生命的悲哀

终身役役而不见其成功，苶然疲役而不知其所归，可不哀邪！

人谓之不死，奚益？其形化，其心与之然，可不谓大哀乎？

——《庄子·齐物论》

庄子对人生有着深刻的见解，他的一句话就揭开了人生的内幕，人一辈子都忙忙碌碌做什么呢？“终身役役而不见其成功”，做自己身体的奴隶，做物质的奴隶，做别人的奴隶，为儿女、亲戚工作，终身都在服役。最后却是一无所得地离去。

一大早，太阳还没有出来，一个渔夫来到了河边，他感觉到有什么东西在脚底下，后来发现是一小袋的石头。他捡起袋子，放在一旁，坐在岸边等待黎明，以便开始一天的工作，他懒洋洋地从袋子里拿出一块块的石头丢进水里。实在没有其他的事可做，他继续把石头一一丢进水里。

慢慢地，太阳升起，大地重现光明，这时除了一块石头之外，其他的石头都丢光了，最后一块石头在他的手里。

当他借着白天的光看到了他手中所拿的东西时，心跳几乎要停止了，那是一颗宝石！原来在黑暗中，他把整袋的宝石都丢光了！在不知不觉当中，他的损失有多少！他充满懊悔，咒骂着自己，哭得几乎要失去理智。

渔夫在无意间碰到的财富足够丰富他的生活好几倍，然而在不知不觉当中，又从他手中消失了。不过，就某方面来讲，他还是幸运的，至少还有一颗宝石留了下来，在他将那颗宝石丢掉之前，天已经亮了。

生活中，大多数的人并不会那么幸运，周围一片漆黑，时间如白驹过隙，太阳尚未升起时我们已经两手空空了。生命是一个很大的宝库，生活的秘密、奥妙、快乐、解脱、慈悲和智能……都期待我们好好掌握和利用，如果没有好好利用，只是白白地将它浪费掉，等到我们知道了生命的重要时，已经将时光消磨殆尽。

“萧然”是形容词，就是毫无生气的样子；“疲役”，为生命所奴役。一辈子都处于疲惫不堪的状态，找不到自己的归宿，怎能不感到悲哀？生命的价值被《庄子》这一段批驳得一塌糊涂。

假定你真做到了长生不死，有什么用处呢？就算活一万年，也不过多等了一万年才死。所以这个形体的生命，不是真道。长命百岁，终是年老力衰，“其心与之然”，“心”已经随着身体外形变化，体能的消耗，也演变去了。“可不谓之大哀乎”，意为活长了又有什么用？这是真正的大悲哀。

到此，想到了一个鹿和马的寓言，鹿和马都被公认为是跑得最快的动物，只不过鹿在森林中，马在草原上，它们都对彼此有亲切感，但是关系仅限于偶尔碰面时打个招呼而已。既然双方都有成为朋友的心愿，何不进一步促进彼此的关系呢？于是，鹿就邀请马到家里来玩，马欣然同意了。

那是一个春日的午后，草原上吹着温馨的风，马踏入了森林。然而，刚进入森林的马很快就后悔了。这里是和草原完全不同的世界，起初还不觉得怎么样，可是越往森林里面走，树木就越高大，绿叶也越来越茂密。树林的枝叶重重叠叠地遮蔽了天空，草原上那让它习以为常的高挂天空的太阳，在这里完全看不见。怀着不安的马，陡然对住在这种地方的鹿害怕起来。它不得不承认，只有灵敏的鹿才适合这座密林。

后来，人类邀请马与他们合作，马被人类的智慧和无尽的财富，吸引了。有一天，人说：“其实你应该是世界上最快的，现在我们又能够提供给你丰盛的食物，如果你能够依照我们的方法去做，即使是在森林里，你也一定能够跑赢鹿。”不知道为什么，马竟然答应了。人类利用可以让马吃饱为条件，堂堂正正地骑到了它的背上，一起进入森林里追赶、猎捕鹿。一场阴谋开始了。

被追得走投无路的可怜的鹿在疑惑之中，满怀着悲伤，对马露出悲哀和疑惑的神情。可是，此时的马被鞭打的疼痛和缰绳操纵的窘迫弄得头脑麻木，它或许根本就没有多余的精力去察觉鹿的变化。从那次狩猎结束之后，人类便把马的缰绳紧紧抓在手中了，他们喂养马，并把它们束缚在专门建造的马厩里。

人，有的可以永远做自己生活的主人，而有的只配永远做自己生活的奴隶。就像故事中的马一样，为了满足自己的虚荣，平衡自己的妒忌的心，却永远地丢弃了自由的权利。你选择了什么样的人生道路，决定了你享有什么样的人生。无论你要选择什么，放弃什么，都要弄清楚这样做值不值得。

2. 你心中还有“天地”吗？

天地有大美而不言，四时有明法而不议，万物有成理而不说。

——《庄子·知北游》

朱谦之先生认为庄子提倡“自然的人生”，反对“人为的人生”，因此要“去人反天”。其实，我们可以说庄子所说的是一种贴近自然的生活。现在这个高速发展的时代，同时也是个充满苦痛的时代，尤其是都市里的噪音及紧张更令人难以忍受，如今这种情况甚至已扩散到乡村。

一个夏天的下午，桑尼夫人与她的朋友到森林游玩，到达之后，就暂时在优美的墨享客湖山上的小房子中休息，那里位于海拔2500公尺的山腰上，是美国最美的自然公园。

在公园的中央还有一宝石般的翠湖舒展于森林之中。墨享客湖就是“天空中的翠湖”之意，在几万年前地壳大变动时，造成了高高的断崖。

她朋友的眼光穿过森林及雄壮的崖岬，轻移到丘陵之间的山石，刹那间光耀闪烁，千古不移的大峡谷猛然照亮了她的心灵，这些美丽的森林与沟溪就成为滚滚红尘的避难所。

那天下午，夏日的空气中混合着骤雨与阳光，乍晴乍雨，她和她的朋友全身湿淋淋的，衣服贴着身体，但是她们仍彼此交谈着。慢慢地，整个心灵被雨水洗净，冰冰凉凉的雨水轻吻着脸颊，霎时引起从未有过的新鲜快感，而亮丽的阳光也逐渐晒干了衣服，话语飞舞于树与树之间，谈着谈着，静默来到她和她的朋友之间。

她们用心倾听着四方的宁静。当然，森林绝对不是安静的，在那里有千千万万的生物活动着，而大自然张开慈爱的双手孕育生命，但是它的运作声却是如此的和谐平静，永远听不到刺耳的喧嚣。

在这个美丽的下午，大自然用慈母般的双手熨平她们心灵上的焦虑、紧张，一切都归于和平。

当她们正陶醉于优美的大自然乐章之中时，一阵急速的乐曲声突然刺进耳膜，那是令人神经绷紧的爵士乐曲。伴随着音乐，有3个年轻人从树丛中钻出，原来是其中一位年轻男孩提着一架收音机。

这些都市中长大的年轻人不经意地用噪音污染了森林，真是大煞风景！不过他们都是善良的青年，并在她和她的朋友身旁围坐着，快乐地交谈。

她们本想劝3个年轻人关掉那些垃圾音乐，静静聆听大自然的乐曲，但是一想并没有规劝他们的权利，最后还是任由他们，直到他们离去，消失在森林之中为止。试想，大自然的音乐多美！风儿轻唱着，小鸟甜美地鸣啼……这种从盘古开天以来最古老的音乐绝非是人类用吉他与狂吼能制造出来的旋律，而他们竟然置若罔闻，白白浪费大好的自然资源，委实令人惋惜。

当我们不由自主地走近大自然，被清爽的风吹着，嗅着花草的香气时，心情就会渐渐地开朗。欣赏大自然带给我们的壮观美景，感谢大自然赐予我们的宽广胸襟，一切苦闷和阴影都会散去，心情会更加舒畅。

追求恬淡的人，不会患得患失，斤斤计较。他们没有强烈的物欲，邪恶也不会侵袭他们的身心。尽管庄子的“无欲”、“无誉”观有许多偏激之处，但当人们为金钱所诱惑，为官爵所累的时候，何不从庄子的训哲中发掘一点值得效法和借鉴的东西呢？

3. 把生活当做一门艺术

得至美而游乎至乐，谓之至人。

——《庄子·田子方》

生命是短暂的，但是人不能因为生命的短暂而陷入悲哀和虚无，如何使短暂的生命有意义，是一个值得思考的问题，庄子为我们提供了一个诱人的答案，那就是朱谦之解读庄子时所说的。庄子提倡一种艺术化的生活，一个人，在短暂的人生路上，能够把生活当成一门艺术，就能把生活演绎得绚烂而多彩。

在《庄子·田子方》篇中，庄子杜撰了一则孔子拜见老子的故事。

孔子拜见老聃，老聃刚洗了头，正披散着头发等待吹干，那凝神寂志、一动不动的样子好像木头人一样。孔子在门下屏蔽之处等候，不一会儿见到老聃，说："是孔丘眼花了吗，抑或真是这样的呢？刚才先生的身形体态一动不动，真像是枯槁的树桩，好像遗忘了外物，脱离于人世而独立自存一样。"老聃说："我是处心遨游于混沌未开的宇宙元初之中"。孔子问："这说的是什么意思呢？"老聃说："你心中困惑而不能理解，嘴巴封闭而不能谈论，还是让我为你说个大概吧。最为阴冷的阴气是那么肃肃寒冷，最为灼热的阳气是那么赫赫炎热，肃肃的阴气出自苍天，赫赫的阳气发自大地；阴阳二气相互交通融合因而产生万物，有时候还会成为万物的纲纪却不会显现出具体的形体。消逝、生长、满盈、虚空，时而晦暗时而显明，一天天地改变，一月月地演化，每天都有所作为，却不能看到它造就万物、推演变化的功绩。生长有它萌发的初始阶段，死亡也有它消退败亡的归向，但是开始和终了相互循环，没有开端也没有谁能够知道它们变化的穷尽。倘若不是这样，那么谁又能是万物的本源？"

孔子说："请问游心于宇宙之初、万物之始的情况是怎么一回事。"老聃回答："达到这样的境界，就是'至美'、'至乐'了，体察到'至美'也就是遨游于'至乐'，这就叫做'至人'。"孔子说："我希望能听到那样的方法。"老聃说："食草的兽类不担忧更换生活的草泽，水生的虫豸不害怕改变生活的水域，这是因为只发生了小小的变化而没有失去惯常的生活环境，这样，喜怒哀乐的各种情绪就不会进入到内心。普天之下，莫不是万物共同生息的环境。获得这共同生活的环境而又混同其间，那么人的四肢以及众多的躯体都将最终变成尘垢，而人的死亡、出生和事物的终结、开始也将像昼夜更替一样没有什么力量能够扰乱它，更何况去介意那些得失祸福呢！舍弃得失祸福之类附属于己的东西就像丢弃泥土一样，懂得自身远比这些附属于自己的东西更为珍贵，珍贵在于我自身不因外在变化而丧失。况且宇宙间的千变万化从来就没有过终极，怎么值得使内心忧患？已经体察大道的人便能通晓这个道理。”

孔子说：“先生的德行合于天地，仍然借助于至理真言来修养心性，古时候的君子，又有谁能够免于这样做呢？”老聃说：“不是这样的。水激涌而出，不借助于人力方才自然。道德修养高尚的人对于德行，无须加以培养，万物也不会脱离他的影响，就像天自然地高，地自然地厚，太阳与月亮自然光明一样，又哪里用得着修养呢！”

孔子从老聃那儿回来，把见到老聃的情况告诉给了颜回，说：“我对于大道，就好像瓮中的小飞虫看待瓮外的广阔天地啊！若不是老聃的启迪揭开了我的蒙昧，我甚至不知道天地之大那是完完全全的了。”

老聃告诉孔子，他“游心于物之初”乃是“至美至乐”。一个真正得道的人，他的生活就会变得像艺术一样，其中有难言的真善美。一个人，如果能够忘记各种欲念是非，把生活当做一门艺术，他的生活就会变得更快乐。

有一个故事这么说：

某父子俩一起耕作一片土地。一年一次，他们会把粮食、蔬菜装满那老旧的牛车，运到附近的镇上去卖。但父子二人相似的地方并不多。老人家认为凡事不必着急，年轻人则性子急躁、野心勃勃。

一天清晨，他们套上了牛车，载满了一车子的粮食、蔬菜，开始了旅程。儿子心想他们若走快些，当天傍晚便可到达市场。于是他用棍子不停催赶牛，要牲口走快些。

“放轻松点，儿子，”老人说，“这样你会活得久一些。”

“可是我们若比别人先到市场，我们便有机会卖个好价钱。”儿子反驳。

父亲不回答，只把帽子拉下来遮住双眼，在牛车上睡着了。年轻人很不高兴，愈发催促牛车走快些，固执地不愿放慢速度，他们在快到中午的时候，来到一间小屋前面，父亲醒来，微笑着说：“这是你叔叔的家，我们进去打声招呼。”“可是我们已经慢了半个时辰了。”儿子着急地说。

“那么再慢一会儿也没关系。我弟弟跟我住得这么近，却很少有机会见面。”父亲慢慢地回答。

儿子生气地等待着，直到两位老人慢慢地聊足了半个时辰，才再次启程，这次轮到老人驾牛车。走到一个岔路口，父亲把牛车赶到右边的路上。

“左边的路近些。”儿子说。

“我晓得，”老人回答，“但这边路的景色好多了。”

“你不在乎时间？”年轻人不耐烦地说。

“噢，我当然在乎，所以我喜欢看漂亮的风景，把时间都享受起来。”

蜿蜒的道路穿过美丽的牧草地、野花丛，经过一条清澈河流——这一切年轻人都视而不见，他心里翻腾不已，十分焦急，他甚至没有注意到当天的日落有多美。

他们最终也没有在傍晚赶到。黄昏时分，他们来到一个宽广、美丽的大花园。老人呼吸芳香的气味，聆听小河的流水声，把牛车停了下来，说道："我们在此过夜好了。"

"这是我最后一次跟你做伴，"儿子生气地说，"你对看日落、闻花香比赚钱更有兴趣！"

"对了，这是你这么长时间以来所说的最好听的话。"父亲微笑着说。

几分钟后，父亲开始打呼噜——儿子则瞪着天上的星星，长夜漫漫，儿子好久都睡不着。天不亮，儿子便摇醒父亲。他们马上动身，大约走了一里路，遇到一个农民正在试图把牛车从沟里拉上来。

"我们去帮他一把。"老人低声说。

"你想浪费更多时间？"儿子有点生气了。

"放轻松些，孩子，有一天你也可能掉进沟里。我们要帮助有所需要的人——不要忘了。"

儿子生气地扭头看着一边。

等到另一辆牛车回到路上时，已是大天亮了。突然，天上闪出一道强光，接下来似乎是打雷的声音。群山后面的天空变得一片黑暗。

"看来城里在下大雨。"老人说。

"我们若是赶快些，现在大概已把货卖完了。"儿子大发牢骚。

"放轻松些……这样你会活得更久，你会更享受人生。"仁慈的老人劝告道。

到了下午，他们才走到俯视城镇的山上。站在那里，看了好长一段时间。两人都不发一言。

终于，年轻人把手搭在老人肩膀上说："爸，我明白您的意思了。"

他把牛车掉头，离开了那个叫做广岛的地方。

英国诗人艾略特曾写过一首名为《空心人》的诗，诗的开头这样写：

我们是空心人
我们是填充着草的人
倚靠在一起
脑壳中装满了稻草。

是的，现代社会中的人，失去了信仰的基石，以至于很早就忘记了人在社会中真正要追求的是什么。他们的心灵变得很空虚，所以只能用各种各样的欲望来代替。他们每天都在匆匆赶路，为了一些蝇头小利像苍蝇一样奔波不息。其实，生活的美一直在你的周围，如果你能改变自己的想法，珍视自己的内心，修身养性，把生活当做一门艺术来对待，你就能像庄子所说的那样，获得真正的艺术化的自由生活。

4. 相助何如相忘

泉涸，鱼相与处于陆，相呴以湿，相濡以沫，不如相忘于江湖。

——《庄子·大宗师》

人和万物并存于世间，只有达到和谐的境界，人才能有幸福的感觉，才能过上自己想要的生活。怎样才能达到和谐呢？庄子认为，只有“相忘”才是最高的和谐。《庄子·天运》篇中记载了这样一则对话：

宋国太宰荡向庄子请教仁爱的问题。庄子告诉他说：“虎和狼也具有仁爱。”太宰荡说：“这是什么意思呢？”庄子说：“虎狼也能父子相亲相爱，为什么不能叫做仁呢？”太宰荡又问：“请教最高境界的仁。”庄子说：“最高境界的仁就是没有亲。”太宰荡说：“我听说，没有亲就不会有爱，没有爱就不会有孝，说最高境界的仁就是不孝，可以吗？”

庄子说：“不是这样的。最高境界的仁实在值得推崇，孝本来就不足以说明它。这并不是要责备行孝的言论，而是不涉及行孝的言论。向南方走的人到了楚国都城郢，面朝北方就看不见冥山，这是为什么呢？因为他距离冥山越发的远了。所以说，用恭敬的态度来行孝容易，以爱的本心来行孝困难；用爱的本心来行孝容易，用虚静淡泊的态度对待双亲困难；虚静淡泊地对待双亲容易，使双亲也能虚静淡泊地对待自己困难；使双亲虚静淡泊地对待自己容易，能一并虚静淡泊地对待天下人困难；一并虚静淡泊地对待天下之人容易，使天下之人能一并忘却自我困难。盛德遗忘了尧舜因而尧舜方才能任物自得，利益和恩泽施给万世，天下人却没有谁知道，难道偏偏需要深深慨叹而大谈仁孝吗！孝、悌、仁、义、忠、信、贞、廉，这些都是用来劝勉自身而拘执真性的，不值得推崇。所以说，最为珍贵的，一国的爵位都可以随同忘却自我而弃除；最为富有的，一国的资财都可以随同知足的心态而弃置，最大的心愿，名声和荣誉都可以随同通适本性而泯灭。所以，大道是永恒不变的。”

庄子借用行孝这个事例来解释说，一个人如果想和别人和谐地相处，如果能达到相忘的境界，彼此之间就没有了任何的戒备和迁就之心，没有了戒备和迁就的心绪，就会像江湖中的游鱼和高天上的流云之间不会有任何冲突一样，悠然自得，就能达到真正的和谐。

有这样一个古老的故事：

很久以前，在一个偏远的大山中，漫山遍野都是桃树，春天来临时，就会盛开漫山遍野的桃花，就像朝霞一样灿烂；到了秋天，漫山遍野都是硕大滚圆的桃子。在这大山脚下，有一个淳朴的小山村，山村中住着十来户人家，他们祖祖辈辈一直生活在这里，就以打猎和采摘满山的野果为生，生活过得虽然辛苦，但是村民们从来就没什么冲突，怡然自得。这一年，天下大乱，一个人为逃避战乱，从洛阳城逃避到这大山之中，村民们善意地接受了他。

过了几年，战乱过去了，这个人不再满足于每天打猎过活，在这年秋天，他向其中一个村民借了一头驴子，自己编织了两个箩筐，到山上摘了满满两箩筐桃子，赶到离此最近的市镇售卖，等他回来时，已经用卖桃钱买回一匹骡子。然后，他就继续摘桃去卖，几次以后，他就积累了很多钱财，成为山村中最富有的人。

其他的村民看见了，也争相效仿。于是，矛盾出现了，贫富等差出现了，大家开始互相嫉妒，互相猜疑，互相挤压。最后，那个洛阳来的人成为他们共同的“东家”。

就像这个故事所说的那样，当初他们和谐相处的时候，大家都顺应自己的本性生活，从来没有什么矛盾，生活怡然自得，但是，当其中一个人生出机心以后，生活就彻底变了，嫉妒、猜疑、挤压都出现了，最后大家都沦为那个外来人的雇工，和谐就再也没有了。

因此，在人世间，一个人一定要少一些机心，多一些顺应，少一些欲望，多一些恬然，这样你才能够体验到坦然的乐趣，内心中映射出万物的美。太阳每天都照耀万物，又有几个人会因此感谢太阳？天空经常降下雨水，滋润大地，又有谁会感恩天空？在太阳和雨水与万物的和谐中，彼此都达到了“相忘”的境地，所以一个有心的人，会体验到太阳和雨水的温暖和美丽。

5. 因由看破自逍遥

是以圣人和之以是非，而休乎天钧。是之谓两行。

——《庄子·齐物论》

丧己于物，失性于俗者，谓之倒置之民。

——《庄子·缮性》

朱谦之先生认为，庄子的理想生活是：“独与天地精神往来，而不敖倪于万物。不谴是非，以与世俗处……上与造物者游，而下与外死生、无终始者为友。”这就是纯艺术的人生观，一种逍遥自得的人生观。那么，在这个世界上，一个人如何才能获得逍遥的自由境界，这是庄子用他的一生在讲的问题，庄子提醒我们，“丧己于物，失性于俗者，谓之倒置之民”。就是说，一个人如果自己迷失在物质世界中，如果把自己的真性情流失到世俗之中，那么这个人就是一个本末倒置的人，就无法获得心灵的自由。

因此，一个人要真正获得自由的逍遥境界，必须看破执著于物，迷失于世俗的虚妄，所谓因由看破自逍遥，看破了这些虚妄的因由，一个人就能获得逍遥的境界。

《我希望能看见》一书的作者彼纪儿·戴尔是一个几乎瞎了50年之久的女人，她写道："我只有一只眼睛，而眼睛上还满是疤痕，只能透过眼睛左边的一个小洞去看。看书的时候必须把书本拿得很贴近脸，而且不得不把我那一只眼睛尽量往左边斜过去。"

可是她拒绝接受别人的怜悯，不愿意别人认为她"异于常人"。小时候，她想和其他的小孩子一起玩跳房子，可是她看不见地上所画的线，所以在其他的孩子都回家以后，她就趴在地上，把眼睛贴在线上瞄过去瞄过来。她把她的朋友所玩的那块地方的每一点都牢记在心，不久就成为玩游戏的好手了。她在家里看书，把印着大字的书靠近她的脸，近到眼睫毛都碰到书本上。她得到两个学位，先在明尼苏达州立大学得到学士学位，再在哥伦比亚大学得到硕士学位。

她开始教书的时候，是在明尼苏达州双谷的一个小村里，然后渐渐升到南德可塔州奥格塔那学院的新闻学和文学教授。她在那里教了13年，也在很多妇女俱乐部发表演说，还在电台主持谈书和作者的节目。她写道："在我的脑海深处，常常怀着一种怕完全失明的恐惧，为了克服这种恐惧，我对生活采取了一种很快活而近乎戏谑的态度。"

然而在她52岁的时候，一个奇迹发生了。她在著名的梅育诊所施行了一次手术，使她的视力提高了40倍。一个全新的、令人兴奋的、可爱的世界展现在她的眼前。

她发现，即使是在厨房水槽前洗碟子，也让她觉得非常开心。她写道："我开始玩着洗碗盆里的肥皂泡沫，我把手伸进去，抓起一大把肥皂泡沫，我把它们迎着光举起来。在每一个肥皂泡沫里，我都能看到一道小小彩虹闪出来的明亮色彩。"

当我们去审视和扪问自己的心灵，能否像彼纪儿·戴尔那样在肥皂泡沫中看到彩虹？生活中的阴云和不测，不知会使多少人活在自怨自艾的边缘，许多人早已习惯了用抱怨和悲伤去迎接生命的各种遭遇，由于自身内心世界的阴晦，使得原本明朗的生活变得泥泞而毫无希望。想想像彼纪儿·戴尔这样的人吧！也许我们可以在她们身上学到点什么。用心去感受你眼中的可爱世界吧，阳光下洗碗盆的肥皂泡沫都是五彩缤纷的。

6. 当下就是幸福

不忘其所始，不求其所终；受而喜之，忘而复之。是之谓不以心捐道，不以人助天。是之谓真人。

——《庄子·大宗师》

《大宗师》中有这样一句话：“不忘其所始，不求其所终；受而喜之，忘而复之。是之谓不以心捐道，不以人助天。是之谓真人。”这段话的意思是，不忘记自己从哪儿来，也不寻求自己往哪儿去，承受什么际遇都欢欢喜喜，忘掉死生像是回到了自己的本然，这就叫做不用心智去损害大道，也不用人为的因素去帮助自然。这就叫“真人”。

这就是人活着的价值。一切的作为，不去追究最初的动机是什么，也不要追求结果怎么样。正如朱谦之所说，庄子所追求的那种“自然主义人生”，正是这样的顺其自然。一个人如果忘记了无始无终的时空观念，对现有的生命悠然而受之，天冷了就穿衣服，天热了就脱衣服，受而喜之，才能顺其自然，活在当下。

活在当下的真正含义来自禅。有人问一个禅师，什么是活在当下？禅师回答，吃饭就是吃饭，睡觉就是睡觉，这就叫活在当下。是的，最重要的事情就是现在你做的事情，最重要的人就是现在和你一起做事情的人，最重要的时间就是现在。

有个小和尚负责清扫寺院里的落叶。这是件苦差事，秋冬之际，每次起风，树叶总是随风飞舞。每天早上都需要花费许多时间才能清扫完树叶，这让小和尚头痛不已。他一直想要找个好办法让自己轻松些。

后来有个和尚跟他说："你在明天打扫之前先用力摇树，把落叶都摇下来，后天就可以不用扫落叶了。"小和尚觉得这是个好办法，于是隔天他起了个大早，使劲地猛摇树，以为这样就可以把今天跟明天的落叶一次扫干净了，他一整天都很开心。

第二天，小和尚到院子里一看，不禁傻眼了，院子里如往日一样满地落叶。

老和尚走了过来，对小和尚说："傻孩子，无论你今天怎么用力，明天的落叶还是会飘下来。"小和尚终于明白了，世上有很多事是无法提前的，唯有认真地活在当下，才是最真实的人生态度。

佛家常劝世人要"活在当下"。所谓"当下"就是指你现在正在做的事、待的地方、周围的人；"活在当下"就是要你把关注的焦点集中在这些人、事、物上面，全心全意认真去接纳、品尝、投入和体验这一切。活在当下是一种全身心地投入人生的生活方式。当你活在当下，而没有过去拖在你后面，也没有未来拉着你往前时，你全部的能量都集中在这一时刻，生命因此具有一种强烈的张力。

人们之所以总是会有这样或者那样的麻烦，是因为人们总是生活在过去或者未来，而往往被我们所忽视或者并不予以理会的则是我们生活的“当下”。而一个真正懂得“活在当下”的人便能“快乐来临的时候就享受快乐，痛苦来临的时候就迎着痛苦”，在黑暗与光明中，既不回避，也不逃离，以坦然的态度来面对人生。

幸福是太多和太少之间的一站。

如果你今天早晨起床时身体健康，没有疾病，那么你比其他几千万人都幸运，他们甚至看不到下周的太阳。

如果你从未尝试过战争的危险、牢狱的孤独、酷刑的折磨和饥饿的煎熬，那么你的处境比其他 5 亿人更好。

如果你能随便进出教堂或寺庙而没有任何被恐吓、强暴和杀害的危险，那么你比其他 30 亿人更有运气。

如果你的冰箱里有食物可吃，身上有衣可穿，有房可住，有床可睡，那么你比世界上 75%的人更富有。

如果你在银行有存款，钱包里有现钞，口袋里有零钱，那么你属于世界上 8%最幸运的人。

如果你读了以上的文字，说明你就不属于 20 亿文盲中的一员，他们每天都在为不识字而痛苦。

幸福有时就在我们的手中，但是拥有幸福的我们却不知道，也不懂得珍惜。人世间的痛苦莫过于去追求自己手中已有的事物，而我们却为“得不到”常常忧思。珍惜现在所拥有的吧，不要等到失去了才惊觉原来幸福曾经来过。

是的，活在当下就要对自己的当前的现状满意，要相信每一时刻发生在你身上的事情都是最好的，要相信自己的生命正以最好的方式展开。你如果抱怨现状不好，因为你不知道还有更坏的情况，如果你不活在当下，就会失去当下。

人活在当下，应该放下过去的烦恼，舍弃未来的忧思，顺其自然。把全部的精力用来承担眼前的这一刻，因为失去此刻便没有下一刻，不能珍惜今天也就无法向往未来。